U0506294

簡帛養生居官類文獻考論

王輝 著

陳偉武 題

上海古籍出版社

圖書在版編目(CIP)數據

簡帛爲臣居官類文獻考論 / 王輝著. —上海：上
海古籍出版社，2022.6
　　ISBN 978-7-5732-0299-4

　　Ⅰ.①簡…　Ⅱ.①王…　Ⅲ.①簡(考古)-文獻-研究
-中國②帛書-文獻-研究-中國　Ⅳ.①K877.54

　　中國版本圖書館 CIP 數據核字(2022)第 103361 號

簡帛爲臣居官類文獻考論

王　輝　著

上海古籍出版社出版發行

(上海市閔行區號景路 159 弄 1-5 號 A 座 5F　郵政編碼 201101)

　(1) 網址：www.guji.com.cn

　(2) E-mail：guji1@guji.com.cn

　(3) 易文網網址：www.ewen.co

浙江臨安曙光印務有限公司印刷

開本 890×1240　1/32　印張 7.375　插頁 2　字數 158,000
2022 年 6 月第 1 版　2022 年 6 月第 1 次印刷
ISBN 978-7-5732-0299-4

K·3164　定價：56.00 元

如有質量問題,請與承印公司聯繫

目　　録

第一章　簡帛爲臣居官類
文獻概述

　　出土戰國、秦漢簡帛材料的日益豐富，使得從文本內容入手進行分類研究成爲可能，《簡帛藥名研究》①《簡帛兵學文獻探論》②《簡帛數術文獻探論》③《簡帛文獻中的孔子言論研究》④《簡帛禁忌研究》⑤《簡帛文獻與文學考論》⑥等著作均是學者在這方面的有益探索。諸如此類的細化研究，不僅深化了對出土文獻的理解，也革新了原有的認識。今選擇簡帛文獻中與"爲臣居官"相關的內容作爲研究對象，正是順應了當前分門別類進行專題研究的趨勢。此外，在倡導廉政建設的今天，取古人"爲臣居官"之道的精華部分作借鑒，也具有一定的現實意義。

　　①　張顯成《簡帛藥名研究》，西南師範大學出版社，1997年。
　　②　陳偉武《簡帛兵學文獻探論》，中山大學出版社，1999年。
　　③　劉樂賢《簡帛數術文獻探論》，湖北教育出版社，2003年。
　　④　王化平《簡帛文獻中的孔子言論研究》，四川大學2006年博士論文，指導教師：彭裕商。
　　⑤　王光華《簡帛禁忌研究》，四川大學2007年博士論文，指導教師：彭裕商。
　　⑥　陳斯鵬《簡帛文獻與文學考論》，中山大學出版社，2007年。

第一節　簡帛文獻與“爲臣居官”

一、簡帛文獻

簡帛文獻是指出土戰國、秦漢時期的竹簡、帛書材料，其中楚簡材料包括郭店簡、[①]上博簡、[②]清華簡[③]等；秦簡材料包括睡虎地秦簡、[④]周家臺秦簡、[⑤]王家臺秦簡、[⑥]放馬灘秦簡、[⑦]嶽麓書院藏秦簡[⑧]等；漢簡材料包括銀雀山漢簡、[⑨]張家山漢簡、[⑩]孔家坡漢簡、[⑪]居延漢簡[⑫]等。帛書材料指馬王堆漢墓帛書。[⑬]

---

①　荆門市博物館《郭店楚墓竹簡》，文物出版社，1998 年。武漢大學簡帛研究中心、荆門市博物館《楚地出土戰國簡冊合集（一）》，文物出版社，2011 年。

②　馬承源主編《上海博物館藏戰國楚竹書》（一—九），上海古籍出版社，2001—2012 年。

③　李學勤主編《清華大學藏戰國竹簡》（壹—捌），中西書局，2010—2018 年。黃德寬主編《清華大學藏戰國竹簡》玖、拾，中西書局，2019、2020 年。

④　睡虎地秦墓竹簡整理小組《睡虎地秦墓竹簡》，文物出版社，1990 年。陳偉主編《秦簡牘合集（壹）》，武漢大學出版社，2014 年。

⑤　湖北省荆州市周梁玉橋遺址博物館《關沮秦漢墓簡牘》，中華書局，2001 年。

⑥　王明欽《王家臺秦竹簡概述》，《新出簡帛研究——新出簡帛國際學術研討會文集》，文物出版社，2004 年。

⑦　甘肅省文物考古研究所《天水放馬灘秦簡》，中華書局，2009 年。

⑧　朱漢民、陳松長主編《嶽麓書院藏秦簡（壹）》，上海辭書出版社，2010 年。

⑨　銀雀山漢墓竹簡整理小組《銀雀山漢墓竹簡》（壹、貳），文物出版社，1985、2010 年。

⑩　張家山二四七號漢墓竹簡整理小組《張家山漢墓竹簡［二四七號墓］》，文物出版社，2001 年。

⑪　湖北省文物考古研究所、隨州市考古隊《隨州孔家坡漢墓簡牘》，文物出版社，2006 年。

⑫　中國社會科學院考古研究所《居延漢簡甲乙編》，中華書局，1980 年。

⑬　國家文物局古文獻研究室《馬王堆漢墓帛書［壹］》，文物出版社，1980 年；馬王堆漢墓帛書整理小組《馬王堆漢墓帛書［叁］》，文物出版社，1983 年；張政烺《馬王堆帛書〈周易〉經傳校讀》，中華書局，2008 年。裘錫圭主編《長沙馬王堆漢墓簡帛集成》，中華書局，2014 年。

二、"爲臣"與"居官"

"臣"是官吏的總稱。《説文·臣部》:"臣,牽也,事君也。"《禮記·禮運》:"仕於公曰臣。""官"指官員。《説文·宀部》:"官,吏事君也。"又稱"吏",《説文·一部》:"吏,治人者也。"王筠《句讀》曰:"'吏'下云'治人',此(引按:指"官")云'事君',互文也。"漢以後常稱職位低微的官員爲"吏"。本書對"官"和"吏"不作區分,統指官員。"臣"與"官""吏"意思相當,文獻中"臣""官"常對舉,《管子·任法》"群臣無詐僞,百官無奸邪",《吕氏春秋·審分覽·執一》"今日置質爲臣,其主安重。今日釋璽辭官,其主安輕",《孔叢子·陳士義》"衆官群臣";又"臣""吏"對舉,《管子·七臣七主》"官無邪吏,朝無奸臣",《七法》"群臣服教,百吏嚴斷";"臣"或與"吏""官吏"連説,《韓非子·難一》"臣吏分職受事,名曰萌",《有度》"群臣官吏";又"臣""官"異文,《吕氏春秋·審分覽·審分》"人主好治人官之事",舊校謂"官"一作"臣"。[①] 用在互文句中或連稱的"臣"和"官""吏"内涵相當,都是官吏的意思。

"爲臣"即爲君之臣,也指臣位、官職,《孟子·公孫丑下》"蚳鼃諫於王而不用,致爲臣而去",趙岐注:"三諫不用,致仕而去。""居官"即擔任官職,《儀禮·士相見禮》:"與居官者言,言忠信。"《史記·汲鄭列傳》:"使黯任職居官,無以踰人。"古書又稱"涖官""臨官"。

---

① 參看陳奇猷《吕氏春秋新校釋》,第 1043 頁注[一一],上海古籍出版社,2002 年。

　　既然"臣"與"官"、"爲臣"與"居官"意思相當,那爲什麼還要將它們並列起來而不是只取其一呢? 因爲兩者分説時,涉及的内容有區别。一般認爲"臣"的本義是奴隸,引申爲臣下;"官"字俞樾認爲是"館"的古文,館舍之義,①引申爲官府、官職、官員。"臣""官"意思來源不同,使得二者單獨使用時,意義内涵各有側重:"臣"往往與"君"相對,而"官"則往往與"民"相對;講"爲臣"多側重事君,講"居官"則多側重治民及處理官府事務。拿《荀子·臣道》和《大戴禮記·子張問入官》兩篇完整論述"爲臣"與"居官"的文獻來説,前者多以事君爲着眼點,後者則大部分講如何治民。考察文獻中論述"忠臣""有道之臣"等内容,重點均在事君;類似《睡虎地·吏道》及後代的官箴書,則以臨民治事爲主。

　　不過籠統地將"爲臣"與事君、"居官"與治民對應起來,也不够妥當。有時論述"爲臣"也講治民,論述"居官"也講事君。雖然這種情況並非主要,但仍然不能忽視。這樣區分其實也是考慮到材料劃分的便利性。此外,無論是"爲臣"還是"居官",它們都關注了同一個問題,就是修身:《荀子·臣道》的後半部分如"仁者必敬人""君子安禮樂,利謹慎,而無鬥怒"諸語都是講爲人臣如何加强自身修養,《大戴禮記·子張問入官》中"有善勿專,教不能勿揩,已過勿發,失言勿踦""貴而不驕",也是談君子居官所要注意的修身問題,本書第三章談到的兩種專論爲官之道的出土文獻中也有很多修身格言。

---

　　①　俞樾《兒笘録》,引自丁福保編纂《説文解字詁林》第 15 册,第 13919—13920 頁,中華書局,2014 年。

　　總之，"爲臣"與"居官"既有相通之處，也有不同的關注點。只稱其一，很難將事君和治民的相關内容全部囊括。

第二節　簡帛爲臣居官類文獻略説

　　簡帛爲臣居官類文獻，指簡帛中涉及事君、治民、處理官府事務等内容的文獻，及與此相關的修身言論。法律、文書類文獻暫不納入考察範圍。

一、爲臣

　　（一）《郭店·魯穆》載子思與魯穆公之間有關忠臣標準的對話，是楚簡中爲數不多專論"爲臣"的單篇。散見於楚簡各篇的事君言論，本書第二章第一節將具體談到。

　　（二）與進諫相關的篇章，如《上博四·曹沫》《上博五·鮑叔》《競建》《上博六·競公瘧》《上博七·君人》《銀雀山一·晏子》等，既能反映出臣下"以道制君"的監督手段，也可以從中看到諫諍的藝術。《説苑·正諫》將進諫分爲五種：正諫、降諫、忠諫、戇諫、諷諫，下面略舉簡帛文獻中的兩個例子加以説明：

　　《上博四·曹沫》載魯莊公要鑄造大鐘，曹沫加以勸阻，先擺"邦彌小而鐘愈大"的事實，又舉堯舜"貧於美而富於德"的例子，再曉之以理，"鄰邦之君明，則不可以不修政而善於民，不然，恐亡焉"，"鄰邦之君無道，則不可以不修政而善於民，不然，無以取之"，"君子以賢稱而失之，天命；以無道稱而没身就世，亦天命"，最後莊公"毁鐘型而聽邦政"。曹沫以"正諫"即直接用道理批評勸諫的方式達到使君王從諫的目的。

《上博七·君人》載范戊以"白玉三回"爲喻進諫楚昭王,"楚邦之中有食田五貞,竽瑟衡於前。君王有楚,不聽鼓鐘之聲"爲一回,"珪玉之君,百貞之主,宮妾以十百數,君王有楚,侯子三人,一人杜門而不出"爲二回,"州徒之樂,而天下莫不語之,王之所以爲目觀也。君王隆其祭而不爲其樂"爲三回,説昭王有此"三回而不戔",要爲其"戔之"。這種委婉含蓄的"諷諫"一般會取得良好的效果。然"回""戔"意思難解,如何將"三回"與所喻之事聯繫也很複雜,《君人》整篇文意仍不能很好地解讀。

(三)《銀雀山一·晏子》第十章載齊景公與晏子關於"忠臣之行"和"佞人之事君"的對話。詳本書第二章第一節。

二、居官

(一) 楚簡

1.《上博二·從政》。整理者指出,該篇强調從政所應具備的道德及行爲標準,可與《論語》《禮記》等儒家典籍及睡虎地秦簡《爲吏吏道》比觀,爲先秦政治思想研究增添了可貴的新資料。[①]《從政》雖不像《吏道》那樣明確是講爲官,但從具體內容看,應該是談官員從政的問題。本書第二章第二節對該篇涉及的官德等有專門研究。

---

① 馬承源主編《上海博物館藏戰國楚竹書(二)》,第 214 頁,上海古籍出版社,2002 年。

2.《上博三·仲弓》《上博五·季庚》《上博八·顔淵》。三篇均是孔子闡述爲官的文獻,内容大致可分爲政務和教化兩部分。本書第二章第三節對此有詳細整理。

(二) 秦漢簡帛

1. 睡虎地秦簡《爲吏之道》(下文簡稱《吏道》)。主要部分類似於後代官箴書,又抄有格言、魏律等,有學者將其内容分成數類,[①]可以參看。

2. 王家臺秦簡《政事之常》(下文簡稱《政事》)。文字以圖表形式呈現,中間書寫"圓以生方,政事之常",分正、反兩個方向書寫兩遍。第三圈是對第二圈文字的解釋與説明,第四圈則進一步從正、反兩方面闡述第二圈文字的觀點。[②]《政事》第二圈文字與《吏道》"處如齋,言如盟"至"不時怒,民將逃去"一段相當,但文字略有差異,排列順序也不盡一致。本書第三章第一節對它們作具體比較。此外,還有一些不見於《吏道》的文句,如"時至而治,時不再來,時日既折,是謂□敗"等。

3. 嶽麓秦簡《爲吏治官及黔首》(下文簡稱《爲吏》)。内容包括爲官準則、雜抄格言及類似官府事務的部分,多可與《睡虎地·吏道》對讀。詳見本書第三章第一節。

4. 北大藏秦簡《從政之經》(下文簡稱《從政》)。2010 年初,北京大學出土文獻研究所接受一批捐贈的秦代簡牘。據介紹,其中

---

① 黃盛璋《雲夢秦簡辨正》,《考古學報》1979 年第 1 期。張永成《秦簡爲吏之道之版式及其正附文問題》,《簡牘學報》第 10 期,1981 年。

② 王明欽《王家臺秦墓竹簡概述》,《新出簡帛研究——新出簡帛國際學術研討會文集》,第 39—40 頁,文物出版社,2004 年。

的《從政之經》內容與《睡虎地·吏道》比較接近,但字詞和部分語句的先後次序都有差異;與《嶽麓一·爲吏》相比,雖文句有相合之處,但字詞差別較大。最後七枚竹簡不分欄而連續抄寫,內容是有關"賢者"的論述,少數文句亦見於《吏道》和《爲吏》,但多數是前所未見。[1]

5. 居延漢簡《吏》篇。居延甲 1994[2] 木牘談到了所謂"庸吏""愚吏"的品行,類似《吏道》《爲吏》中"吏失""吏過"等內容。魏啓鵬定名爲"愚吏"簡,加以校釋,指出其內容與《荀子》、秦簡《吏道》有一脈相承的關係。[3] 劉信芳稱之爲《吏》篇,並討論該篇在秦漢吏治思想中的地位。[4] 邢義田利用紅外照片,比較各家研究成果,對這支木牘內容詳加研究,[5]結論大多可信,使得該篇基本能够通讀。下面參考以上諸家意見,將《吏》篇內容移録如下,模糊不能確識的字用"□"表示:

　　所謂用(庸)吏者,上所言皆曰可,上所爲皆曰善。□□□代爲。故陰求上之所好而進之,苟容而已。所謂備(?)員吏者,方□圜□。營於私家,不務公事。意□□耶懷詐成狼。容容與世沉浮。所謂愚吏者,知淺而羞學問,位卑而好自用。諫之不聽,

---

① 參看朱鳳瀚《北大藏秦簡〈從政之經〉述要》,《文物》2012 年第 6 期。
② 圖版參看中國社會科學院考古研究所《居延漢簡甲乙編》上册,中華書局,1980 年。
③ 魏啓鵬《居延"愚吏"簡校箋》,《簡帛研究》第 1 輯,法律出版社,1993 年。
④ 劉信芳《居延漢簡〈吏〉篇研究》,《考古》2005 年第 9 期。
⑤ 邢義田《秦漢基層員吏的精神素養與教育——從居延牘 506.7(〈吏〉篇)説起》,《古文字與古代史》第 3 輯,第 399—434 頁,中研院史語所,2012 年。

告之不知，示之不見，教之不爲，且積不可措(?)，罪大不可解。

“□□□代爲”“意□□耶懷詐成狼”“且積不可措(?)”三句或字不可識，或意不好解，仍待研究。

6. 馬王堆帛書《易傳·昭力》。該篇記述昭力向“子”請教《易》中所蘊涵的“卿大夫之義”，内容與“爲官”密切相關。詳見本書第四章第二節。

此外，《睡虎地·語書》後六支簡主要講良吏、惡吏的標準，有利於瞭解秦時對官吏的要求，本書第四章第一節將對這段内容作校釋。《銀雀山(貳)》中被整理者定名爲《論政論兵之類》的文獻，其中《將敗》《將失》《將義》《將德》《將過》五章論及“爲將”的各種品德和過失，“將”爲軍官，本書將其歸入“爲官”類文獻，詳本書第四章第三節校釋部分。

需要説明的是，類似《上博五·三德》《郭店·尊德義》《郭店·成之》及馬王堆帛書《黄帝書》等文獻，其中不少内容與“爲臣居官”相通，但也可能與“爲君”有關。爲謹慎起見，本書只篩選其中比較明確講“爲臣居官”或可與其他材料中“爲臣居官”内容相參照的部分來研究。

第三節　簡帛爲臣居官類文獻研究舉要

簡帛爲臣居官類文獻的整理研究，可分爲兩個方面，一是文本整理，二是内容與思想研究。以下從這兩方面對相關研究作簡要概述。

一、文本整理方面

1. 竹簡編連。合理的編連是準確釋讀字詞和把握整體文意的關鍵因素。陳劍《上博簡〈子羔〉、〈從政〉篇的竹簡拼合與編連問題小議》①《上博竹書〈仲弓〉篇新編釋文》②《〈上博（三）·仲弓〉膡義》③《談談〈上博（五）〉的竹簡分篇、拼合與編聯問題》，④王中江《〈從政〉重編校注》，⑤趙炳清《上博簡三〈仲弓〉的編連及講釋》，⑥李鋭《〈仲弓〉新編》，⑦楊芬《上博簡〈中弓〉編連札記二則》，⑧復旦吉大讀書會（張傳官、陳志向執筆）《〈上博八·顏淵問於孔子〉校讀》，⑨凡國棟《嶽麓秦簡〈爲吏治官及黔首〉與睡虎地秦簡〈爲吏之道〉編連互徵一例》⑩等，均是這方面較有價值的論文。有些對恢復竹簡文本的本來面貌起到重要作用，如陳侃理根據"契口和編繩的位置""出土位置關係""容字和書體"，認爲睡虎地秦簡《語書》中的 6 支簡與《南郡守騰文書》本非一篇，而與《爲吏之道》爲同一書的兩部分，並據此復原《語書》的文本。⑪

---

① 載《文物》2003 年第 5 期。
② 收入《戰國竹書論集》，第 106—111 頁，上海古籍出版社，2013 年。
③ 載《簡帛》第 3 輯，上海古籍出版社，2008 年。
④ 收入《戰國竹書論集》，第 168—182 頁，上海古籍出版社，2013 年。
⑤ 收入《簡帛文明與古代思想世界》，第 556—561 頁，北京大學出版社，2010 年。
⑥ 載簡帛研究網 2005 年 4 月 10 日。
⑦ 載孔子 2000 網 2004 年 4 月 22 日。
⑧ 收入《楚地簡帛思想研究》三，湖北教育出版社，2007 年。
⑨ 載復旦網 2011 年 7 月 17 日。
⑩ 載《江漢考古》2011 年第 4 期。
⑪ 陳侃理《睡虎地秦簡"爲吏之道"應更名"語書"——兼談"語書"名義及秦簡中類似文獻的性質》，《出土文獻》第 6 輯，中西書局，2015 年。

2. 字詞釋讀。《上博二·從政》甲8"溮則失衆",《上博五·季庚》"溮"作"窗",楊澤生、陳劍均釋爲"鹽"讀爲"嚴";①《上博三·仲弓》簡10"宥過赦罪,則民何 ![图] ",陳劍釋 ![图] 爲"尝"讀爲"懲";②《上博五·季庚》簡3"是故君子玉其言而 ![图] 其行", ![图] 字襴健聰指出由石、日、火、土四部分組成,當釋爲"墾"讀爲"展"訓作誠。③ 以上釋讀均正確可信。但尚未解決的問題仍不在少數,大致可分爲三種情況,一如《上博二·從政》甲10"從政所務三:敬、![图] 、信", ![图] 作爲與"敬""信"並列的爲政之德,應當是比較常用的詞,但字形、意思均不能確釋;二如《嶽麓一·爲吏》簡51"廉而毋 ![图] ",《睡虎地·吏道》與"![图]"對應之字作"刖",意思大致可解,然"![图]"究竟爲何字尚難遽定;三如《上博二·從政》甲8"獄則興"、《上博五·季庚》簡21"玄曾"等,字形可識但意思難解。諸如此類,均有待進一步研究。

二、内容與思想方面

《上博二·從政》中不少内容可與《論語》等書對讀,應屬儒家文獻。楊朝明認爲它本應是《子思子》中的一篇,④陳劍通過對照

---

① 楊澤生《〈上博五〉零釋十二則》簡帛網2006年3月20日;陳劍《上海博物館藏戰國楚竹書〈從政〉篇研究(三題)》,《簡帛研究二〇〇五》,第31—32頁,廣西師範大學出版社,2008年。

② 陳劍《〈上博(三)·仲弓〉膡義》,《簡帛》第3輯,第77—83頁,上海古籍出版社,2008年。

③ 襴健聰《楚簡釋讀瑣記》,《古文字研究》第27輯,第373—374頁,中華書局,2008年。

④ 楊朝明《上博藏竹書〈從政〉篇"五德"略議——兼説〈從政〉應該屬於〈子思子〉佚篇》,簡帛研究網2003年4月23日。

《從政》與傳世文獻中跟子張有關的内容，認爲在目前情況下，如果一定要按儒家八派劃定《從政》篇派别的話，與其説出自《子思子》不如將它歸入子張之儒，①立説較爲嚴謹。

趙書生將《上博二·從政》與《睡虎地·吏道》從修身、重德、言行觀、中庸、重民、重禮六個方面作比較研究，認爲二者在思想内容上具有一致性，也有不同之處。②

郭齊勇取《上博二·從政》《上博五·季庚》《上博三·仲弓》分别與《論語》作比，認爲這三種竹書雖不能説全面發揮了《論語》所載的孔子政治學説，但可以説完全抓住了孔子仁學的基本——“親民”“愛民”“保民”“惠民”的仁政德治思想。③

《睡虎地·吏道》的思想内涵諸家研討比較充分，意見紛呈。有學者主一家一派，如黄盛璋認爲是儒家思想體系，④江慶柏認爲與墨家學派有關，或者在寫作時受到墨學的影響，⑤劉天奇認爲有黄老思想傾向，⑥魏啓鵬認爲與文子學派的道法思想一脈相通。⑦多數學者認爲該篇融合了儒法道諸家思想，但對各種思想所占的

---

① 陳劍《上海博物館藏戰國楚竹書〈從政〉篇研究(三題)》，《簡帛研究二〇〇五》，第 42 頁，廣西師範大學出版社，2008 年。

② 趙書生《上博楚簡〈從政〉與睡虎地秦簡〈爲吏之道〉合論》，《楚地簡帛思想研究》(三)，第 251—263 頁，湖北教育出版社，2007 年。

③ 郭齊勇《上博楚簡所見孔子爲政思想及其與〈論語〉之比較》，《儒家文化研究》第 1 輯，第 1—14 頁，生活·讀書·新知三聯書店，2007 年。

④ 黄盛璋《雲夢秦簡辨正》，《考古學報》1979 年第 1 期。

⑤ 江慶柏《“睡簡”〈爲吏之道〉與墨學》，《陝西師範大學學報》1983 年第 4 期。

⑥ 劉天奇《黄老政治的初次實踐——從秦簡〈爲吏之道〉看秦國的黄老政治》，《唐都學刊》1994 年第 5 期。

⑦ 魏啓鵬《文子學派與秦簡〈爲吏之道〉》，《道家文化研究》第 18 輯，第 163—179 頁，生活·讀書·新知三聯書店，2000 年。

主次地位有不同看法，或謂以儒家爲主要、根本，如歐陽禎人、[①]余英時、[②]王中江；[③]或謂以法家爲主，如高敏、[④]張晉藩、[⑤]吳福助。[⑥]俞志慧認爲《吏道》的語言和思想不主某一家，而具有集錦特色。[⑦]李鋭對此有較相似綜述，並認爲作爲雜抄，不必强求《吏道》要有統一的中心思想或體現受某家思想影響。[⑧]

　　以上對簡帛"爲臣居官"文獻的研究現狀作了舉例性質的概述，具體問題的研究情況詳見本書相關章節。

　　①　歐陽禎人《略論秦簡〈爲吏之道〉的儒家思想》，《楚地出土簡帛文獻思想研究》（一），湖北教育出版社，2002 年。

　　②　余英時《士與中國文化》，第 151 頁，上海人民出版社，2003 年。

　　③　王中江《簡帛文明與古代思想世界》，第 471—506 頁，北京大學出版社，2011 年。

　　④　高敏《秦簡〈爲吏之道〉中所反映的儒法融合傾向——兼論儒法諸家思想融合的歷史演變》，《雲夢秦簡初探》（增訂版），第 238—252 頁，河南人民出版社，1981 年。

　　⑤　張晉藩《從秦簡〈爲吏之道〉看秦的"治吏"思想》，《中國法律史論》，第 96—110 頁，法律出版社，1982 年。

　　⑥　吳福助《〈爲吏之道〉法儒道家思想交融現象剖析》，《睡虎地秦簡論考》，第 175—205 頁，文津出版社，1994 年。

　　⑦　俞志慧《秦簡〈爲吏之道〉的思想史意義——從其集錦特色談起》，《浙江社會科學》2007 年第 6 期。

　　⑧　李鋭《秦簡〈爲吏之道〉的思想主體分析》，《輝煌雍城：全國（鳳翔）秦文化學術研討會論文集》，第 154—159 頁，三秦出版社，2017 年。

第二章　楚簡爲臣居官類
文獻分類研究

　　楚簡爲臣居官類文獻的内容主要包括事君、治民及官德等,治民部分又含政務處理和教化。

第一節　事君言論輯考

　　與人臣事君相關的言論,見於郭店簡、上博簡、清華簡。

　　《郭店·魯穆》簡 1—2:"魯穆公問於子思曰:'何如而可謂忠臣?'子思曰:'恒稱其君之惡者,可謂忠臣矣。'""恒稱"或釋爲"亟稱",[①]從意思上看,似均可成立。

　　《上博二·容成氏》載紂爲無道,文王聞之曰:"雖君無道,臣敢勿事乎? 雖父無道,子敢勿事乎? 孰天子而可反?"(簡 46)是周文王事紂之道,事又見於《吕氏春秋·恃君覽·行論》:"紂恐其畔,欲殺文王而滅周。文王曰:'父雖無道,子敢不事父乎? 君雖不惠,臣

---

　　①　陳偉《郭店竹書别釋》,第 45 頁,湖北教育出版社,2003 年。

敢不事君乎？孰王而可畔也？'"①

　　《上博三·仲弓》簡21孔子曰："古之事君者，以忠與敬。"事君以忠乃古之常訓，敬爲臣道，文獻亦所見甚多，《左傳》僖公五年："失忠與敬，何以事君？"《國語·晉語一》："事君以敬……受命不遷爲敬。"又《齊語》："其事君者言敬。"《孝經·廣至德》："教以臣，所以敬天下之爲人君者也。"

　　《上博四·內禮》簡2："故爲人臣者，言人之臣之不能事其君者，不與言人之君之不能使其臣者。"相似的表述見於《大戴禮記·曾子立孝》載曾子曰："爲人臣而不能事其君者，不敢言人君不能使其臣者也。"整理者指出，文獻所記着重對未盡臣道者的戒告，簡文所論則是君臣之道的通則。②

　　《上博五·三德》簡15："仰天事君，嚴恪必信。"信是儒家"五常"之一，是誠實不欺、遵守諾言的品德。③ 作爲事君之道的"信"之觀念倡於春秋以降，要求臣子不忘故國舊主，盡忠盡職。④

　　《上博八·命》簡4—5："吾聞古之善臣，不以私思〈惠〉⑤私怨入于王門。"《說苑·至公》："彼人臣之公，治官事則不營私家，在公門則不言貨利，當公法則不阿親戚，奉公舉賢則不避仇讎。"《韓非

---

　　① 劉樂賢《讀上博簡〈容成氏〉小劄》，《上博館藏戰國楚竹書研究續編》，第356頁，上海書店出版社，2004年。

　　② 馬承源主編《上海博物館藏戰國楚竹書(四)》，第221—222頁，上海古籍出版社，2004年。

　　③ 張錫勤《中國傳統道德舉要》，第198頁，黑龍江大學出版社，2009年。

　　④ 參看閻步克《春秋戰國時"信"觀念的演變及其社會原因》，《歷史研究》1981年第6期。

　　⑤ "思"爲"惠"之誤字，從復旦吉大讀書會(張傳官、陳志向執筆)說(《上博八〈命〉校讀》，復旦網2011年7月16日)。

子·外儲説左下》有兩則故事可視爲簡文例徵:"中牟無令,晋平公問趙武曰:'中牟,三國之股肱,邯鄲之肩髀,寡人欲得其良令也,誰使而可?'武曰:'邢伯子可。'公曰:'非子之讎也?'曰:'私讎不入公門。'公又問曰:'中府之令誰使而可?'曰:'臣子可。'故曰:'外舉不避讎,内舉不避子。'趙武所薦四十六人於其君,及武死,各就賓位,其無私德若此也。""解狐薦其讎於簡主以爲相,其讎以爲且幸釋己也,乃因往拜謝,狐乃引弓送而射之,曰:'夫薦汝,公也,以汝能當之也。夫讎汝,吾私怨也,不以私怨汝之故擁汝於吾君。'故私怨不入公門。"另,《左傳》襄公三年所載"祁奚薦賢"的故事亦可備參。

《清華五·湯丘》簡 16—19 載湯問小臣"爲臣奚若",小臣答以"爲臣恭命";湯又問"恭命如台",小臣答以"君既潛明,既受君命,退不顧死生,是非恭命乎"。

《清華六·子産》簡 9—10:"君人蒞民有道,情以勉,得位命固。臣人畏君有道,知畏無罪。臣人非所能不進。"爲臣畏君,《管子·明法解》:"威勢尊顯,主之分也;卑賤畏敬,臣之分也。"又:"人臣之所以畏恐而謹事主者,以欲生而惡死也。""非所能不進"即量力而行,詳見下文第一條。

《清華九·治政》簡 8—9:"彼佐臣之敷心盡惟,不敢妨善弼惡以憂君家,非獨爲其君,翳身賴是多。故夫君臣之相事,譬之猶市賈之交易,則皆有利焉。"把君臣之間看作是交易的關係,整理者指出類似表述也見於《韓非子·難一》"臣盡死力以與君市,君垂爵禄以與臣市,君臣之際,非父子之親也,計數之所出也"。[①]

---

① 黄德寬主編《清華大學藏戰國竹簡(玖)》,第 134 頁,中西書局,2019 年。

此外，《郭店·語叢四》簡 18—19“善事其上者，若齒之事舌，而終弗噬①”，事上涵括事君；《上博六·用曰》説“邇君邇戾”（簡 2）、“遠君遠戾”（簡 3），也與事君相關。

以下重點討論見於郭店簡和上博簡中論述“事君”内容較爲具體，及字詞釋讀方面有較大争議的簡文。

一、臣事君，言其所不能，不辭其所能，則君不勞。

《郭店·緇衣》簡 5—7：

> 子曰：上人疑則百姓惑，下難知則君長勞。故君民者彰好以示民欲，謹惡以御民淫，則民不惑。**臣事君，言其所不能，不辭其所能，則君不勞**。

相當的語句見於《上博一·緇衣》簡 3—4，《禮記·緇衣》第十章。

“臣事君，言其所不能，不辭其所能，則君不勞”，是説臣下事君要坦白自己不能勝任的事，對自己可以做到的事則要盡心盡力、在所不辭，這樣君主就不會勞苦了。《上博五·三德》簡 15“毋不能而爲之，毋能而易之”，《管子·乘馬》“君舉事，臣不敢誣其所不能”，《國語·晋語九》“夫事君者，量力而進，不能則退”，意思與簡文相當。前文説“下難知則君長勞”，此處臣“言其所不能，不辭其所能”，是無所保留，可謂易知。

---

① “噬”從李零讀（《郭店楚簡校讀記》，《道家文化研究》第 17 輯，第 481 頁，生活·讀書·新知三聯書店，1999 年）。

　　今本《禮記·緇衣》與此對應的話作：“臣儀行，不重辭，不援其所不及，不煩其所不知，則君不勞矣。”與簡文多有不同，但對照上下文可知也與臣下如何做到“易知”有關。鄭玄注釋説：“儀當爲義，聲之誤也，言臣義事君則行也。重猶尚也。援猶引也，不引君所不及，謂必使其君所行如堯舜也。不煩以其所不知，謂必使其知慮如聖人也。凡告喻人，當隨其才以誘之。”孔穎達疏：“不援其所不及者，謂君才行所不能及，臣下不須援引其君行所不能及之事，謂必使其君所行如堯舜也。不煩其所不知者，謂君有所不知，其臣不得煩亂君所不知之事，令必行之。臣能如此，則君不勞苦。”不難看出，注、疏都認爲兩個指示代詞“其”指君主，“不援其所不及”，即不援引君主不能及之事；“不煩其所不知”，即不以君主不知之事煩亂他。但這樣解釋的問題誠如張富海所説，似與上文“下難知”不相應。① 馮勝君指出鄭注有臆測之處，“不援其所不及”對照簡本似乎應解釋爲“不招攬自己所做不到的（事情）”，“不重辭”當與簡本“不辭其所能”有關。②

　　按，今本兩“其”字當指臣下而言。“不援其所不及”即不援引自己能力範圍以外的事。“不煩其所不知”，“煩”即繁瑣之義，《釋名·釋言語》：“煩，繁也。”“不煩其所不知”，即不多説自己不知道的事情。《中論·覈辯》“彼利口者，苟美其聲氣，繁其辭令”，“繁”字用法同。“不援其所不及，不煩其所不知”，正與簡本“言其所不能”意思相合。《管子·乘馬》“君舉事，臣不敢誣其所不能”，“其”

<hr />

① 張富海《郭店楚簡〈緇衣〉篇研究》，第 8 頁，北京大學碩士論文 2002 年，指導教師：沈培。

② 馮勝君《郭店簡與上博簡對比研究》，第 60 頁，綫裝書局，2007 年。

亦指臣下言，與《緇衣》文意近。"臣儀行"之"儀"當如孫希旦説意爲度，孫又謂"儀行"即儀度君之所行，[①]則非是。皮錫瑞、俞樾説"儀行"即儀度而行，[②]近是。"臣儀行，不重辭"是説，人臣事君要揣量自己的能力，不在辭説上花太多功夫。這些都能够使"君不勞"。

　二、苟濟夫人之善，勞其股肱之力弗敢憚也，危其死弗敢愛也，謂之臣，以忠事人者。忠者，臣德也。

《郭店·六德》簡 12—17：

　　雖在草茅[③]之中，苟賢☐☐父兄，任諸子弟。大材藝者大官，小材藝者小官，[④]因而施禄焉，使之足以生，足以死，謂之君，以義使人多。義者，君德也。非我血氣之親，畜我如其子弟，故曰：**苟淒（濟）夫人之善，勞其肦（股）忱（肱）之力弗敢憚也，危其死弗敢愛也，謂之[臣]，[⑤]以忠事人多。忠者，臣德也。**

---

①　孫希旦撰，沈嘯寰、王星賢點校《禮記集解》，第 1326 頁，中華書局，1989 年。

②　皮錫瑞《禮記淺説》卷下，清光緒二十五年刻本；俞樾《群經平議》第二十二卷，《清經解續編》第 5 册，第 1154 頁，上海書店，1988 年。

③　"草茅"從陳偉讀（《郭店竹書别釋》，第 116—117 頁，湖北教育出版社，2003 年）。

④　此處斷句參看張桂光《〈郭店楚墓竹簡〉釋注續商榷》，《簡帛研究二〇〇一》，第 190 頁，廣西師範大學出版社，2001 年；陳偉《郭店竹書别釋》，第 115 頁，湖北教育出版社，2003 年。

⑤　"臣"字從裘錫圭補（荆門市博物館《郭店楚墓竹簡》，第 189 頁，注[一一]，文物出版社，1998 年）。

　　“苟淒（濟）夫人之善 ”，“淒”讀爲“濟”是袁國華、李零等的意見，[①]正確可從。楚簡用“淒”爲“濟”多見。[②] 廖名春謂“濟”義爲益，[③]其説是。 字奇怪，整理者不釋。或釋爲“它”讀爲“施”，[④]似可從。“苟濟夫人之善 ”大意是“如果能够增益人君的善行”。

　　“胉”作 ，趙平安、陳偉等連下字讀爲“股肱”，[⑤]已是定論。文獻中講到爲人臣盡“股肱之力”甚多，如《左傳》僖公九年“臣竭其股肱之力”，《墨子·非樂上》“士君子竭股肱之力，亶其思慮之智”，《商君書·賞刑》“固知愚、貴賤、勇怯、賢不肖皆盡其胸臆之知，竭其股肱之力”。但 字何以可讀爲“股”，則至《上博三·周易》的面世才有較好的解釋。《周易》簡9“有孚 缶”，今本、帛書本《比》卦與 對應的字均是“盈”。從形體看， 、 右旁當爲一字。楚簡“及”字作 （《上博一·詩論》簡15），又作 （《上博二·容成氏》簡13），上部可資類比。，整理者釋爲“海”，[⑥]非是。季旭昇認爲右旁與石鼓文“盈”作 及秦漢文字“盈”作

----

　　① 袁國華《郭店楚簡文字考釋十一則》，《中國文字》新廿四期，第145頁，藝文印書館，1998年。李零《郭店楚簡校讀記》（增訂本），第171頁，中國人民大學出版社，2007年。

　　② 參看白於藍《簡帛古書通假字大系》，第513頁，福建人民出版社，2017年。

　　③ 廖名春《新出楚簡試論》，第172頁，臺灣古籍出版有限公司，2001年。

　　④ 各家説法參看劉傳賓《郭店楚簡研究綜論（文本研究篇）》下册，第138—139頁，吉林大學2010年博士論文，指導教師：馮勝君。

　　⑤ 參看趙平安《關於“厷”的形義來源》，《新出簡帛與古文字古文獻研究》，第99頁，商務印書館，2009年。陳偉《郭店竹書別釋》，第117—118頁，湖北教育出版社，2003年。

　　⑥ 馬承源主編《上海博物館藏戰國楚竹書（三）》，第149頁，上海古籍出版社，2003年。

上部所從相當，"女"爲"殳"之譌，當分析爲從水從夃，會水至盈滿之意，是"水盈"之本字，與"盈"同。① 侯乃峰將☒與☒及望山、新蔡等簡中用作犧牲之名被孔仲温、劉信芳等釋爲"羘"②的☒（《望山》1．125）、☒（《新蔡》甲二29）等字聯繫起來，認爲它們右旁所從都是"夃"，並結合文獻中"夃"與"姑""沽"換用的情況，從字形和讀音兩方面揭示了☒可讀爲"羖（羘）"、☒可讀爲"股"的原因。③《説文·殳部》："夃，秦以市買多得爲夃。"《皿部》："盈，滿器也。從皿、夃。"徐鉉曰："夃，古乎切。益多之義也。古者以買物多得爲夃，故從夃。"《慧琳音義》卷十二引作："器滿也。從皿從夃，夃亦聲。"但"夃"音在見母魚部，"盈"在餘母耕部，差別較大，因此研究《説文》者大都不以"盈"從夃聲。這樣☒字右旁若要和☒、☒一樣作爲聲符使用就有難度了。季旭昇之所以認爲☒是會意字，大概也是出於這方面的考慮。楊澤生認爲☒從水歩聲讀爲"竭"，④何琳儀、程燕、陳劍等認爲此字從水企聲讀爲"盈"，⑤雖然都能夠將文意説通，但又難以與☒、☒二字聯繫。侯乃峰據楚文字中"瀘（鹽）"可省作"滷"、"猷"可省作"猷"，認爲☒從水從

---

① 季旭昇《上博三周易比卦"有孚盈缶""盈"字考》，簡帛研究網 2005 年 8 月 15 日。

② 孔仲温《望山卜筮簡"癘痗"二字考釋》，《第一屆國際訓詁學會研討會論文集》，第 827 頁，（高雄）中山大學中文系 1997 年。劉信芳《望山楚簡校讀記》，《簡帛研究》第 3 輯，第 35 頁，廣西教育出版社，1998 年。

③ 侯乃峰《楚竹書〈周易〉釋"瀘"之字申説》，《周易研究》2009 年第 1 期。

④ 楊澤生《竹書〈周易〉中的兩個異文》，劉小楓、陳少明主編《經典與解釋（5）——古典傳統與自由教育》，第 185 頁，華夏出版社，2005 年。

⑤ 何琳儀、程燕《滬簡〈周易〉選釋》，《江漢考古》2005 年第 4 期。陳劍《上博竹書〈周易〉異文選釋（六則）》，《文史》2006 年第 4 期。《周易研究》2006 年第 1 期載何琳儀、程燕、房振三《滬簡〈周易〉選釋（修訂）》轉從楊澤生説從水從歩，但讀爲"泄"。

盈省聲。① 袁瑩認爲"及"字有兩個來源,一是"股",一是"脛", 的聲符即從"脛"而來。② 楊蒙生對相關研究有總結。③

按,"溋"字《清華二·繫年》簡 123、安大簡《詩經》簡 6 作 、,《清華六·鄭武》簡 3、《清華七·趙簡》簡 8 作 、,即可分析爲從水盈聲,可證侯説可從。"股肱"一詞,清華簡四見,"股"作 (《清華六·鄭甲》簡 5)、(《清華六·鄭乙》簡 4)、(《清華九·治政》簡 4)、(《清華十·四告》簡 32),或從"及"聲,或從"古"聲,正與《説文》"及"下引《詩》"我及酌彼金罍"而今《詩》"及"作"姑"相對照。

"忕"字作 ,右旁與楚簡"厷"多作 (《上博二·民之》簡 9 等)有所不同,而與《清華十一·五紀》簡 82、94 三見的"厷"作 相同,是寫有譌誤,當從陳偉等隸定爲"忕"。④

"多"字用法特殊,除本段的四個之外,《六德》中還有以下幾處,"親此多也,蜜(密)⑤此多[也],美⑥此多也。人道尒止"(簡 25—26);"敢之爲言也,猷敢敢也,少而巺多也"(簡 32—33)。⑦ 陳劍指出"小而巺多也"的"多",跟《郭店·五行》簡 40"小而軫者也"

---

① 侯乃峰《楚竹書〈周易〉釋"溋"之字申説》,《周易研究》2009 年第 1 期。

② 袁瑩《説"及"字的兩個來源》,《簡帛語言文字研究》第 5 輯,第 120—132 頁,巴蜀書社,2010 年。

③ 楊蒙生《釋"及(股)"小史》,《出土文獻》第 4 輯,第 172—176 頁,中西書局,2013 年。

④ 陳偉《郭店竹書別釋》,第 117 頁,湖北教育出版社,2003 年。

⑤ "蜜(密)"從徐在國釋(《上博竹書(二)文字雜考》,《學術界》2003 年第 1 期)。

⑥ "美"從李零讀(《郭店楚簡校讀記》增訂本,第 171 頁,中國人民大學出版社,2007 年)。

⑦ "多"字用法的相關討論可參看沈培《郭店簡〈六德〉"多"字舊説訂誤》,《21 世紀的中國語言學》(二),第 383—404 頁,商務印書館,2006 年。

的“者”字相對應，類似這種用法都可以直接解釋爲指示代詞，意爲
“……的”；①單育辰則直接讀“多”爲“者”。② 李家浩贊同單説，並
加以論述。③ 李文所舉例證即“奢”和“奓”通：《説文》正篆“奢”從
“者”聲，籀文作“奓”，從“多”聲；《詛楚文》“宣奓”之“奓”讀爲“奢”。
此外尚有《廣雅·釋親》：“奓、奢，父也。”《廣韻·麻韻》：“奓，羌人
呼父。”“奢，吴人呼父。”王念孫曰：“奓、奢聲相近。”④《玉篇·父
部》“奢，之邪切”，《廣韻·麻韻》“奓，陟邪切”，黄生謂“奢”“從者，
故得與奓同音”，⑤是“奓”“奢”實爲一字。凡此亦爲“者”“多”可
通之證。《大戴禮記·曾子大孝》“夫仁者，仁此者也；義者，宜此
者也……；彊者，彊此者也”，與“親此多也，密此多也，美此多也”
句式很像，若將“多”替換爲“者”，無疑是很合適的。蔡一峰認爲
從古音的層次關係上應視爲“者也”合音更加合理，並有詳細
論證。⑥

　　“苟濟夫人之善 ，勞其股肱之力弗敢憚也，危其死弗敢愛
也”，是忠臣的具體表現。《國語·晋語二》載荀息曰：“可以利公
室，力有所能無不爲，忠也。”《吕氏春秋·仲冬紀·忠廉》：“苟便於
主利於國，無敢辭違，殺身出生以徇之。”《説苑·建本》：“故苟有可

　　① 陳劍《郭店簡〈六德〉用爲“柔”之字考釋》，《中國文字學報》第 2 輯，第 65 頁，商
務印書館，2008 年。
　　② 單育辰《楚地戰國簡帛與傳世文獻對讀之研究》，第 291—294 頁，中華書局，
2014 年。
　　③ 李家浩《關於郭店竹書〈六德〉“仁類蔓而速”一段文字的釋讀》，《出土文獻研
究》第 10 輯，第 50—51 頁，中華書局，2011 年。
　　④ 王念孫《廣雅疏證》，第 199 頁，江蘇古籍出版社，2000 年。
　　⑤ 黄生、黄承吉《字詁義府合按》，第 29 頁，中華書局，1984 年。
　　⑥ 蔡一峰《郭店簡〈六德〉“多”字讀法辨議》，《出土文獻》待刊。

以安國家、利民人者，不避其難，不憚其勞，以成其義。”《孔子家語・曲禮子貢問》：“人臣之節，當君大事，唯力所及，死而後已。”《孔子家語・曲禮子夏問》：“爲人臣者，殺其身而有益於君，則爲之。”意思均與簡文相近。

三、所以異於父，君臣不相在也，則可已；不悦，可去也；不義而加諸己，弗受也。

《郭店・語叢三》簡1—5：

> 父無惡，君猶父也。其弗惡也，猶三軍之旃（旃）①也，正也。所以異於父，君臣不相才（在）也，則可已；不悦，可去也；不義而加諸己，弗受也。

“才”，整理者讀爲“在”，未作解釋；②李零讀爲“戴”；③劉釗讀爲“存”，訓作恤問，④後又説用爲恤問或依存之義；⑤白於藍讀爲“讒”，謂“相讒”即互相賊害。⑥按，依照楚簡用字習慣，“才”當以讀“在”爲是，“在”亦有存問之義，《左傳》襄公二十六年“吾子獨不在寡人”杜預注：“在，存問之。”“君臣不相在也，則可已”意思是如果君臣之間不互相恤問，關係就可以結束。劉釗以“君臣不

① “旃（旃）”從湯餘惠釋讀（《釋“旃”》，《吉林大學古籍整理研究所建所十五周年紀念文集》，第66—67頁，吉林大學出版社，1998年）。

② 荊門市博物館《郭店楚墓竹簡》，第209頁，文物出版社，1998年。

③ 李零《郭店楚簡校讀記》（增訂本），第195頁，中國人民大學出版社，2007年。

④ 劉釗《讀郭店楚簡字詞札記》，《郭店楚簡國際學術研討會論文集》，第88頁，湖北人民出版社，2000年。

⑤ 劉釗《郭店楚簡校釋》，第211頁，福建人民出版社，2005年。

⑥ 白於藍《郭店楚簡補釋》，《江漢考古》2001年第2期。

相在也"爲句,"則可已"連下讀,解釋"則可已;不悦,可去也"説
"相悦則可,不相悦則可以離開",①似不妥。《禮記·内則》:"四十
始仕,方物出謀發慮,道合則服從,不可則去",與"不悦可去"是一
個道理。

　　"不義而加諸己,弗受"與儒家"從道不從君"(《荀子·子道》)
的政治思想一致。《孔子家語·三恕》中子貢認爲"子從父命、臣從
君命"無可懷疑,孔子説:"子從父命,奚詎爲孝? 臣從君命,奚詎爲
貞? 夫能審其所從,之謂孝之謂貞矣!"在孔子看來,人臣對國君不
能盲從,需仔細推究所從是否得當,也就是他所説的"所谓大臣者,
以道事君,不可則止"(《論語·先進》)。

　　這段話將"不相在可已、不相悦可去、不義加諸己弗受"三點作
爲事君與事父的區别,從這些能够看出簡文成書時期君臣關係的
新變化。《國語·晋語一》載欒共子對晋武公説:"成聞之:'民生於
三,事之如一。'父生之,師教之,君食之。非父不生,非食不長,非
教不知生之族也,故壹事之。唯其所在,則致死焉。報生以死,報
賜以力,人之道也。"欒共子認爲君、父、師要同等而事。《晋語一》
又載晋獻公聽信驪姬讒言將黜太子申生而立奚齊,對這樣的事,大
夫苟息仍説:"吾聞事君者,竭力以役事,不聞違命。君立臣從,何
貳之有?"這些春秋早期的事情與簡文所説"不相在則可已""不悦
可去"有明顯不同。春秋後期至戰國,尤其是戰國時期各國選官制
度的改革,從根本上廢除了原來依靠血統、宗法關係世代高官厚禄
的世卿世禄制,一些出身社會下層或非宗法系統的人,通過君主的

---

① 劉釗《郭店楚簡校釋》,第211頁。

"舉賢與能"進入仕途。"各國内部,官僚政治的客卿制取代了世卿制,'士無定主',遊説諸侯以取官,用之則留,不用則去,臣屬的流動性極大。"①《吕氏春秋·審分覽·執一》吴起曰"今日置質爲臣,其主安重。今日釋璽辭官,其主安輕",《戰國策·秦策四》"天下之士相從謀曰:吾將還其委質而朝於邯鄲之君乎",《韓非子·有度》"今夫輕爵禄,易去亡,以擇其主,臣不謂廉",均可反映出當時君臣關係與早期符合禮制的"委質爲臣,無有二心"及封建專制發展到頂峰的宋明時期所謂"委質爲臣,身非我有矣"(《朱子語類》卷十三)的相異之處。《孔子家語·子路初見》中孔子對比干諫紂、泄冶諫陳靈公有不同看法:"比干於紂,親則諸父,官則少師,忠報之心在於宗廟而已,固必以死争之,冀身死之後,紂將悔寤,其本志情在於仁者也;泄冶之於靈公,位在大夫,無骨肉之親,懷寵不去,仕於亂朝,以區區之一身,欲正一國之婬昏,死而無益,可謂捐矣。《詩》云:'民之多辟,無自立辟。'其泄冶之謂乎。"世官制解體後,在不具備血親關係的前提下,對臣下的要求已經不同於以往。

四、吾毋有它,正公事,雖死,焉逃之? 吾聞爲臣者,必使君得志於己而有後請。

《上博五·姑成》記載了春秋中期晋國三郤的史事,内容與《左傳》成公十七年、《國語·晋語六》有關,但又多有不同。其中晋厲

---

① 閻步克《春秋戰國時"信"觀念的演變及其社會原因》,《歷史研究》1981 年第 6 期。許倬雲對此也有相關論述(《戰國的統治機構與治術》,《求古編》,聯經出版事業公司 1984 年再版)。

公準備擒殺三郤時，郤奇主張"以吾族三郤與□□□□□於君。幸，①則晋邦之社稷可得而事也；不幸，則取②免而出，諸侯畜我，誰③不以厚④"（簡 2—3），姑成家父却説：

> "不可。君貴我而授我衆，以我爲能治。今⑤吾無能治也，而因以害君，不義，刑莫大焉。**雖得免而出，以不能事君，天下爲君者，誰欲畜汝者哉**。初，吾强立治衆，欲以長建主君而禦難。今主君不遺於吾，故而反惡之。⑥ **吾毋有它，正公事，唯（雖）⑦死，焉逃之？吾聞爲臣者，必思（使）⑧君得志於己而有後請**。"（簡 3—5）

"雖得免而出，以不能事君，天下爲君者，誰欲畜汝者哉"，在姑成家父看來，如果與國君作對，即使逃奔他國，也未必會被容納。《左傳》僖公十五年載晋惠公被秦軍俘虜，釋放回國前有人勸與此

① "幸"從季旭昇釋（《上博五芻議（下）》，簡帛網 2006 年 2 月 18 日）。

② "取"從何有祖釋（《〈季庚子問於孔子〉與〈姑成家父〉試讀》，簡帛網 2006 年 2 月 19 日）。

③ "誰"從季旭昇讀（《上博五芻議（下）》，簡帛網 2006 年 2 月 18 日）。

④ "厚"從陳劍、王輝等釋（沈培《上博簡〈姑成家父〉一个编联组位置的调整》引，簡帛網 2006 年 2 月 22 日；《〈上博楚竹書（五）〉讀記》，《中國文字》新 32 期，第 30—31 頁，藝文印書館，2006 年）。

⑤ "今"從陳劍釋（沈培《上博简〈姑成家父〉一个编联组位置的调整》引，簡帛網 2006 年 2 月 22 日）。

⑥ 該句斷讀從沈培説（《上博简〈姑成家父〉一个编联组位置的调整》，簡帛網 2006 年 2 月 22 日）。

⑦ "雖"從季旭昇讀（《上博五芻議（下）》，簡帛網 2006 年 2 月 18 日）。

⑧ "使"從沈培讀（《上博简〈姑成家父〉一个编联组位置的调整》，簡帛網 2006 年 2 月 22 日）。

事有直接關係的慶鄭出逃，慶鄭説：“陷君於敗，敗而不死，又使失刑，非人臣也。臣而不臣，行將焉入？”宣公四年載楚令尹子文的孫子克黄出使齊國，回來的路上到達宋國時，聽説堂叔子越作亂被楚莊王殺了。有人勸他不要回楚國了，他説：“棄君之命，獨誰受之？君，天也，天可逃乎？”昭公二十年載楚平王命城父司馬奮揚殺太子建，奮揚通知太子建逃走，後自首到平王那裏。平王問“而敢來，何也”，對曰：“使而失命，召而不來，是再奸也，逃無所入。”這個道理似已被當時爲臣者所默認。

“吾毋有它，正公事，唯死，焉逃之”，深合“委質策死”的古法。西周、春秋時期君臣關係的確立講究“策名委質”。《史記·仲尼弟子列傳》“子路後儒服委質，因門人請爲弟子”，司馬貞《索隱》引服虔曰：“古者始仕，必先書其名於策，委死之質於君，然後爲臣，示必死節於其君也。”《左傳》僖公二十三年狐突曰：“子之能仕，父教之忠，古之制也。策名委質，貳乃辟也。”莊公十四年原繁曰：“臣無二心，天之制也。”《國語·晉語九》夙沙釐曰：“臣聞之，委質爲臣，無有二心，委質而策死，古之法也。”經過儀式認定及盟誓約束，臣下要對國君盡忠，至死不貳，不能去此及彼。這在當時君臣之間是約定俗成的。《國語·晉語一》載欒共子説“從君而貳，君焉用之”，“遂鬥而死”。《左傳》閔公二年載大夫狐突不願與太子申生一起討伐東山皋落氏，想走掉，羊舌大夫説：“不可，違命不孝，棄事不忠。雖知其寒，惡不可取。子其死之。”僖公九年載晉獻公讓荀息輔佐幼子奚齊時，荀息説：“臣竭其股肱之力，加之以忠貞。其濟，君之靈也；不濟，則以死繼之。”郭永秉引《睡虎地·吏道》“臨難見死，不取苟免”説苦成家父踐行了這個爲人臣的準則。①

　　"吾聞爲臣者，必使君得志於己而有後請"，《國語・晋語四》："《禮志》有之曰：將有請於人，必先有入焉。"《論語・衛靈公》："事君，敬其事而後其食。"《禮記・儒行》："先勞而後禄。"《管子・大匡》："爲人臣者，不盡力於君，則不親信，不親信，則言不聽。"是君臣間普遍存在的相施報關係。《淮南子・主術》："臣不得其所欲於君者，君亦不能得其所求於臣也。君臣之施者，相報之勢也。是故臣盡力死節以與君，君計功垂爵以與臣。是故君不能賞無功之臣，臣亦不能死無德之君。"

　　與姑成家父所説相對應的話，在《左傳》和《國語》中爲郤至之言，分別作：

　　　"人所以立，信、知、勇也。信不叛君，知不害民，勇不作亂。失兹三者，其誰與我？死而多怨，將安用之？君實有臣而殺之，其謂君何？我之有罪，吾死後矣！若殺不辜，將失其民，欲安，得乎？待命而已！受君之禄，是以聚黨。有黨而争命，罪孰大焉！"（《左傳》成公十七年）

　　　"不可。至聞之，武人不亂，智人不詐，仁人不黨。夫利君之富，富以聚黨，利黨以危君，君之殺我也後矣。且衆何罪，鈞之死也。不若聽君之命。"（《國語・晋語六》）

内容與簡文很不一樣，主旨却一致，均可從中窺見春秋時人臣事君

---

① 郭永秉《説〈姑成家父〉簡3的"取免"》，簡帛網2006年4月19日。

之道的内涵。

五、佞者之事君

《清華六·管仲》簡24—27,管仲謂齊桓公曰:

> 夫佞者之事君,必前敬與巧,而後瞀(僭)與誣,以大有求。受命雖約,出外必張;脣童蓮畏,假寵以放;既蔽於貨,髮亂毀常;既得其利,昏宴以行。然則或弛或張,或緩或急,窐虚,衆利不及。是謂幽德。

"瞀"讀爲"僭",從整理者意見。①《左傳》昭公八年:"小人之言,僭而無徵。""僭與誣"即虚僞不真實。"受命雖約,出外必張","約""張"意思相對,《淮南子·原道》:"約而能張,幽而能明。""脣童蓮畏",整理者讀爲"蠢動勤畏",解釋文義時引《爾雅·釋訓》"蠢,動也",謂前云"受命雖約",故此云始動之時貌作謹畏,②似是讀"蓮"爲"謹"。或讀"脣童"爲"震動"、"畏"爲"威",③似可從。《清華七·越公》簡58"越邦庶民則皆昏僮","昏僮"即震動,與"脣童"應爲一詞。"震動蓮威"似是言佞者在外威風震動,然"蓮"字難解。

"髮"作,整理者釋爲"彗",讀爲"祟",④當從趙平安改釋爲

---

①　李學勤主編《清華大學藏戰國竹簡(陸)》,第113頁,中西書局,2016年。
②　李學勤主編《清華大學藏戰國竹簡(陸)》,第113,117頁,中西書局,2016年。
③　參看簡帛網—簡帛論壇—《清華六〈管仲〉初讀》文下"暮四郎"説,2016年4月19日。
④　李學勤主編《清華大學藏戰國竹簡(陸)》,第117頁,中西書局,2016年。

"叟"讀爲"冒"，[1]其義當與"貪"相近，《左傳》文公十八年："貪於飲食，冒於貨賄。"

"家"整理者讀爲"逯"，行也，[2]或讀爲表示夜間義的"綠"，"昏綠"同義連用，句意爲既得其利，即便夜裏也會爲之奔忙，[3]可從。

"宔虛"，整理者讀爲"壙虛"，引《管子·五輔》"實壙虛，墾田疇"爲證，[4]此處"田地"與"壙虛"似是主謂關係，是田地空虛。

《銀雀山一·晏子》第十章載齊景公與晏子關於"忠臣之行"和"佞人之事君"的對話。齊景公問晏子"忠臣之行何如"，晏子答曰：

> 忠臣不合……□乎前，弗華於外。篡……位以爲忠，不刻……事大子，國危不交諸侯，順則進，不則退，不與君行邪。此忠臣之行也。

又問"佞人之事君何如"，答曰：

> 意難之不至也。明言行□飭其□□□无欲也兑□。其交，觀上[□□□]欲而微爲之，竊求君之比重……爵而外輕之以誣行，……□[□□□]而面公正以僞廉，誣行僞廉以夜上。工

---

①　趙平安《清華簡第六輯文字補釋六則》，《出土文獻》第 9 輯，第 183—184 頁，中西书局，2016 年。

②　李學勤主編《清華大學藏戰國竹簡（陸）》，第 117 頁，中西書局，2016 年。

③　參看簡帛網—簡帛論壇—《清華六〈管仲〉初讀》文下"暮四郎"說，2016 年 4 月 19 日。"綠"字用法參看郭永秉《清華簡〈尹至〉"綠至在湯"解》，《古文字與古文獻論集續編》，第 248—253 頁，上海古籍出版社，2015 年。

④　李學勤主編《清華大學藏戰國竹簡（陸）》，第 117 頁，中西書局，2016 年。

於取蜚乎予，觀於新，曼乎故，鄰於財薄乎施。堵貧窮若弗式，
驕富利若弗及。非譽不徵乎請而言不合乎行，身殷存所義而
好論賢不宵。有之己，不難非之人；无之己，不難求之人，此佞
人之行也。

今本《晏子春秋・內篇問上》分作兩章內容，即"景公問忠臣之行何
如，晏子對以不與君行邪"與"景公問佞人之事君何如，晏子對以愚
君所信也"，內容分別作：

> 景公問晏子曰："忠臣之行何如？"對曰："不掩君過，諫乎
> 前，不華乎外；選賢進能，不私乎內；稱身就位，計能定祿；睹賢
> 不居其上，受祿不過其量；不權居以爲行，不稱位以爲忠；不揜
> 賢以隱長，不刻下以諛上；君在不事太子，國危不交諸侯；順則
> 進，否則退，不與君行邪也。"
>
> 景公問："佞人之事君如何？"晏子對曰："意難，難不至也。
> 明言行之以飾身，偽言無欲以說人，嚴其交以見其愛；觀上之
> 所欲，而微爲之偶，求君逼邇，而陰爲之與；內重爵祿，而外輕
> 之以誣行，下事左右，而面示正公以偽廉；求上采聽，而幸以求
> 進，傲祿以求多，辭任以求重；工乎取，鄙乎予；歡乎新，慢乎
> 故；愱乎財，薄乎施；覩貧窮若不識，趨利若不及；外交以自揚，
> 背親以自厚；積豐美之養，而聲矜郵之義；非譽乎情，而言不
> 行，身涉呰（訾）所議，而好論賢不肖；有之己，不難非之人，無
> 之己，不難求之人；其言彊梁而信，其進敏遜而順；此佞人之行
> 也。明君之所誅，愚君之所信也。"

《管子·四稱》載齊桓公問管仲"有道之臣""無道之臣",管子
對曰:

> 夷吾聞之徐伯曰,昔者**有道之臣**,委質爲臣,不賓事左右;
> 君知則仕,不知則已。若有事,必圖國家,遍其發揮。循其祖
> 德,辯其順逆,推育賢人,讒慝不作。事君有義,使下有禮,貴
> 賤相親,若兄若弟,忠於國家,上下得體。居處則思義,語言則
> 謀謨,動作則事。居國則富,處軍則克,臨難據事,雖死不悔。
> 近君爲拂,遠君爲輔,義以與交,廉以與處。臨官則治,酒食則
> 慈,不謗其君,不諱其辭。君若有過,進諫不疑;君若有憂,則
> 臣服之。此亦可謂昔者有道之臣矣。

> 夷吾聞之於徐伯曰,昔者**無道之臣**,委質爲臣,賓事左右;
> 執說以進,不蘄亡已;遂進不退,假寵鬻貴。尊其貨賄,卑其爵
> 位;進曰輔之,退曰不可,以敗其君,皆曰非我。不仁群處,以
> 攻賢者,見賢若貨,見賤若過。貪於貨賄,競於酒食,不與善
> 人,唯其所事。倨教不恭,不友善士,讒賊與鬭,不彌人爭,唯
> 趣人詔。湛湎於酒,行義不從。不修先故,變易國常,擅創爲
> 令,迷或其君,生奪之政,保貴寵祿。遷損善士,捕援貨人,入
> 則乘等,出則黨駢,貨賄相入,酒食相親,俱亂其君。君若有
> 過,各奉其身。此亦謂昔者無道之臣。

相關內容多可參照對讀。

六、爲臣而不諫,譬若齉而不齅

《清華六·鄭甲》載鄭太伯有疾,文公往問之。太伯謂文公曰:

“古之人有言曰：爲臣而不諫，譬若饋而不䣊。”(簡 4)

“饋”作，整理者隸定如此。① 石小力疑爲“饋”字異體，②論者多從之。“䣊”作，整理者認爲从“戌”得聲，讀爲《説文》訓作“醬也”的“䣊”。③ 程燕等已經指出此字右邊爲“弍”，與《郭店•五行》簡 48 作同，④當是。此類寫法的“弍”又見於《清華八•邦道》簡 12、《清華九•成人》簡 15 等，作、，與“弍”又寫作(《清華九•成人》簡 13)相類。

“䣊”，蕭旭疑是“膩”字異體，“饋而不膩”，是説饋食於人而不能肥其體，亦用以比喻爲臣不能進諫以安其主。程燕認爲“饋而不弍”意爲作臣子的如果不能進諫，就如同進來的食物没有什麽兩樣，亦即與普通人没什麽異樣；曹方向意爲大臣不進諫，稱不上大臣；猶如饋食只有一種食物，稱不上饋食；蘇建洲意爲所進獻的食物只有一種，味道單一，即臣下當進諫不同的意見，君王才能聽到不同的聲音，猶如進獻的食物要多種，君王才能吃到不同的味道；桂珍明意爲膳夫進食於君而所調食物味道單一。⑤ 白於藍認爲“饋”訓作祭，“弍”爲添酒，這句話意思是作爲臣子却不進諫，猶如祭而不弍酒。⑥ 此句難懂，謹録諸家意見存參。

① 李學勤主編《清華大學藏戰國竹簡(陸)》，第 119 頁，中西書局，2016 年。
② 清華大學出土文獻讀書會《清華六整理報告補正》，清華網 2016 年 4 月 16 日。
③ 李學勤主編《清華大學藏戰國竹簡(陸)》，第 120 頁，中西書局，2016 年。
④ 程燕《清華六考釋三則》，簡帛網 2016 年 4 月 19 日。曹方向《清華六“饋而不二”試解》，簡帛網 2016 年 4 月 22 日。蘇建洲《〈清華六•鄭文公問大伯〉“饋而不二”補說》，2016 年 4 月 26 日。
⑤ 以上意見均參看朱忠恒《〈清華大學藏戰國竹簡(陸)〉集釋》，第 70 頁，武漢大學 2018 年碩士論文，指導教師：何有祖。
⑥ 白於藍《讀簡札記(三則)》，《古文字研究》第 32 輯，第 456—457 頁，中華書局，2018 年。

第二節　爲官之"善"與"失"輯證

楚簡中有與爲官之德相關的内容,不少地方還講到了官員爲政的過失,見於《上博二·從政》等篇。睡虎地秦簡《爲吏之道》在列舉官員善行和過失時,用"善"和"失"來總括,此沿用這種説法,分"爲官之善"和"爲官之失"來論述。

一、爲官之善

(一)《上博二·從政》甲5—7講到從政須"敦五德":

一曰緩,二曰恭,三曰惠,四曰仁,五曰敬。君子不緩則無以容百姓,不恭則無以除辱,不惠則無以聚民,不仁則無以行政,不敬則事無成。①

整理者指出,"五德"與儒家所稱五德"温、良、恭、儉、讓"或"恭、寬、信、敏、惠"云者互有同異。②《論語·學而》:"子禽問於子貢曰:'夫子至於是邦也,必聞其政,求之與? 抑與之與?'子貢曰:'夫子温、良、恭、儉、讓以得之。夫子之求之也,其諸異乎人之求之與!'"《陽貨》:"子張問仁於孔子。孔子曰:'能行五者於天下,爲仁矣。'

---

① 此段文字釋讀參看陳劍《上博簡〈子羔〉、〈從政〉篇的竹簡拼合與編連問題小議》,《文物》2003年第5期。

② 馬承源主編《上海博物館藏戰國楚竹書(二)》,第213頁,上海古籍出版社,2002年。

‘請問之。’曰：‘恭、寬、信、敏、惠。恭則不侮，寬則得衆，信則人任焉，敏則有功，惠則足以使人。’”《陽貨》仁者的五種品質與從政五德比較接近。

　　“緩”即寬緩，文獻多用“寬”。“不緩則無以容百姓”，《大戴禮記・子張問入官》孔子曰：“寬裕以容其民。”《説苑・政理》孔子曰：“寬以正，可以容衆。”中山王方壺（《集成》9735）“慈孝𡩜惠”，于豪亮讀“𡩜”爲“緩”，[①]張政烺、徐中舒、伍仕謙讀爲“寬”，[②]均可通。“恭”“敬”分説，《論語》多見，《公冶長》“其行己也恭，其事上也敬”，《顔淵》“君子敬而無失，與人恭而有禮”，《子路》“居處恭，執事敬”，《季氏》“貌思恭，言思忠，事思敬”，均是其例。“不恭則無以除辱”，意思是爲人謙恭可以免於受侮，《學而》有子曰：“恭近於禮，遠恥辱也。”《説苑・修文》爲孔子語。《陽貨》孔子曰：“恭則不侮。”《禮記・表記》孔子曰：“君子慎以辟禍，篤以不掩，恭以遠恥。”《上博六・用曰》簡6“凡恭人，非人是恭，厥身是衛”，以“恭”爲明哲保身的手段。“不敬則事無成”，《荀子・議兵》：“凡百事之成也，必在敬之；其敗也，必在慢之。”《國語・周語上》“敬恪恭儉，臣也”，“敬，所以承命也”，“恭，所以給事也”，“以敬承命則不遺”，“以恭給事則寬於死”。“不惠則無以聚民”，《書・皋陶謨》：“安民則惠，黎民懷之。”

　　（二）《從政》甲10謂“從政所務三”：“敬、𧵍、信。信則得衆，

---

　　①　于豪亮《中山三器銘文考釋》，《考古學報》1979年第2期。

　　②　張政烺《中山王𧻚壺及鼎銘考釋》，《古文字研究》第1輯，第212頁，中華書局，1979年。徐中舒、伍仕謙《中山三器釋文及宫堂圖説明》，《中國史研究》1979年第4期。

則遠戾。”，整理者釋爲“誂”，[1]此字右旁與“兆”不類，待考。[2]“信則得衆”，《郭店·緇衣》簡 25：“信以結之，則民不背。”《禮記·中庸》：“不信，民弗從。”《文子·上禮》以“信足以得衆”爲“人俊”。《郭店·忠信》簡 1—2：“忠信積而民弗親信者，未之有也。”《成之》簡 1—3：“古之用民者，求之於己爲亟。[3]行不信則命不從，信不圖則言不樂。民不從上之命，不信其言，而能念德者，未之有也。”《成之》簡 24—26：“是以上之亟[4]務在信於衆。《命》曰：‘允師濟德。’此言也，言信於衆之可以濟德也。”即言與民爲信的重要性。“敬”“信”等又是立身處世的原則，《孔子家語·賢君》顔淵問“何以爲身”，孔子曰：“恭敬忠信而已矣。恭則遠於患，敬則人愛之，忠則和於衆，信則人任之。”

（三）《郭店·成之》簡 17—19：

　　智而比即，則民欲其智之遂也；富而分賤，則民欲其富之大也；貴而罷讓，則民欲其貴之上也。反此道也，民必因此重也以復之，可不慎乎？

其中“富而分賤”“貴而罷讓”諸語可與《吏道》“富不施，貧無告也。

---

① 馬承源主編《上海博物館藏戰國楚竹書（二）》，第 223 頁，上海古籍出版社，2002 年。

② 其後諸家所釋似均無據，不具引，詳參陳劍校點《從政》，收入《儒藏》精華編二八二上，第 508 頁，北京大學出版社，2020 年。

③ “亟”從周鳳五讀（《讀郭店竹簡〈成之聞之〉札記》，《朋齋學術文集：戰國竹書卷》，第 132—133 頁，臺大出版中心，2016 年）。

④ “亟”從陳偉讀（《郭店竹書別釋》，第 141 頁，湖北教育出版社，2003 年）。

貴不敬,失之毋□"對比,將其歸入官德來考察是可行的。與《成
之》接近的話見於《上博五·君子》簡 3＋9A＋4＋9B:^①

　　顔淵侍於夫子,夫子曰:"回,獨智,人所惡也;獨貴,人所
惡也;獨富,人所惡[也。顔]淵起,去席曰:"敢問何謂也?"夫
子:"智而毖信,斯人欲其[□智]也;貴而罷讓,斯人欲其長貴
也;富而[分賤,斯人欲其大富也]。"

　　郭店"比即",裘錫圭讀爲"比次",^②廖名春進一步解釋"比次"
意思是比於副貳,不出頭;^③陳偉讀爲"比伙",謂"比""伙"均爲輔
助義,"智而比伙"是説富有智慧者輔助他人;^④顔世鉉訓"比"爲合
同,讀"即"爲"諮"義爲謀,解釋爲有智慧但也要向人諮詢請教;^⑤
楊澤生以爲"比"讀爲"畀",與"分""讓"義近。^⑥ 上博簡"毖"字作

　　① 馬承源主編《上海博物館藏戰國楚竹書(五)》,第 260 頁,上海古籍出版社,
2005 年。編連及釋文參看陳劍《談談〈上博(五)〉的竹簡分篇、拼合與編聯問題》,《戰國
竹書論集》,第 168—182 頁,上海古籍出版社,2013 年。陳偉《〈君子爲禮〉9 號簡的綴合
問題》,《新出楚簡研讀》,第 246—247 頁,武漢大學出版社,2010 年。周波《讀〈容成
氏〉、〈君子爲禮〉劄記(二則)》,《出土文獻與古文字研究》第 1 輯,第 338—341 頁,復旦
大學出版社,2006 年。
　　② 荆門市博物館《郭店楚墓竹簡》,第 169 頁注[一八],文物出版社,1998 年。
　　③ 廖名春《郭店簡〈成之聞之〉篇校釋札記》,《古籍整理研究學刊》2001 年第 5 期。
　　④ 陳偉《郭店竹書別釋》,第 150 頁,湖北教育出版社,2003 年。
　　⑤ 顔世鉉《郭店楚簡散論(四)》,"新出土文獻與古代文明研究"國際學術研討會
論文,上海大學 2002 年 7 月 28—30 日。此文未見,引自楊澤生《戰國竹書研究》,第
89—90 頁,中山大學出版社,2009 年。
　　⑥ 楊澤生《戰國竹書研究》,第 90 頁,中山大學出版社,2009 年。

，僅左上“匕”形可辨，原缺釋。李守奎摹作 以为即“比”字。①襘健聰認爲上从比下似从心，可讀爲“比”，或即“比”異體，意爲合；郭店“即”當讀爲“節”，“節”“信”義同，“比節”“比信”意即合於信義。② 李松儒同意从比从心的隸定，但認爲當讀爲“必”，又讀“即”爲“信”。③ 有學者贊同“即”讀爲“諮”，又説《君子》簡 4 所謂“信”作 ，可以推測它不是“咨”的異體，就是“詢”一類的同義詞，應該不是“信”字。④ 按，《嶽麓一·爲吏》28—29“☐富毋驕，☐智必問”，所缺之字疑均爲“雖”，“雖智必問”與讀“諮”可相參證。然《君子》字若果爲从言从千，則仍以襘説最爲合理。《韓非子·八説》“智士者未必信也，爲多其智，因惑其信也”，可見簡文强調“智而有信”是合理的。蔡一峰認爲“比”當训近，“信”則诚也，“比信”即近诚信，犹言“近信”“亲信”；“比即”之“即”有近義，“比即”近義连用，亦是比近、亲近之义。“比即”“比信”不必音通，各爲解説即可，⑤其説亦有理致。

“富而分賤”，《荀子·非十二子》謂“古之所謂士仕者”爲“樂富貴者也，樂分施者也”“羞獨富者也”。《墨子·魯問》：“多財而不以分貧，二不祥也。”《韓詩外傳》卷八：“富能分貧，則窮士弗惡也。”

---

① 李守奎《上博簡殘字叢考》，《古文字研究》第 27 輯，第 432 頁，中華書局，2008 年。

② 襘健聰《上博楚簡（五）零札（二）》，簡帛網 2006 年 2 月 26 日。

③ 李松儒《上博五〈君子爲禮〉考釋一則》，復旦網 2011 年 12 月 10 日。後以《郭店、上博簡孔子文獻合考一則》刊於《古文字研究》第 32 輯，中華書局，2020 年。

④ 參看李松儒《上博簡〈君子爲禮〉考釋一則》（復旦網 2011 年 12 月 10 日）文下“水土”評論。又張新俊《上博簡〈君子爲禮〉補釋一例》，張德芳主編《甘肅省第三屆簡牘學國際學術研討會論文集》，第 608—610 頁，上海辭書出版社，2017 年。

⑤ 蔡一峰《上博藏楚竹书新释四篇》，《中國典籍與文化》待刊。

《説苑·善説》:"富而分貧,則宗族親之。"

　　"貴而罷①讓",郭店"罷",原釋文讀爲"一",②單育辰認爲"一"是加强語氣的虚詞,③有學者説"一"義爲甚;④裘錫圭謂似當讀爲"能";⑤何琳儀讀爲"抑";⑥李天虹認爲字上部之聲符爲"彗"而非"羽",讀爲"揖";⑦劉信芳認爲"罷讓"即見於《儀禮·鄉射禮》等的"壹讓"。⑧ 上博簡"罷"作 形,整理者釋爲"能",並指出類似的話見於上述《成之》文;⑨李守奎釋爲"罷",仍讀爲"能";⑩裘錫圭認爲從《君子》此處也用"罷"而不用"能"來看,讀"能"説應取消,並傾向讀爲"抑讓","抑"與《尚書·無逸》"克自抑畏"之"抑"同義;又引郭

　　① "罷"字構形比較複雜,前期相關研究可參看單育辰《楚地戰國簡帛與傳世文獻對讀之研究》第46—47頁,中華書局,2014年。裘錫圭認爲是"能"的繁形古體(《"東皇太一"與"大霝伏羲"》,《裘錫圭學術文集·簡牘帛書卷》第546—561頁,復旦大學出版社,2012年)。《清華十·四告》簡10用"翌日"之"翌"字作 ,整理者隸定作从日翼聲(黄德寬主編《清華大學藏戰國竹簡(拾)》第110頁,中西書局,2020年);石小力據此字形補證"罷"是"翼"之異體(《説戰國楚文字中用爲"一"的"翼"字》,《中國語文》2022年第1期)。劉雲曾謂"罷"是象形字(《釋"鷍"及相關諸字》,復旦網2010年5月12日)。

　　② 荆門市博物館《郭店楚墓竹簡》,第167頁,文物出版社,1998年。

　　③ 單育辰《楚地戰國簡帛與傳世文獻對讀之研究》,第47頁,中華書局,2014年。

　　④ 參看飛虎《説郭店、上博簡的"貴而一讓"》,復旦網"學術討論"版,2008年10月27日。

　　⑤ 荆門市博物館《郭店楚墓竹簡》,第167頁,文物出版社,1998年。

　　⑥ 何琳儀《郭店竹簡選釋》,《簡帛研究二〇〇一》,第162頁,廣西師範大學出版社,2001年。

　　⑦ 李天虹《郭店楚簡文字雜釋》,收入《郭店楚簡國際學術研討會論文集》,第95頁,湖北人民出版社,2000年。

　　⑧ 劉信芳《郭店簡文字例解三則》,《中研院歷史語言研究所集刊》第71本第4分,第935頁,2000年。

　　⑨ 馬承源主編《上海博物館藏戰國楚竹書(五)》,第260頁,上海古籍出版社,2005年。

　　⑩ 李守奎《上博簡殘字叢考》,《古文字研究》第27輯,第432—433頁,中華書局,2008年。

永秉說可讀爲含謙退義的"挹"。① 但從兩篇均有"能"字且同處均用"罷"來看，"罷"用爲"能"的可能性不大。目前楚文字所見的"罷"，排除了這一例，就全部與"能"這個詞無關了。不論此處"罷"讀爲何字，"罷讓"大概就是禮讓之義。"貴而罷讓"，即處在上位而謙讓他人。《墨子·魯問》："處高爵禄而不以讓賢，一不祥也。"《説苑·正諫》："昔者公子糾在上位而不讓，非仁也。"《孔子家語·六本》："以富貴而下人，何人不尊？ 以富貴而愛人，何人不親？"

　　劉樂賢指出"智而比即，富而分賤，貴而罷讓"，與下面兩段文字相關。《説苑·雜言》："孔子曰：夫富而能富人者，欲貧而不可得也；貴而能貴人者，欲賤而不可得也；達而能達人者，欲窮而不可得也。"《韓詩外傳》卷八李克曰："貴而下賤，則衆弗惡也；富能分貧，則窮士弗惡也；智而教愚，則童蒙者弗惡也。"

二、爲官之失

　　(一)《從政》甲 15＋甲 5：

　　　　毋暴、毋虐、毋賊、毋貪。不修不戒，謂之必成，則暴；不教而殺，則虐；命無時，事必有期，則賊；爲利枉事，則貪。②

---

　　①　裘錫圭《"東皇太一"與"大龑伏羲"》，《裘錫圭學術文集·簡牘帛書卷》，第555—556 頁，復旦大學出版社，2012 年。

　　②　此段文字釋讀及編連參看陳劍《上博簡〈子羔〉、〈從政〉篇的竹簡拼合與編連問題小議》，《文物》2003 年第 5 期；周鳳五《讀上博楚竹書〈從政〉甲篇劄記》，《上博館藏戰國楚竹書研究續編》，第 187 頁，上海書店出版社，2004 年。

陳劍、周鳳五等指出，該處内容和《論語·堯曰》中子張與孔子有關從政的對話相關：“子張曰：‘何謂四惡？’子曰：‘不教而殺謂之虐，不戒視成謂之暴，慢令致期謂之賊，猶之與人也，出納之吝，謂之有司。’”①此外，《荀子·宥坐》孔子曰：“嫚令謹誅，賊也；今生也有時，斂也無時，暴也；不教而責成功，虐也。”《韓詩外傳》卷三子貢曰：“賜聞之，托法而治謂之暴，不戒致期謂之虐，不教而誅謂之賊，以身勝人謂之責。責者失身，賊者失臣，虐者失政，暴者失民。”又孔子曰：“不戒責成，害也；慢令致期，暴也；不教而誅，賊也。”②所述均與簡文内容相關。

（二）《從政》甲5説從政須“除十怨”，乙1：

[九曰]犯人之務，十曰口惠而不係。

前八種殘去，僅餘兩種。“犯人之務”，即干涉別人政務。《韓非子·定法》：“治不逾官，謂之守職也可。”《張家山·律令·置史律》簡216：“官各有辨，非其官事勿敢爲，非所聽勿敢聽。”“口惠而不係”，整理者指出《禮記·表記》作“口惠而實不至”，《郭店·忠信》簡5作“口惠而實弗从”，是説從政者宜重言諾。③陳劍讀“係”爲

_____

① 陳劍《上博簡〈子羔〉、〈從政〉篇的竹簡拼合與編連問題小議》，《文物》2003年第5期；周鳳五《讀上博楚竹書〈從政〉甲篇劄記》，《上博館藏戰國楚竹書研究續編》，第187—188頁，上海書店出版社，2004年。

② 參看陳劍《上博簡〈子羔〉、〈從政〉篇的竹簡拼合與編連問題小議》，《文物》2003年第5期。

③ 馬承源主編《上海博物館藏戰國楚竹書（二）》，第233頁，上海古籍出版社，2002年。

繼,引《上博五·三德》簡 16"喪以係樂"《吕氏春秋·士容論·上農》"係"作"繼"爲證。① 係、繼義近,《爾雅·釋詁上》:"係,繼也。"理解爲同義换用即可。《禮記·表記》:"子曰:君子不以口譽人,則民作忠。故君子問人之寒則衣之,問人之飢則食之,稱人之美則爵之。"是口惠實從的表現。《孔子家語·好生》孔子曰:"有其言而無其行,君子恥之。"

(三)《從政》甲 8—9:

　　從政有七幾:獄則興,威則民不道,滷(嚴)則失衆,惎(猛)則無親,罰則民逃,好刑[則不祥,好殺]則民作亂。凡此七者,政之所殆也。

"幾",整理者讀爲"機",指事務的關鍵。② 周鳳五認爲"七幾"指爲政者的七種不當措施以及所招致的七種不良後果。③ 陳美蘭引《説文》"幾"訓"殆也"認爲即危殆之義,④其説可信。陳劍指出,《逸周書·命訓解》"極命則民墮,民墮則曠命,曠命以誡其上,則殆於亂;極福則……;極禍則……;極醜則……;極賞則……;極罰則

　　① 陳劍《上海博物館藏戰國楚竹書〈從政〉篇研究(三題)》,《簡帛研究二〇〇五》,第 33—34、43 頁,廣西師範大學出版社,2008 年。
　　② 馬承源主編《上海博物館藏戰國楚竹書(二)》,第 222 頁,上海古籍出版社,2002 年。
　　③ 周鳳五《讀上博楚竹書〈從政〉甲篇劄記》,《上博館藏戰國楚竹書研究續編》,第 185 頁,上海書店出版社,2004 年。
　　④ 季旭昇主編《〈上海博物館藏戰國楚竹書(二)〉讀本》,第 74 頁,萬卷樓圖書股份有限公司,2003 年。

民多詐，多詐則不忠，不忠則無報。凡此六者，政之殆①也"，内容可與簡文相參，"凡此六者，政之殆也"與"凡此七者，政之所殆也"甚爲相似。② 簡文前用"幾"後用"殆"，正是同義之故。

"獄則興"，周鳳五讀"興"爲"營"，指營私；③單周堯、黎廣基讀爲"釁"，指人際間的嫌隙；④禤健聰疑"興"或是"遷"字誤寫。⑤ 該句意思待考。"滷"，楊澤生、陳劍均以爲是"鹽"字異體，讀爲"嚴"；⑥"忞"，陳劍讀爲"猛"，引《郭店·老甲》簡 33"攫鳥獸獸弗扣"，今本"獸"作"猛"爲證。⑦ 均是。此處總結出從政的七種危殆，一種殘去，餘獄、威、嚴、猛、罰、好刑六種。《上博五·季庚》簡9—10 有一段與此類似的話，爲孔子引臧文仲之語："丘聞之臧文仲有言曰：君子强則遺，威則民不道，歯（嚴）則失衆，盟（猛）則無親，好刑則不祥，好殺則作亂。"⑧《從政》殘去部分似可據此補足爲

---

① "殆"原作"始"，從盧辯校改，參看黃懷信等《逸周書彙校集注》（修訂本），第 32 頁，上海古籍出版社，2007 年。

② 陳劍《上海博物館藏戰國楚竹書〈從政〉篇研究（三題）》，《簡帛研究二〇〇五》，第 33 頁，廣西師範大學出版社，2008 年。

③ 周鳳五《讀上博楚竹書〈從政〉甲篇劄記》，《上博館藏戰國楚竹書研究續編》，第 185 頁，上海書店出版社，2004 年。

④ 單周堯、黎廣基《上博楚竹書（二）〈從政〉甲篇"獄則興"試釋》，《簡帛》第 1 輯，第 79—80 頁，上海古籍出版社，2006 年。

⑤ 禤健聰《上博楚簡（五）零札（一）》，簡帛網 2006 年 2 月 24 日。

⑥ 楊澤生《〈上博五〉零釋十二則》，簡帛網 2006 年 3 月 20 日。陳劍《上海博物館藏戰國楚竹書〈從政〉篇研究（三題）》，《簡帛研究二〇〇五》，第 31—32 頁，廣西師範大學出版社，2008 年。

⑦ 陳劍《上海博物館藏戰國楚竹書〈從政〉篇研究（三題）》，《簡帛研究二〇〇五》，第 32—33 頁，廣西師範大學出版社，2008 年。

⑧ "歯（嚴）""盟（猛）"釋讀參看陳劍《談談〈上博（五）〉的竹簡分篇、拼合和編聯問題》，簡帛網 2006 年 2 月 19 日；楊澤生《〈上博五〉零釋十二則》，簡帛網 2006 年 3 月 20 日。

“好刑則不祥，好殺則民作亂”，總爲七幾。

（四）《郭店·尊德義》簡 32—34 有與“七幾”内容相似的話：

　　　不愛則不親，不緩則弗懷，不釐（釐）則亡（無）悤（畏），不
　　忠則不信，弗惪（用）則亡復。

　　“不愛則不親”，《郭店·緇衣》簡 25：“故慈以愛之，則民有親。”“不釐則無畏”，李零讀“釐”爲“賴”；[1]魏宜輝、周言讀爲“僖”，畏義；[2]陳偉讀爲“理”，解釋爲名分，並贊同李零讀“畏”爲“威”，説整句意思是等級不嚴君上就没有威望；[3]劉釗讀爲“勑”，意爲訓戒。[4] 按，莊利果直接訓“釐”爲治理，[5]可通。“不釐則無畏”是説不加以整治民衆就不會有畏懼感。

　　“不忠則不信”，陳偉謂“忠”是説君上之事，疑當讀爲中，意爲正、恰當。[6] 事實上作爲中國傳統道德重要一環的“忠”，一開始並不專指臣忠於君，而是一種相互的道德要求，並非己身單方面的義務。[7]《説文·心部》：“忠，敬也，盡心曰忠。”[8]《左傳》桓公六年載季梁諫隨侯曰“所謂道，忠於民而信於神也。上思利民，忠也；祝史

---

① 李零《郭店楚簡校讀記》（增訂本），第 184 頁，中國人民大學出版社，2007 年。
② 魏宜輝、周言《讀〈郭店楚墓竹簡〉札記》，《古文字研究》第 22 輯，第 235 頁，中華書局，2000 年。
③ 陳偉《郭店竹書别釋》，第 165 頁，湖北教育出版社，2003 年。
④ 劉釗《郭店楚簡校釋》，第 129 頁，福建人民出版社，2003 年。
⑤ 莊利果《〈郭店楚簡〉儒家文獻注譯》，第 50 頁，西南大學 2010 年碩士論文，指導教師：張顯成。
⑥ 陳偉《郭店竹書别釋》，第 165 頁，湖北教育出版社，2003 年。
⑦ 張錫勤《中國傳統道德舉要》，第 101 頁，黑龍江大學出版社，2009 年。
⑧ 此據段注本。

正辭,信也",莊公十年載曹劌問"何以戰",魯莊公語以"衣食所安,弗敢專也,必以分人"等多項惠民政策,曹劌謂其"忠之屬也","忠"皆指從政者忠於民衆。劉釗解釋此句爲,在上者不忠誠民衆就不會信任他,①其説甚是。《仲弓》簡22:"上下②相逴(復)以忠,則民懽承教。"

　　"弗恿則亡復","恿"即"勇"之古文(《説文・力部》)。裘錫圭疑讀爲"用"。③ 陳偉認爲"勇"有果敢決斷義,或讀爲"通",指通曉、達觀;"復"有完畢、重複義,"不復"概指爲事不會有圓滿的結果或不能重複進行;④劉釗讀"復"爲"覆",庇護之義,解釋説在上者不勇敢民衆就得不到庇護。⑤ 按,讀"用"可從,"復"意當爲回報,《漢書・匈奴轉》"以復天子厚恩"顔師古注:"復亦報。""弗用則亡復"是説爲上不任用民衆就得不到他們的回報。

　　《從政》等講到的官德與官失在秦簡《吏道》中大都有體現。《吏道》"寬以治之,有嚴不治",即緩;"恭敬多讓""敬上毋犯""出則敬""敬而起之""治則敬自賴之",即恭敬;"惠以聚之",即惠;"言如盟",即信。《吏道》强調"嚴剛毋暴"與《從政》一致,以"緩令急徵"爲過與"命無時,事必有期,則賊"對應;"賤士而貴貨貝""居官善取""以權衡求利"等則是貪的表現,"善言惰行"與"口惠而不係"意思相當。《從政》整理者已經指出二者可相互印證,有學者將它們

　　① 劉釗《郭店楚簡校釋》,第129頁,福建人民出版社,2003年。
　　② "上下"從陳劍釋(《上博竹書〈仲弓〉篇新編釋文》,《戰國竹書論集》,第109頁,上海古籍出版社,2013年)。
　　③ 荊門市博物館《郭店楚墓竹簡》,第175頁,文物出版社,1998年。
　　④ 陳偉《郭店竹書别釋》,第165頁,湖北教育出版社,2003年。
　　⑤ 劉釗《郭店楚簡校釋》,第129頁,福建人民出版社,2003年。

作比較研究，是很有意義的。[①]

第三節 孔子論述"爲官"内容疏證

孔子與其弟子的交流，有些和"爲官"相關。《大戴禮記·子張問入官》中孔子對如何"南面臨官"有詳細論述，《說苑·政理》"子貢問治民於孔子"及"子路治蒲，見於孔子""子貢爲信陽令，辭孔子而行"等内容也都是孔子教導弟子爲官需要注意的問題。楚簡中孔子講述"爲官"主要見於《上博三·仲弓》《上博五·季庚》和《上博八·顏淵》。[②] 以下根據《顏淵》中"入事"和"入教"的區分，並以此爲切入點，從政務和教化兩方面來梳理這部分内容。

一、政務

《上博八·顏淵》簡 1+12A+2B+2A+11+12B+5：[③]

> 顏淵問於孔子曰："敢問君子之内（入）事也有道乎?"孔子曰："有。"顏淵："敢問何如?"孔子曰："羞又［先﹜而［先］有司，老老而慈幼，豫（舍）絞（約）而收貧，禄不足則請，有餘則辭。

---

① 參看本文第一章第二節。

② 《上博六·孔子見季桓子》也有涉及，但該篇殘損嚴重，文意甚難索解，本文暫不將其納入考查範圍。

③ 編連從復旦吉大讀書會（張傳官、陳志向執筆）說（《〈上博八·顏淵問於孔子〉校讀》，復旦網 2011 年 7 月 17 日）。下引復旦吉大讀書會意見均見於此文。原釋文中較明顯的錯誤多依此文改釋，不再出注。

羞又，所以爲也；先［又（有）］司，所以得情；①老老而慈幼，所以處仁也；豫（舍）絞（約）而收貧，所以取親也；禄不足則請，有餘則辭，所以易（揚）信也。蓋君子之入事也如此矣。"

"内事"，整理者認爲指宗廟祭祀、朝廷、宫内等事，又説或讀爲"入事"；②陳偉讀爲"入仕"。下文有顔淵問孔子"内（入）教"之道，整理者釋爲"内教"，指孝親、祭宗之教（第 147 頁），陳偉讀爲"入教"，指使教化深入人心；③黄人二、趙思木謂"内教"是君子教民以德，以期達到"其於教也不遠矣"的狀態，"内"亦指其統治範圍之内。④ 按，似以"入事""入教"爲妥，"入"指入官爲政，"事"就政事言，"教"就教化言。《文子・自然》"王道者處無爲之事，行不言之教"，《上仁》"位高者事不可以煩，民衆者教不可以苛"，均以"事""教"相對。

孔子提出的"入事之道"共分五點。

一曰"羞又"。"羞"作形，整理者釋爲"敬"（第 142 頁）。簡 2B"羞"經綴合後作。復旦吉大讀書會指出這種寫法的"敬"也見於《上博一・性情》簡 33，作、；蘇建洲認爲"敬"

---

① 　"青"下有重文符號，復旦吉大讀書會認爲是衍文。

② 　馬承源主編《上海博物館藏戰國楚竹書（八）》，第 142 頁，上海古籍出版社，2011 年。下引整理者意見徑出該書頁碼。

③ 　陳偉《〈顔淵問於孔子〉内事、内教二章校讀》，簡帛網 2011 年 7 月 25 日。

④ 　黄人二、趙思木《讀〈上海博物館藏戰國楚竹書（八）・顔淵問於孔子〉書後》，簡帛網 2011 年 7 月 26 日。

可能讀爲"謹",①又提出此字或是"羞";②陳偉讀爲"儆",警告、使戒懼的意思。③ 黃傑同意釋"羞",引《清華一·皇門》簡 3"羞"作
![字形]爲證,謂"羞"讀爲"柔",安撫、懷柔之義;④單育辰認爲"羞"是"敬"之譌寫,本篇簡 4"庸言之信,庸行之羞",《上博一·性情》簡33"義,羞之方也","羞"均爲"敬"之譌。⑤![字形],簡 2B 作![字形],整理者釋爲"征",讀爲"正",謂意同"敬慎重正"(第 143 頁);蘇建洲引《上博七·武王》簡 9 用爲"禍"之字作![字形],認爲此字也應該是"禍";⑥鄭公渡謂"禍"當讀爲"過","又"讀爲宥;⑦蘇建洲在此基礎上讀"敬又禍"爲"謹宥過",意思是説對宥過之事應謹慎對待,即要衡量犯罪輕重而有不同程度的寬刑,而非對犯罪者盲目地全部免刑;⑧劉信芳釋![字形]爲"位",認爲"儆有位"即儆戒百官。⑨ 陳劍認爲"羞"讀爲赦免義的"遂"。⑩

---

① 參看復旦吉大讀書會(張傳官、陳志向執筆)《〈上博八·顏淵問於孔子〉校讀》文下評論,復旦網 2011 年 7 月 17 日。
② 同上注。
③ 陳偉《〈顏淵問於孔子〉内事、内教二章校讀》,簡帛網 2011 年 7 月 25 日。
④ 參看復旦吉大讀書會(張傳官、陳志向執筆)《〈上博八·顏淵問於孔子〉校讀》文下評論,復旦網 2011 年 7 月 17 日。
⑤ 參看單育辰《佔畢隨録之十五》(復旦網 2011 年 7 月 22 日)文下評論。
⑥ 參看復旦吉大讀書會(張傳官、陳志向執筆)《〈上博八·顏淵問於孔子〉校讀》文下評論,復旦網 2011 年 7 月 17 日。
⑦ 參看復旦吉大讀書會(張傳官、陳志向執筆)《〈上博八·顏淵問於孔子〉校讀》文下評論;又蘇建洲《楚文字論集》,第 507—508 頁,萬卷樓圖書股份有限公司,2011 年。
⑧ 參看復旦吉大讀書會(張傳官、陳志向執筆)《〈上博八·顏淵問於孔子〉校讀》文下評論,復旦網 2011 年 7 月 17 日。
⑨ 劉信芳《上博藏八試讀五則》,簡帛網 2011 年 9 月 9 日。
⑩ 陳劍《〈上博八·顏淵問於孔子〉補釋兩則》,《簡帛》第 12 輯,第 33—39 頁,上海古籍出版社,2012 年。

　　按，字又見於陶、璽文，作（《陶彙》3・1317）、（《璽彙》1020），[1]即"䐚"字，《玉篇・肉部》以爲"羞"之或體。因此從字形看確當釋爲"羞"。但據簡4"敬"作，與同形來看，此字是"敬"之譌變的可能性也很大。[2]《上博七・武王》與今本"禍"對應之字凡三見，分別作（簡8）、、（簡9），整理者隸定爲"㛥"，讀爲"懲"（第159頁）；復旦讀書會以爲字从化从示，讀爲"禍"，[3]其上部與、爲一字，、很可能與"禍"字相關，但形體該如何分析，仍待研究。《論語・子路》《仲弓》與此對應的話大概是"赦小過""惑（宥）㥾（過）懇（赦）辠"（這一點下文還要談到）。循此，"羞又"意思也當是赦免罪過之類。

　　下文説"羞又（有），所以爲也"，，整理者釋爲"退"（第143頁），復旦吉大讀書會釋爲"樂"，單育辰以爲是"緩"之譌變讀爲"寬"。[4]但此字所从與楚文字"爰"尚有差距，劉洪濤指出如果單從筆勢看，也有可能是从"爭"省。[5]若據其構件、、，釋"㝊"亦可。因此，目前來看，還很難對這句話作出滿意的解釋。

　　二曰"先有司"。"先有司"是《論語・子路》中孔子對仲弓説的話，意思古來大致有兩説，一謂先任有司，如何晏《集解》引王肅曰：

---

　　①　徐在國《古璽文字八釋》,《吉林大學古籍整理研究所建所十五周年紀念文集》,第112—113頁,吉林大學出版社,1998年；何琳儀《戰國古文字典》,第235頁,中華書局,1998年。

　　②　參看蘇建洲《楚文字論集》,第507—508頁,萬卷樓圖書股份有限公司,2011年。

　　③　復旦讀書會(劉嬌執筆)《〈上博七・武王踐阼〉校讀》,復旦網2008年12月30日；又《出土文獻與古文字研究》第3輯,第260頁,復旦大學出版社,2010年。

　　④　參看復旦吉大讀書會(張傳官、陳志向執筆)《〈上博八・顏淵問於孔子〉校讀》文下評論,復旦網2011年7月17日。

　　⑤　同上注。

“言爲政當先任有司，而後責其事。”邢昺《疏》曰：“有司，屬吏也。言爲政當先委任屬吏，各有所司，而後責其成事。”皇侃《義疏》曰：“言爲政之法，未有自逞聰明，且先委任其屬吏，責以舊事。”[①]劉寶楠《正義》曰：“有司者，宰之群屬。言先有司信任之，使得舉其職也。”一謂爲事先於有司，以身作則，如朱熹《集注》曰：“有司，衆職也。宰兼衆職，然事必先之於彼，而後考其成功，則己不勞而事畢舉矣。”[②]這兩種説法從理解文意的角度都能説通。《子路》中孔子對“先有司”没有多作解釋，因此僅據該篇無法對此有更多瞭解。《上博三·仲弓》却作了進一步説明，簡 8 仲弓曰“夫先有司，爲之如何”，仲尼曰“夫民安舊而至(重)瞀(遷)[③]”，簡 9“有成，是故有司不可不先也”。簡 8、9 之間内容對理解“先有司”十分重要，但到底該編入哪幾支簡以補足文意或本已殘而不存尚難確定。[④] 不過孔子在闡述“先有司”時，將話鋒轉到百姓安土重遷上來，却有利於疏通文意。陳劍認爲簡文“遷”也可能是變化之義而非遷徙(居處)，[⑤]廖名春進一步説“安舊而重遷”引申爲樂於守舊而不輕易變化，孔子認爲百姓樂於守舊而不輕易贊成變革，所以“仲弓爲季氏宰”，爲政要想革新，管事的不能不率先垂範；並指出

① 參看黃懷信等《論語彙校集釋》，第 1145 頁，上海古籍出版社，2008 年。
② ［宋］朱熹《四書章句集注》，第 141 頁，中華書局，1983 年。
③ “遷”從陳劍釋(《上博竹書〈仲弓〉篇新編釋文》，《戰國竹書論集》，第 107 頁，上海古籍出版社，2013 年)。
④ 周鳳五、楊芬等認爲簡 14 可放入其間，連讀作“夫民安舊重遷，早使不行，妥尾有成”。參看季旭昇主編《上海博物館藏戰國楚竹書(三)讀本》，第 178 頁，萬卷樓圖書股份有限公司，2005 年；楊芬《上博簡〈中弓〉編連札記二則》，《楚地簡帛思想研究》(三)，第 237—238 頁，湖北教育出版社，2007 年。
⑤ 參看陳劍《上博竹書〈仲弓〉篇新編釋文》，《戰國竹書論集》，第 107 頁，上海古籍出版社，2013 年。

歷代注家中以李澤厚譯爲"首先注意幹部"最爲可取。[①] 他們的意見應該是正確的。《大戴禮記・子張問入官》孔子曰："欲政之速行也者,莫若以身先之也。"《新語・無爲》："故君子之御下也,民奢侈者則應之以儉,驕淫者則統之以理。未有上仁而下殘,上義而下爭者也。孔子曰:'移風易俗。'豈家至之哉?先之於身而已矣。"即用表率的方式達到移風易俗的目的,可與簡文相參。此外,將"先有司"理解爲"讓有司率先"也能與簡9"有司不可不先也"相應。本篇説"先有司,所以得情",有司率先,民情自然可得。

三曰"老老而慈幼"。《上博三・仲弓》亦有之。《管子・入國》對"老老"和"慈幼"的具體做法有明確規定:"所謂老老者,凡國都皆有掌老。年七十已上,一子無征,三月有饋肉;八十已上,二子無征,月有饋肉;九十以上,盡家無征,日有酒肉。死,上共棺椁,勸子弟,精膳食,問所欲,求所嗜。此之謂老老。所謂慈幼者,凡國都皆有掌幼。士民有子,子有幼弱不勝養爲累者,有三幼者無婦征,四幼者盡家無征,五幼又予之葆。受二人之食,能事而後止。此之謂慈幼。"《孟子・梁惠王上》"老吾老以及人之老,幼吾幼以及人之幼",與簡文一脈相承。

四曰"豫絞而收貧"。"豫絞",整理者讀"絞"爲"交"(第155頁);復旦吉大讀書會一説"豫絞"讀爲"舍繳",指免除賦税,與"收貧"相對;孟蓬生讀爲"舉約",謂"舉約而收貧"指振濟族中之貧困者;[②]蕭旭讀爲"舒繳",指緩收賦税;[③]陳偉認爲"豫"讀爲"舍",與

---

①　廖名春《楚簡〈仲弓〉與〈論語・子路〉仲弓章讀記》,《淮陰師範學院學報》2005年第1期。

②　參看復旦吉大讀書會(張傳官、陳志向執筆)《〈上博八・顔淵問於孔子〉校讀》文下評論,復旦網2011年7月17日。

③　同上注。

“收”對應，“絞”讀爲“饒”，與“貧”相對；[1]王化平讀爲“序教”，即以序做爲教育青年和收養老年的地方；[2]劉波疑“絞”當讀爲“縞”，指絹帛之物，“舍絞”是拿出這類財帛來周濟貧苦之人。[3]

按，“絞”讀“繳”非是，繳納爲“繳”之晚起義，且賦稅義項也並無明證。讀“約”則可從，“絞”“約”韻部爲宵藥對轉，音近可通。古書“駮”與“駁”通、“疁”與“疁”通是其明證。[4]“貧”“約”均是窮困之義，常連用或對舉，如《左传》昭公十年“國之貧約孤寡者”、[5]《上博六·競公》簡10“貧肬約疒病”、[6]《鹽鐵論·地廣》“處約樂貧”、《後漢書·第五倫傳》“守約安貧”。“豫”當讀爲“舍”，楚簡多見。“舍”本指房舍，又用作動詞提供住宿，引申則有安置之義。[7]“舍約”與“收貧”意思相當，均指安撫窮困，正可使民親之。侯乃峰謂讀爲“予約而收貧”，即對於貧約窮困者給予救助振濟。[8]

五曰“禄不足則請，有餘則辭”，當就廉政而言。《莊子·盗跖》：“不足故求之，爭四處而不自以爲貪；有餘故辭之，棄天下而不自以爲廉。”孔子認爲此舉目的是“![圖]信”。![圖]，劉雲認爲或是

---

①　陳偉《〈顏淵問於孔子〉内事、内教二章校讀》，簡帛網 2011 年 7 月 25 日。

②　王化平《讀〈上博八·顏淵問於孔子〉札記四則》，簡帛網 2011 年 9 月 20 日。

③　劉波《上博八〈顏淵問於孔子〉劄記二則》，復旦網 2012 年 4 月 15 日。

④　參看高亨纂著、董治安整理《古字通假會典》，第 794 頁，齊魯書社，1989 年。

⑤　參看復旦吉大讀書會(張傳官、陳志向執筆)《〈上博八·顏淵問於孔子〉校讀》文下孟蓬生評論，復旦網 2011 年 7 月 17 日。

⑥　“疒”字陳劍以爲是衍文(《〈上博(六)·孔子見季桓子〉重編新釋》，《出土文獻與古文字研究》第 2 輯，第 173 頁，復旦大學出版社，2008 年)。

⑦　參看宗福邦等《故訓匯纂》，第 1895 頁，商務印書館，2003 年。

⑧　侯乃峰《上博楚簡儒學文獻校理》，第 341 頁，上海古籍出版社，2018 年。

“易”之譌，讀爲“揚”，彰顯之義；①蘇建洲釋爲“尋”讀爲“申”。② 此字作爲偏旁又見於《上博六·天甲》簡12“故見▨而爲之誓，見突而爲之内”，▨原有“傷”“傷”兩種釋法，③蘇建洲認爲整字當分析爲從“人”從“尋”讀爲“裖”；④《上博八·王居》簡1“彭徒返▨關致命”，▨，整理者隸定爲“諹”讀爲“惕”（第206頁），復旦吉大讀書會疑釋爲“諄”讀爲“鄟”，⑤周波釋爲“諹”讀爲“陽”。⑥ 何有祖在論證▨爲“傷”字時，舉到的《包山》簡130“集易（陽）公”之“易”作▨，簡265“一湯鼎”之湯作▨，是兩個比較重要的例子。包山簡多有地名作某陽者，如簡1“魯易（陽）”、121“郱易（陽）”、145“成易（陽）”、181“邨易（陽）”等等，不勝枚舉；“湯鼎”亦文從字順。因此就字形看，▨很可能就是“易”字寫譌，“易”讀爲“揚”，“揚信”指彰顯誠信，意思也比較順暢。《天甲》“傷”字意思則仍待研究。

　　前文已經提及，孔子講到的具體施政措施，有些見於《論語·

---

①　參看復旦吉大讀書會（張傳官、陳志向執筆）《〈上博八·顏淵問於孔子〉校讀》文下評論，復旦網2011年7月17日。有學者認爲該字就是“易”，並無譌誤，戰國文字橫筆右端向下拖曳是常見現象，此“易”字就是把“日”下一橫的右端向下拖曳而成的寫法。並疑可讀爲“彰”，引僞古文《尚書·仲虺之誥》“克寬克仁，彰信兆民”爲證。參看簡帛網“簡帛論壇”之“簡帛研讀”版塊“jiaguwen1899”《上博八〈顏淵問於孔子〉“易信”一解》，2011年7月20日。

②　參看復旦吉大讀書會（張傳官、陳志向執筆）《〈上博八·顏淵問於孔子〉校讀》文下評論，復旦網2011年7月17日。

③　參看蘇建洲《〈天子建州〉“臨城不言毁”章試解》，《簡帛》第6輯，第282—283頁，上海古籍出版社，2011年。

④　蘇建洲《〈天子建州〉“臨城不言毁”章試解》，《簡帛》第6輯，第285—286頁，上海古籍出版社，2011年。

⑤　復旦吉大讀書會《上博八〈王居〉、〈志書乃言〉校讀》，復旦網2011年7月17日。

⑥　參看陳劍《上博八〈王居〉復原》下評論，復旦網2011年7月20日。

子路》和《上博三·仲弓》。《論語·子路》：

> 仲弓爲季氏宰，問政。子曰："先有司，赦小過，舉賢才。"
> 曰："焉知賢才而舉之？"曰："舉爾所知。爾所不知，人其舍諸？"

《仲弓》對此事的記載比較詳細，仲弓問"爲政何先"（簡5），孔子回答有"老老慈幼，先有司，舉賢才，惑伝愿皐"四條（簡7），且基本對各條都有更多的解釋，但這種解釋與《顏淵》有所不同。《顏淵》説"先有司，所以得情"，"老老而慈幼，所以處仁"，"舍約而收貧，所以取親"，"祿不足則請，有餘則辭，所以揚信"，主要講各種措施所能獲得的理想結果，而《仲弓》則闡述具體實施及原因。

"先有司"前面已經引到，"舉賢才"的内容見於《仲弓》簡9—10："仲弓曰：'雍也不敏，雖有賢才，弗知舉也。敢問舉才如之何？'仲尼：'夫賢才不可掩也。舉而所知，而所不知，人其舍之諸？'"與《論語》文基本相當。

《論語》"赦小過"，《仲弓》作"惑伝愿皐"，陳劍、楊懷源等讀爲"宥過赦皐"，[1]甚是，《易·解》象傳"赦過宥罪"與之相當。《上博五·季康》簡20"大皐則夜（赦）[2]之以刑，墼皐則赦之以罰，小則詛之"，《大戴禮記·子張問入官》"民有小罪，必以其善以赦其過"，《尚書大傳·甫刑》"有過必赦，大罪勿增，小罪勿累"，《孔叢子·刑

---

①　陳劍《上博竹書〈仲弓〉篇新編釋文》，《戰國竹書論集》，第107頁，上海古籍出版社，2013年。楊懷源《讀上博簡〈中弓〉札記三則》，《古漢語研究》2005年第2期。

②　"夜（赦）"從陳劍釋讀（《談談〈上博（五）〉的竹簡分篇、拼合與編聯問題》，簡帛網2006年2月19日）。

論》"宥過、赦小罪,老弱不受刑,先王之道也",均是孔子有關赦民
之過的言論。陳劍指出,所謂"赦"並非完全赦免不加以追究,而是
對其罪行所應施加的刑罰加以寬赦、赦減之意。[①]《仲弓》還有對
"赦過"原因的具體解釋,簡 10+19:[②] "仲弓曰:'宥過赦辠,則民
可(何)堂(懲)?'[③] '山有崩,川有竭,日月星辰猶差,民無不有
過。'"仲弓問道,如果赦免了罪過,那用什麽來警戒民衆呢?孔子
則以山川及日月星辰作比來説明人民犯錯在所難免,比《論語》文
更爲詳細、深入。

二、教化

(一)《上博八·顏淵》簡 5+6+7+9:

> 顏淵曰:"君子之内(入)事也,回既聞命矣,敢問君子之内
> (入)教也有道乎?"孔子曰:"有。"顏淵:"敢問何如?"孔子曰:
> "修身以先,則民莫不從矣;前以博愆〈悉—愛〉,則民莫遺親
> 矣;導之以儉,則民知足矣;前之以讓,則民不争矣。或迪而教
> 之,能能,賤不肖而遠之,則民知欽(禁)矣。如進者勸行,退者
> 知欽(禁),則其於教也不遠矣。"

復旦吉大讀書會指出《孝經·三才》孔子言"先之以博愛,而民莫遺

---

①　陳劍《〈上博(三)·仲弓〉臆義》,《簡帛》第 3 輯,第 83 頁,上海古籍出版社,
2008 年。

②　編連從李鋭説(《〈仲弓〉新編》,孔子 2000 網 2004 年 4 月 22 日)。

③　"何懲"從陳劍釋(《〈上博(三)·仲弓〉臆義》,《簡帛》第 3 輯,第 77—83 頁,上
海古籍出版社,2008 年)。

其親;陳之以德義,而民興行;先之以敬讓,而民不争;導之以禮樂,而民和睦;示之以好惡,而民知禁"可與簡文相參。"修身以先""前以博愛""前之以讓"等,均是强調爲政者須起以身作則的倡導作用,前面討論"先有司"時已經提到。《論語·子路》"上好義則民莫敢不服,上好信則民莫敢不用情",《郭店·成之》簡9"上苟倡之,則民鮮不從矣",《睡虎地·吏道》簡3.5—4.5"凡戾人,表以身,民將望表以戾真。表若不正,民心將移乃難親",所説是同樣的道理。"博愛""儉"與"讓"均是孔子一向的主張。《論語·學而》:"子曰:弟子入則孝,出則悌,謹而信,泛愛衆,而親仁。""泛愛"即博愛。孔子主張"君子無所争"(《論語·八佾》),提倡禮讓,《里仁》:"子曰:能以禮讓,爲國乎何有? 不能以禮讓,爲國如禮何?"贊讓而非不讓,《泰伯》:"子曰:泰伯其可謂至德也已矣,三以天下讓。"《先進》:"子曰:爲國以礼,其言不讓,是故哂之。"尚儉惡奢,《學而》:"子貢曰:夫子温良恭儉,讓以得之。"《述而》:"子曰:奢則不遜,儉則固。與其不遜也,寧固。"《禮記·表記》:"子曰:恭近禮,儉近仁,信近情,敬讓以行,此雖有過,其不甚矣。夫恭寡過,情可信,儉易容也,以此失之者,不亦鮮乎?"

"能能,賤不肖而遠之,則民知禁",大意是任用有才能之人而疏遠不肖者,民衆就會知道哪些不可爲而自覺向善。《三才》作"示之以好惡,而民知禁",意思大體相當。《郭店·緇衣》簡1"夫子曰:好美如好緇衣,惡惡如惡巷伯,則民咸放(勑)而刑不屯",簡2—3"子曰:有國者章好章惡,以示民厚,則民情不忒",簡17—18"子曰:大人不親其所賢,而信其所賤,教此以失,民此以煩",均是孔子提倡從政者須謹慎好惡的言論,要旗幟鮮明地提倡或反對,這樣民衆才會有所從。

　　(二)《上博三·仲弓》簡11＋13① 仲弓問"道民興德",孔子曰:

　　　　迊(陳)②之備(服)之,緂(緩)悠(施)而忞放之。

"道民興德",亦就教化而言。"陳之服之",李鋭引《荀子·宥坐》
"故先王既陳之以道,上先服之"及《孔子家語·始誅》"既陳道德以
先服之"爲釋,③意即陳之以德並且自己要身體力行。"忞"字作
,整理者釋爲"忞(悓)"讀爲"倦",④陳劍隸作"㣿"讀爲"遜",順
的意思。⑤ 此字又見於《上博一·緇衣》簡13"靚⑥(恭)以立(莅)
之,則民有忞心",整理者據《郭店·緇衣》簡26對應字作"愻"、今
本作"孫",謂"忞心"或可讀爲"遜心",⑦沈培對"忞"字構形及可讀
爲"遜"的原因有詳細論證。⑧

---

　　① 　編連及斷句從陳劍説(《上博竹書〈仲弓〉篇新編釋文》,《戰國竹書論集》,第
108頁,上海古籍出版社,2013年)。
　　② 　"迊"字從陳劍釋(《上博竹書〈仲弓〉篇新編釋文》,《戰國竹書論集》,第108
頁),讀爲"陳"從李鋭説(《〈仲弓〉續釋》,孔子2000網2004年4月20日)。
　　③ 　李鋭《〈仲弓〉續釋》,孔子2000網2004年4月20日。
　　④ 　馬承源主編《上海博物館藏戰國楚竹書(三)》,第273頁,上海古籍出版社,
2003年。
　　⑤ 　陳劍《上博竹書〈仲弓〉篇新編釋文》,《戰國竹書論集》,第108頁,上海古籍出
版社,2013年。
　　⑥ 　"靚"字隸定從沈培説(《上博簡〈緇衣〉篇"忞"字解》,《華學》第6輯,第72頁,
紫禁城出版社,2003年)。
　　⑦ 　馬承源主編《上海博物館藏戰國楚竹書(一)》,第189頁,上海古籍出版社,
2001年。
　　⑧ 　沈培《上博簡〈緇衣〉篇"忞"字解》,《華學》第6輯,第68—74頁,紫禁城出版
社,2003年。

“放”，整理者讀爲“力”，[1]或讀爲“服”。[2] 字又見於《郭店·緇衣》簡 1“民咸放而刑不屯”，今本作“刑不試而民咸服”，“放”亦有讀“力”讀“服”等多種説法。[3]《上博一·緇衣》簡 1 對應字作，李零釋爲从手从力之“扐”讀爲“力”；[4]黄德寬、徐在國、林素清等認爲从來从力讀爲“服”；[5]高佑仁指出，此字上部與楚燕客銅量（《集成》10373）的“李”和“差”作、形所从之“來”有關；[6]馮勝君同意高説，認爲應釋爲“勑”，“勑”“放”均讀爲“飭”，整治的意思。[7] 按，左冢棋局有一字，黄鳳春、劉國勝釋爲“勑”，[8]與或是一字。“民勑”與“民咸勑”意思相當，郭店“放”从攴力聲，也當讀爲“勑”，[9]“勑”古通作“敕”“飭”。《仲弓》“放（勑）”是其動詞用法即整治，《緇衣》及棋局“勑”是形容詞用法

---

①　馬承源主編《上海博物館藏戰國楚竹書（三）》，第 273 頁，上海古籍出版社，2003 年。

②　如季旭昇《〈上博三·仲弓〉篇零釋三則》，簡帛研究網 2004 年 4 月 23 日；黄人二、林志鵬《上海博物館藏楚簡〈仲弓〉試探》，《文物》2006 年第 1 期。

③　參看劉傳賓《郭店楚簡研究綜論（文本研究篇）》“附録”，第 43—44 頁，吉林大學 2010 年博士論文，指導教師：馮勝君；李鋭《郭店楚墓竹簡續釋（二）》，《出土文獻研究》第 10 輯，第 57—58 頁，中華書局，2011 年。

④　李零《上博楚簡校讀記（之二）：〈緇衣〉》，《上博館藏戰國楚竹書研究》，第 408—409 頁，上海書店出版社，2002 年。

⑤　徐在國、黄德寬《〈上海博物館藏戰國楚竹書（一）緇衣·性情論〉釋文補正》，《古籍整理研究學刊》2002 年第 2 期。林素清《郭店、上博〈緇衣〉簡之比較——兼論戰國文字的國別問題》，《新出土文獻與古代文明研究》，第 84 頁，上海大學出版社，2004 年。

⑥　高佑仁《〈曹沫之陳〉“早”字考釋——從楚系“屮”形的一種特殊寫法談起》，《簡帛》第 1 輯，第 185 頁，上海古籍出版社，2006 年。

⑦　馮勝君《郭店簡與上博簡對比研究》，第 69—70、75 頁，綫裝書局，2007 年。

⑧　黄鳳春、劉國勝《記荊門左塚楚墓漆梮》，《第四屆國際中國古文字學研討會論文集》，第 497 頁，香港中文大學中國語言文學系 2003 年。

⑨　參看李鋭《〈仲弓〉續釋》，孔子 2000 網 2004 年 4 月 20 日。

即整治得好，與服意近。孔子認爲道民興德須緩行而順治。

（三）《仲弓》簡 27＋15＋20B＋6＋23B＋23A＋25：①

　　仲弓曰：“敢問民務？”孔子曰：“善哉問乎！足以教矣。君子所竭其情、盡其慎者三，害（蓋）近 🀫 矣。雍，汝知諸？”仲弓答曰：“雍也弗聞也。”孔子曰：“夫祭，至（致）敬之本也，所以立生也，不可不慎也；夫喪，至（致）愛之卒也，所以成死也，不可不慎也；夫行，巽年學之，一日以善立，所學皆終，一日以不善立，所學皆崩，可不慎乎？”

“民務”一詞既可指政務，也可指教化。但下文孔子以慎祭、慎喪、慎行作答，則該段内容就當與教民相關了。《禮記·祭統》：“夫祭之爲物大矣，其興物備矣，順以備者也，其教之本與。……是故君子之教也，必由其本，順之至也，祭其是與。故曰：祭者，教之本也已。”《荀子·禮論》：“禮者，謹於治生死者也。生，人之始也；死，人之終也；終始俱善，人道畢矣。故君子敬始而慎終，終始如一，是君子之道，禮義之文也。”均是儒家提倡敬慎祭、喪。《論語·學而》：“曾子曰：慎終追遠，民德歸厚矣。”何晏《集解》引孔安國曰：“慎終者，喪盡其哀；追遠者，祭盡其敬。”皇侃《義疏》有更詳細的解釋：“慎終，謂喪盡其哀也。喪爲人之終，人子宜窮其哀戚，是慎終也。追遠，謂三年之後，爲之宗廟，祭盡其敬也。三年後去親轉遠，而祭

---

　　①　該處編連及釋文參看陳劍《〈上博（三）·仲弓〉膡義》，《簡帛》第 3 輯，第 84 頁，上海古籍出版社，2008 年。

極敬,是追遠也。"曾子認爲如果爲政者慎重地對待喪、祭,民衆之德將趨於敦厚,與孔子以慎祭、慎喪來教化民衆一脈相承。《孝經·感應》"宗廟致敬,不忘親也;修身慎行,恐辱先也",將宗廟祭祀之事與修身慎行並舉,與簡文一致。慎祭、慎喪、慎行是前文所説"道民興德"的具體措施。

(四)《上博五·季庚》載季康子問臨民的問題,孔子先答以"仁之以德",簡2—4:

> 康子曰:"請問何謂仁之以德?"孔子曰:"君子在民之上,執民之中,施教於百姓,而民不服焉,是君子之恥也。是故君子玉其言而塵(展)①其行,敬成其德以臨民,民望其道而服焉。此之謂仁之以德。"

"玉其言而展其行",即要敬慎言行,做到口惠實從。《禮記·緇衣》:"子曰:言從而行之,則言不可飾也;行從而言之,則行不可飾也。故君子寡言,而行以成其信,則民不得大其美而小其惡。"即强調爲政者要通過高尚品德影響民衆,達到教化的目的。

----

① "塵(展)"從禤健聰釋(《楚簡釋讀瑣記》,《古文字研究》第27輯,第373—374頁,中華書局,2008年)。

第三章　秦簡專論居官類文獻整理研究

　　出土秦簡材料中，有一批專述"居官"的文獻，以睡虎地秦簡《爲吏之道》(下稱《吏道》)、嶽麓秦簡《爲吏治官及黔首》(下稱《爲吏》)、王家臺秦簡《政事之常》(下稱《政事》)、北大秦簡《從政之經》(下稱《從政》)爲代表。本章對這類文獻的文本作整理研究。

第一節　《吏道》《爲吏》《政事》《從政》異文整理

　　《睡虎地·吏道》與《嶽麓一·爲吏》、王家臺《政事》、北大秦簡《從政》有内容相當的部分，以下對這部分異文作整理研究。文中所説睡虎地秦簡"綫裝本"指 1977 年版，"平裝本"指 1978 年版，"精裝本"指 1990 年版(均由文物出版社出版)；三本意見相同或相似時，只引 1990 年版；所引各本整理小組意見均徑出該書"釋文注釋"頁碼，嶽麓簡整理者意見亦徑出《嶽麓(壹)》頁碼(本章均依此例)；以《吏道》文本順序作爲參照，用宋體書寫，將《爲吏》《政事》中可以與之對照的内容分列於其後，用楷體書寫；凡從整理者意見者，不再注出；嶽簡釋文中不够規範的地方復旦讀書會①等已作校訂，這一部分不再注出。

一、《吏道》《爲吏》《從政》②

(一)

凡爲吏之道，$_{1.1}$ 必精絜(潔)正直，$_{2.1}$ 精絜(潔)正直，$_{44}$ 慎謹堅固，$_{3.1}$ 慎謹擊(堅)固，$_{45}$ 審悉毋[1]私，$_{4.1}$ 審悉毋私，$_{46}$ 微密韱(纖)察，$_{5.1}$ 徵〈微〉密咸(纖)[2]祭(察)，$_{47}$ 安静毋苛，$_{6.1}$ 安倩(静)毋苛，$_{48}$ 審當賞罰，$_{7.1}$ 審當賞罰，$_{49}$ 嚴剛毋暴，$_{8.1}$ 厰(嚴)剛毋暴，$_{50}$ 廉而毋刖[3]，$_{9.1}$ 廉而毋  [4]。$_{51}$ 毋復期勝[5]，$_{10.1}$ 復悔其(期)勝[6]，$_{52}$ 毋以忿怒夬(決)，$_{11.1}$ 毋忿怒以夬(決)，$_{53}$ 寬俗(容/裕)[7]忠信，$_{12.1}$ 寬俗(容/裕)忠信，$_{54}$ 和平毋怨，$_{13.1}$ 禾(和)平毋窓(怨)，$_{55}$ 悔過勿重，$_{14.1}$ 悔過勿重，$_{56}$ 兹(慈)下勿陵，$_{15.1}$ 兹(慈)下勿淩(陵)，$_{57}$ 敬上勿犯，$_{16.1}$ 敬士〈上〉勿犯，$_{58}$ 聽閒(諫)勿塞，$_{17.1}$ 聽閒(諫)勿塞(塞)[8]，$_{1}$ 審智(知)民能，$_{18.1}$ 審智(知)民能，$_{2}$ 善度民力[9]，$_{19.1}$ 善度黔首力，$_{3}$ 勞以衛(率)之，$_{20.1}$ 勞以衛(率)之，$_{4}$ 正以橋(矯)之。$_{21.1}$ 正以撟(矯)之。$_{5}$

[1]“毋”，整理小組讀爲“無”(第 167 頁)。

按，“毋”用法與下文“安静毋苛”“嚴剛毋暴”“廉而毋刖”“和平毋怨”等句“毋”相同，無需破讀，“毋私”即不要有私心。《爲吏》

① 復旦讀書會(石繼承執筆)《讀〈嶽麓書院藏秦簡(壹)〉》，復旦網 2011 年 2 月 28 日。

② 《從政》僅公布部分釋文，見於朱鳳瀚《北大藏秦簡〈從政之經〉述要》，《文物》2012 年第 6 期。與《吏道》《爲吏》可相對照者，以脚注形式出現。

“毋”整理者即如字讀(第 129 頁)。

〔2〕“咸”，整理者如字讀(第 129 頁)，許道勝讀爲“纖”，[1]可從。“鐵”，從韭戉聲，《説文·戈部》謂“戉”“古文讀若咸”。《清華一·皇門》簡 6“戉祀天神”，《逸周書·皇門解》“戉”作“咸”；《楚居》簡 3“巫戉”即“巫咸”。[2] 是“咸”“纖”可通之證。“纖察”一詞見於《韓非子·外儲説左上》“是以言有纖察微難而非務也”，即細微審查。

〔3〕整理小組指出此句與《老子》第五十八章等書中常見的“廉而不劌”同意，即行事正直而不傷人(第 168 頁)。白於藍認爲“刖”古書未見有傷人之義，當直接讀爲“劌”。[3]

〔4〕 ，整理者隸作“佾”並存疑(第 131 頁)。陳偉認爲字從伐從巾，大概應讀爲“伐”或者從伐取義，有斬殺之義。[4]何有祖引《説文》“伐，敗也”爲釋。[5] 此字意思與“刖”相當，字形待考。

〔5〕“毋復期勝”，綫裝本解釋爲不要一味想超過別人(第 167 頁)。精裝本解釋爲“不要一味想壓過別人”(第 168 頁)。劉釗聯繫《郭店·尊德義》簡 1“忌勅(勝)”及《荀子·性惡》中“不恤是非，不論曲直，以期勝人爲意，是役夫之知也”，謂“期勝”是小人性惡的

①　許道勝《嶽麓秦簡〈爲吏治官及黔首〉的取材特色及相關問題》，《湖南大學學報》2011 年第 2 期。

②　參看復旦讀書會(蔣文執筆)《清華簡〈楚居〉研讀札記》，復旦網 2011 年 1 月 5 日。

③　白於藍《睡虎地秦簡〈爲吏之道〉校讀札記》，《江漢考古》2010 年第 3 期。

④　陳偉《嶽麓秦簡〈爲吏治官及黔首〉識小》，簡帛網 2011 年 4 月 8 日。

⑤　何有祖《嶽麓秦簡〈爲吏治官及黔首〉補釋二則》，簡帛網 2011 年 4 月 9 日。

體現，是君子所不爲。① 但未説明"期勝"的具體意思。白於藍據李零、陳偉等人將《尊德義》"忌"讀爲"忌"或"綦"的説法，認爲"期勝"當讀爲"忌（或綦、綦）勝"，指嫉妒和好勝。② 其説可從。《荀子·成相》"主忌苟勝"楊倞注："主既猜忌，又欲苟勝人也。""復"，或讀爲"愎"，③似不可信。

[6]"復悔其勝"，整理者讀"其"爲"期"，"期勝"之義采劉釗説，但未言"復悔期勝"意思（第 132 頁）。

按，"悔"義當爲悔改。《玉篇·心部》："悔，改也。"《廣韻·隊韻》："悔，改悔。""悔期勝"與《郭店·尊德義》簡 1"改忌勝"意思正同。"復悔"即反復、多次悔改。

[7]"俗"，整理小組讀爲"容"（第 167 頁）。劉釗認爲"寬容"一詞少見於早期典籍，"俗"當讀爲"裕"，"寬裕"是儒家提倡的臣子所應該具有的一種美德，見於《禮記》等書。④《爲吏》整理者即用此説（第 133 頁）。

按，"寬裕""寬容"意思相近，似均可通。"寬容"一詞並非少見於早期典籍：《荀子·不苟》"君子能則寬容易直以開道人"，《非相》"故能寬容因求以成天下之大事矣"，《非十二子》"遇賤而少者則修告導寬容之義"，《臣道》"寬容而不亂"，《莊子·天下》"常寬容

---

① 劉釗《讀郭店楚簡字詞札記》，《郭店楚簡國際學術研討會論文集》，第 86 頁，湖北人民出版社，2000 年。

② 白於藍《睡虎地秦簡〈爲吏之道〉校讀札記》，《江漢考古》2010 年第 3 期。

③ 俞志慧《秦簡〈爲吏之道〉的思想史意義——從其集錦特色談起》，《浙江社會科學》2007 年第 6 期。

④ 劉釗《讀秦簡字詞札記》，《簡帛研究》第 2 輯，第 110—111 頁，法律出版社，1996 年。

於物"，《韓詩外傳》卷八"夫賢君之治也，溫良而和，<u>寬容</u>而愛，刑清而省，喜賞而惡罰"，"故德行<u>寬容</u>而守之以恭者榮"。均是其例。此外，讀爲"寬裕"的觀點最早出現在雲夢秦墓竹簡整理小組《雲夢秦簡釋文（一）》[①]一文中，但後來成書時又改讀爲"容"。高敏、劉天奇等都采用"寬裕"説，[②]應是直接引用了《雲夢秦簡釋文（一）》。臺灣學者余宗發也讀爲"容"，並有簡單論證。[③]

[8]"塞"，下從皿，當隸定爲"盍"，讀爲"塞"。簡29"好言盍（塞）責"同。

[9]"審知民能，善度民力"，《管子·形勢解》："明主猶造父也，善治其民，度量其力，審其技能，故立功而民不困傷。"

（二）

剛能柔，[35.1] 仁能忍，[36.1] 彊良不得。[37.1] 審耳目口，[38.1] 十耳當一目。[39.1] 安樂必戒，[40.1] 毋行可悔。[41.1] 以忠爲榦，[42.1] 慎前慮後。[43.1][④]

（三）

吏有五善：[6.2] 吏有五善：[27] 一曰中（忠）信而敬上；[7.2] 一曰忠信

① 《文物》1976年第6期。

② 高敏《秦簡〈爲吏之道〉中所反映的儒法融合傾向——兼論儒法諸家思想融合的歷史演變》,《云夢秦簡初探》（增訂本），第240頁，河南人民出版社，1981年。劉天奇《黃老政治的初次實踐——從秦簡〈爲吏之道〉看秦國的黃老政治》,《唐都學刊》1994年第5期。

③ 余宗發《雲夢秦簡中的思想與制度鉤撢》，第33頁，文津出版社，1992年。

④ 《從政》作"剛能柔，仁能忍，彊良不得。以忠爲榦，慎前慮後。審耳目口，十耳當一目"，順序與《吏道》有所不同，可以據此調整《吏道》的簡序（參看朱鳳瀚《北大藏秦簡〈從政之經〉述要》,《文物》2012年第6期）。

敬上；$_{28}$ 二曰精(清)[1]廉毋謗；$_{8.2}$ 二曰精(清)廉无(毋)旁(謗)；$_{29}$ 三曰舉吏審當；$_{9.2}$ 三曰舉吏[2]審當；$_{30}$ 四曰喜爲善行；$_{10.2}$ 四曰喜爲善行；$_{31}$ 五曰龏(恭)敬多讓；$_{11.2}$ 五曰龏(恭)敬多䜿〈讓〉[3]。$_{32}$ 五者畢至，必有大賞。$_{12.2}$ 五者畢至，必有天〈大〉當(賞)[4]。$_{33}$

吏有五失：$_{13.2}$ 吏有五過：$_{41}$ 一曰夸以迣；$_{14.2}$ 一曰夸而央(決)[5]；$_{42}$ 二曰貴以大；$_{15.2}$ 二曰貴而企[6]；$_{43}$ 三曰擅裚割；$_{16.2}$ 三曰亶(擅)矽[7]割；$_{44}$ 四曰犯上弗智(知)害；$_{17.2}$ 四曰犯上不智(知)其害；$_{45}$ 五曰賤士而貴貨貝；$_{18.2}$ 五曰閒(簡)[8]士貴貨貝。$_{46}$ 吏有五失：$_{34}$ 一曰見民杲(倨)敖(傲)；$_{19.2}$ 一曰視黔首渠(倨)驁(傲)；$_{35}$ 二曰不安其毫(朝)；$_{20.2}$ 二曰不安其朝；$_{36}$ 三曰居官善取；$_{21.2}$ 三曰居官善取；$_{37}$ 四曰受令不僂[9]；$_{22.2}$ 四曰受令不僂；$_{38}$ 五曰安家室忘官府。$_{23.2}$ 五曰安其家忘官府。$_{39}$ 五者畢至，是胃(謂)過主。$_{40}$

吏有五則[10]：$_{47}$ 一曰不察所親，不察所親$_{24.2}$ 則怨數至；$_{25.2}$ 一曰不祭(察)所親則章(達)[11]數至；①$_{48}$ 二曰不智(知)所使，不智(知)所使$_{26.2}$ 則以權衡求利；$_{27.2}$ 二曰不智(知)所使，則以褋(權)索利；②$_{49}$ 三曰興事不當，興事不當$_{28.2}$ 則民傷[12]指；$_{29.2}$ 三曰舉事不當，則黔首囂[13]指；③$_{50}$ 四曰善言隋(惰)行，則$_{30.2}$ 士毋所比；$_{31.2}$ 四曰喜言隋(惰)行，則黔首毋所比；④$_{51}$ 五曰非上，身及於死；$_{32.2}$ 五曰善非其上，則身及於死。⑤$_{52}$ 吏有六殆：不審所親，$_{53}$ 不祭(察)所

---

① 《從政》作"一曰不察親，不察親則怨數之"。朱鳳瀚讀"之"爲"至"，似不必。"之"即往、到，與"至"義近。

② 《從政》作"二曰不智(知)所使，不智(知)所使則權衡利"。

③ 《從政》作"三曰興事不當，興事不當則民錫(傷)指矣"。

④ 《從政》作"四曰善言隋(惰)行則士毋比"。

⑤ 《從政》作"五曰喜非其上，喜非其上則身及於死"，"喜""善"義近。

使，親人不固。₅₄ 同某（謀）相去。₅₅ 起居不指[14]。₅₆ 扁（漏）表不審。₅₇[15]

[1]“精”，整理小組讀爲“清”（第 168 頁）。陳偉謂“精廉”一詞戰國秦漢文獻屢見，《説苑·談叢》即有“精廉無謗”，與“清廉”或爲兩詞。① 若就後世官箴書中多談爲吏需清廉而言，此處仍以整理小組説爲妥。

[2]“吏”作 ，整理者釋爲“吏”，謂“舉吏”即舉薦官吏（第 122 頁）。《吏道》字形同，整理小組釋爲“事”（第 168 頁）。廖繼紅認爲《爲吏》篇“舉事（ ）”（簡 50）“舉吏（ ）”同出，表明二者不相混淆，《吏道》也當改釋爲“舉吏”。②

按，秦簡“事”字作 （a）、 （b），前一種寫法只記録｜事｜；後一種寫法既記録｜事｜又記録｜吏｜，具體情況要靠文義來區分。《爲吏》和《吏道》此處均作 b 形，“舉吏”“舉事”都能講通。據下文以“舉事（a）不當”（《爲吏》）、“興事（b）不當”（《吏道》）作爲吏的過失來看，此處似仍以釋作“舉事”爲當，“舉事審當”正與之相反，可爲吏善。但仔細考察就會發現，《嶽麓（壹）》中 a、b 兩形分職現象十分明顯，即｜事｜均用 a 表示，b 則只表示｜吏｜：《二十七年質日》簡 10、《三十四年質日》簡 4、5、22“視事”，《二十七年質日》簡 49“具事”，《占夢書》簡 3“夢開臧事”、4“生事”、5“宮事”，《爲吏》簡 7“敬給縣官事”、30“毋傷官事”、50“舉事不當”、51“毋犯大事”、66“事无終始”、67“舉事而不意”、70“百事之祖”、81“事无細”、86

---

① 陳偉《嶽麓書院秦簡校讀》，《簡帛》第 5 輯，第 13—14 頁，上海古籍出版社，2010 年。

② 廖繼紅《〈爲吏治官及黔首〉補釋》，簡帛網 2011 年 2 月 28 日。

“守事”，“事”均作 a 形；《占夢書》簡 8“吏夢企匕上”、32“爲復故吏”，《爲吏》簡 9“士吏捕盜”、27“吏有五善”、34“吏有五失”、41“吏有五過”、47“吏有五則”、53“吏有六殆”、64“吏論弗治”、67“主吏難留”、87 背“爲吏”，“吏”均作 b 形（或作 ）。未出現 b 一字身兼兩職的情況。這與睡簡中絕大部分以 b 兼表￨事￨￨吏￨兩詞、只有很少一部分￨事￨用 a 來記錄有所不同。因此，簡文 釋爲“吏”更符合嶽麓簡全書的用字習慣。此外，周家臺秦簡、龍崗秦簡等材料中也存在 a、b 嚴格分職的情況。①

〔3〕“讓”作 ，復旦讀書會隸定爲“瓖”。②

按，此字左旁從字形看當是“豆”，或是“言”字誤寫。

〔4〕“天當”，整理者引馬王堆帛書《經法·四度》“外內皆順，命曰天當”爲證（第 123 頁）。復旦讀書會則在其後括注“大賞”。③ 許道勝認爲“天”爲“大”之誤字，“當”讀爲“賞”，④其説可從。

〔5〕《吏道》“夸以迣”，整理小組注釋説：“迣（音制），《漢書·禮樂志》注引孟康（引者按：“孟康”當作“如淳”）云：‘超踰也。’夸以迣，奢侈超過限度。”（第 169 頁）沈培讀“迣”爲“肆”，謂“夸以迣”指

---

①　詳參翁明鵬《秦簡牘字詞關係研究》，第 245—249 頁，中山大學 2020 年博士論文，指導教師：陳斯鵬。

②　復旦讀書會（蔡偉執筆）《嶽麓簡〈爲吏治官及黔首〉部分簡文釋文》，復旦網 2009 年 11 月 27 日。

③　復旦讀書會（石繼承執筆）《讀〈嶽麓書院藏秦簡（壹）〉》，復旦網 2011 年 2 月 28 日。

④　許道勝《嶽麓秦簡〈爲吏治官及黔首〉的取材特色及相關問題》，《湖南大學學報》2011 年第 2 期。

夸大而放肆；①劉雲基本同意沈説，但認爲"迣（肆）"訓恣縱似更合適；②陳偉疑"迣"讀爲《説文》訓作"多言也"的"詍"字。③《爲吏》"夬"字整理者提供了兩種釋讀：一釋爲"夬"，讀爲"快"，意爲放肆；一釋爲"史"字之誤，意爲虚飾、浮誇（第 127 頁）。陳偉從釋"史"説，又有所補證。④ 對照嶽麓簡中"史"和"夬"的字形，再結合用韻情況，可知釋"夬"正確無疑。⑤ 劉雲據其對"迣（肆）"的理解，將"夬（快）"也訓爲恣縱，又提出"夬"有讀爲"肆"的可能。⑥

　　從簡文將"貴以大""貴而企"作爲吏失來看，"以/而"應是轉折連詞，因爲"貴"本身並不能算作過失，"貴以大/貴而企"整體才是。與之並列的"夸以迣""夸而夬"，"以/而"也應該表轉折而非並列。所以前述諸説中，將"以/而"理解爲並列連詞，"夸以迣/夸而快"解釋爲夸大而放肆、奢侈而恣縱、言語不實而放肆等説法，都不甚合理。若從詞義上尋找"迣"和"夬"的對應關係，並兼顧"以/而"的轉折連詞作用，"夬"當讀爲"決"。"決"，決溢。《左傳》成公十五年"聘而從之，則決睢澨"洪亮吉引高誘《吕氏春秋注》："決，溢也。"《淮南子·天文訓》"賁星墜而渤海決"高誘注："決，溢也。"⑦《説

---

① 沈培《説郭店楚簡中的"肆"》，《語言》（第二卷），第 303 頁，首都師範大學出版社，2001 年。

② 劉雲《〈爲吏之道〉與〈爲吏治官及黔首〉對讀劄記》，復旦網 2011 年 4 月 15 日。

③ 陳偉《嶽麓秦簡〈爲吏治官及黔首〉識小》，簡帛網 2011 年 4 月 8 日。

④ 同上注。

⑤ 這一點方勇（《讀嶽麓秦簡札記（一）》，簡帛網 2011 年 4 月 11 日）、劉雲（《〈爲吏之道〉與〈爲吏治官及黔首〉對讀劄記》，復旦網 2011 年 4 月 15 日）已經指出。

⑥ 劉雲《〈爲吏之道〉與〈爲吏治官及黔首〉對讀劄記》，復旦網 2011 年 4 月 15 日。

⑦ 參看宗福邦等《故訓匯纂》，第 1235 頁，商務印書館，2003 年。

文·水部》"決"朱駿聲《通訓定聲》："人導之而行曰決,水不循道而自行亦曰決。"《左傳》襄公三十一年:"大決所犯,傷人必多。"《史記·秦始皇本紀》:"河決不可復壅,魚爛不可復全。"均是此義。引申則有超出界限的意思。而"迣"字如睡簡整理者所説亦有越過、越界之義,《漢書·禮樂志》"體容與迣萬里"顏師古注引如淳曰:"迣,謂超踰也。"《史記·樂書》"迣"作"跇",裴駰《集解》引如淳亦曰:"跇,謂超踰也。"《廣韻·祭韻》:"踰也。"如此,"迣""夬(決)"便能夠在意思上聯繫起來。

"夸",睡簡整理小組解釋爲奢侈(第 169 頁),嶽簡整理者解釋爲言語浮誇(第 127 頁),似以前者爲是。"夸以/而迣/決"意思是奢侈但過了度。《漢書·五行志》"奢僭過度"、《漢官舊儀》卷上"奢侈過制度"、《後漢紀·光武皇帝紀》"富者過奢",均言奢侈過度。

[6]"企",整理者認爲本指踮起脚,在簡文中有趾高氣揚的意思;又説或可讀作"侈",意爲奢侈、浪費,或者意爲過分、超過限度(第 128 頁);劉雲讀"企"爲"盈",指驕縱自滿。[1] 方勇據此段文字諧月部韻認爲"企"是"大"字之誤,讀爲"泰"。[2] 凡國棟釋爲"立"讀爲"矜"。[3] 朱鳳瀚引《釋名·釋姿容》"企,啓也"謂"貴而企"是説自我矜貴而凡事爭先。[4]

---

① 劉雲《〈爲吏之道〉與〈爲吏治官及黔首〉對讀劄記》,復旦網 2011 年 4 月 15 日。

② 方勇《讀嶽麓秦簡札記(一)》,簡帛網 2011 年 4 月 11 日。

③ 凡國棟《嶽麓秦簡〈占夢書〉校讀拾補》,《甘肅省第二屆簡牘學國際學術研討會論文集》,第 583 頁,上海古籍出版社,2012 年。

④ 朱鳳瀚《三種"爲吏之道"題材之秦簡部分簡文對讀》,《出土文獻研究》第 14 輯,第 4 頁,中西書局,2015 年。

　　按，"企"讀爲"侈"或是。[①] 这一方面能够滿足押韻的需要："侈"與"夬""割""害""貝"屬歌月通韻，[②]與後文的宵侯合韻、脂質通韻情況類似；另一方面又能够與《吏道》的"大"對應起來。整理小組讀"大"爲泰，訓爲驕傲（第 169 頁），其說可從。《玉篇·水部》："泰，驕也。"《論語·子罕》"拜下，禮也；今拜乎上，泰也"何晏集解："時臣驕泰，故於上拜。"字又作"汰"。《左傳》昭公三年"伯石之汰也，一爲禮於晋，猶荷其禄，況以禮終始乎"杜預注："汰，驕也。""貴而不驕"爲古之常訓，文獻多見，《大戴禮記·子張問入官》中孔子授子張爲官之道時就説："君子南面臨官，貴而不驕。"《玉篇·人部》："侈，泰也。"《左傳》昭公元年："楚王汰侈，而自説其事。""汰""侈"皆驕義。《國語·鄭語》："虢叔恃勢，鄶仲恃險，是皆有驕侈怠慢之心。""怠""慢"同義，"驕""侈"亦是。簡文"貴以泰/貴而侈"，是高貴却驕傲自滿的意思，可爲吏之一失。

　　需要指出的是，《史記·韓王信盧綰列傳》"欲王盧綰，爲群臣觖望"司馬貞《索隱》説"觖""服虔音决"，"又音企"。看來"企"和月

---

　　① 　上古音"侈"屬昌母歌部，"企"屬溪母支部。歌、支二部關係密切：《易》離卦之"離"，馬王堆帛書本作"羅"，王家臺秦簡《歸藏》作"麗"，"離""羅"在歌部，"麗"在支部；馬王堆帛書《老子·道經》甲本"潚呵始萬物"（乙本作"淵呵佁萬物之宗"），今本老子"呵"作"兮"，"呵"在歌部，"兮"在支部；《説文·言部》謂詍"讀若《論語》'跢予之足'"，今本《論語·泰伯》作"啓予足"，"跢"在歌部，"啓"在支部。昌、溪二紐字亦有通轉之例，如："區"及從"區"的"驅""嫗""嶇""軀"等古爲溪母字，"樞"則爲昌母字；從"出"得聲的"屈""詘"爲溪母字，"出"則爲昌母字；《説文·人部》謂"企"從人止聲，"止"爲昌母字，"企"則爲溪母字。《老子》第二十四章"企者不立"，馬王堆帛書本"企"作"炊"，此是"企"與昌母歌部字（炊）直接相通。"企"字異體作"跂"，《説文·艸部》芰"杜林説芰從多"，桂馥《義證》："芰從多者，多聲也。"以上皆可視作"侈""企"可通之證。
　　② 　歌月通韻的情況可參看張雙棣《〈吕氏春秋〉詞彙研究》（修訂本），第 400 頁，商務印書館，2008 年；《淮南子用韻考》，第 93—94 頁，商務印書館，2010 年。

部的"觖""決"讀音接近，不讀爲其他即能够入韻。① 如此，簡文"企"是否當如整理者所説由踮起脚的本義引申爲趾高氣揚的意思，或如陳松長所説是舉踵遠望不屑他顧的一種神情描寫，用來形容"貴"的神態，②還是另有他解，仍可探討。

[7] ⬛，整理者釋爲"折"（第128頁）。復旦讀書會指出當釋爲"歾"。③ 許道勝釋爲"列"讀爲"裂"。④ 方勇認爲是"列"的誤字，"列""裂"音義俱近。⑤

[8] "閒"，整理者讀爲"賤"（第129頁）。此從蔡偉讀爲"簡"。⑥

[9] "僂"，整理小組解釋爲鞠躬，表示恭敬，引《左傳》昭公七年"一命而僂"爲證（第169頁），可從。《睡虎地·雜抄·除吏律》"僞聽命書，廢弗行，耐爲候；不避席立，貲二甲，廢"，"受命不避席立"即是"受令不僂"的表現。

[10] "則"，陳偉讀爲"賊"，害、敗之義。⑦

按，"賊"的傷害、殘害之義，於此並不合適。"則"當讀爲"側"，《字彙·人部》："側，不正也。"《書·洪範》"無反無側，王道正直"僞

_____

① 魏宜輝根據《集篆古文韻海》所收"撅"（月部）字古文作⬛，從辵企聲，認爲簡文此字可讀爲"大"（《傳抄古文研究（五題）》，《漢語言文字研究》第2輯，第89—90頁，上海古籍出版社，2018年）。

② 陳松長《嶽麓書院所藏秦簡綜述》，《文物》2009年第3期。

③ 復旦讀書會（石繼承執筆）《讀〈嶽麓書院藏秦簡（壹）〉》，復旦網2011年2月28日。

④ 許道勝《嶽麓秦簡〈爲吏治官及黔首〉的取材特色及相關問題》，《湖南大學學報》2011年第2期。

⑤ 方勇《讀嶽麓秦簡札記（二）》，簡帛網2011年4月13日。

⑥ 蔡偉《讀竹簡札記四則》，復旦網2011年4月9日。

⑦ 陳偉《嶽麓秦簡〈爲吏治官及黔首〉識小》，簡帛網2011年4月8日。

孔傳："言所行無反道不正。"《莊子·列禦寇》"醉之以酒而觀其側"陸德明《釋文》引王云："側,謂凡爲不正也。"下文所列"不察所親""不知所使""舉事不當""喜言惰行""善非其上"等五種均是吏的不正之舉。

[11]"違",整理者解釋爲過失、錯誤(第 130 頁)。復旦讀書會指出其義與"怨"相同,《書·無逸》"民否則厥心違怨",也寫作"悻",《廣雅·釋詁》"怨、悻,恨也"。① 其說是。

[12]"傷",整理小組訓作輕慢,謂"傷指"意思是對其指示不予重視(第 169 頁)。

[13]"嫶"作𢥞形,整理者隸定爲"嫶",疑爲"罵"之誤寫,"罵""指"均有斥責、指責之義(第 131 頁)。復旦讀書會認爲字下部從高,當讀爲"憍",與"傷"都是輕慢、慢易的意思,《廣雅·釋詁》"憍,傷也"王念孫《疏證》"憍古通作驕,傷古通作易"。② 陳偉武讀爲"驕",輕慢之義。③

[14]"指",整理者讀爲"稽",考核之義(第 134 頁)。湯志彪認爲"稽"義爲當。④

按,整理者說是。《急就篇》"筳筊起居課先後"顏師古注："言督作之司,吹鞭及竹筭,爲起居之節度。又校其程課,先者免罰,後

───────────

① 復旦讀書會(石繼承執筆)《讀〈嶽麓書院藏秦簡(壹)〉》,復旦網 2011 年 2 月 28 日。

② 復旦讀書會(石繼承執筆)《讀〈嶽麓書院藏秦簡(壹)〉》,復旦網 2011 年 2 月 28 日。

③ 陳偉武《楚簡秦簡字詞考釋拾遺》,《簡帛》第 13 輯,第 24 頁,上海古籍出版社,2016 年。

④ 湯志彪《嶽麓秦簡拾遺》,簡帛網 2011 年 6 月 15 日。

者懲責也。”“起居不稽”即不考核勞作者的起居。另，“指”如字讀似亦可通，即指揮、指示。

[15]《爲吏》“六殆”内容不見於《吏道》。《管子·法法》：“聞賢而不舉，殆；聞善而不索，殆；見能而不使，殆；親人而不固，殆；同謀而離，殆；危人而不能，殆；廢人而復起，殆；可而不爲，殆；足而不施，殆；幾而不密，殆。”可資參照。

（四）

戒之戒之，材（財）不可歸；_{33·2}□□□□，材（財）不可歸；₇₃[①] 謹之謹之，謀不可遺；_{34·2}謹之謹之，某（謀）不可遺；₇₆[②] 慎之慎之，言不可追。_{35·2}慎之慎之，言不可追。₇₅[③] 綦₌（綦綦）[1]之食不可賞；_{36·2}綦₌｛₌｝（綦綦之）[2]食不可賞；₇₇[④] 攺₌之｛₌｝（攺攺之）[3]某（謀）不可行；₇₄術（怵）愓（惕）之心不可長。_{37·2}術（怵）狄（惕）之心不可長。₇₈以此爲人君則鬼（惠）[4]，_{38·2}爲人君則惠，爲人臣則忠，_{39·2}爲人臣忠，爲人父則兹（慈），_{40·2}爲人父則兹（慈），爲人子則孝。_{41·2}爲人子則孝，能審行此，无官不_{42·4}治，无志不徹，_{43·2}爲人上則明，_{44·2}爲人上則明，爲人下則聖[5]。_{46·2}爲人下則聖，爲人友則不爭。[6]₈₅君鬼（惠）臣忠，父兹（慈）_{46·2}子孝，政之本殹。_{47·2}志徹官治，上明下_{48·2}聖，治之紀殹。_{49·2}

[1]“綦₌之”，整理小組以爲“之”下脱重文號，補作“綦之綦

---

① 《從政》作“武之材不可歸”，“武”爲“戒”之誤字。
② 《從政》作“謹之謀不可遺”。
③ 《從政》作“慎之言不可追”。
④ 《從政》作“舁₌之食不可嘗也”。

之”，“綦”讀爲“忌”，意爲戒（第 170 頁）。白於藍指出“之”下不當有重文符號，歸、遺、追爲韻，賞、長爲韻。①

[2]“綦＝之＝”，整理者釋爲“綦之綦之”（第 143 頁）。陳劍謂“之”下重文號爲衍文，當爲“綦綦之”，“綦綦之食不可賞”意思待考。②

[3]“敃＝之＝”，整理者釋文作“敃之敃之”（第 142 頁）。陳劍謂“之”下重文符號爲衍文，“敃敃”讀爲“惛惛”，又進一步指出此段“行”“長”“賞”與“追”“遺”“歸”分別爲韻，兩個韻段句式與意義重點各有不同，睡簡雖少一句，但情況亦同。③

[4]“鬼”，整理小組讀爲“懷”（第 170 頁），蔡偉讀爲“惠”，引文獻多見的“君惠臣忠”爲證，④《爲吏》正作“惠”，可見其説甚是。“鬼”（見-微）、“惠”（匣-質）音近，《郭店·尊德義》簡 32“惠”字作 ，即從“鬼”得聲。

[5]“聖”，整理小組疑讀爲“聽”，聽從命令（第 170 頁）。此從張世超、張玉春、陳玉璟如字讀，意爲通達。⑤

[6]“爲人君則惠，爲人臣則忠”諸語，《管子·五輔》：“上下有義，貴賤有分，長幼有等，貧富有度。凡此八者，禮之經也……八者各得其義，則爲人君者中正而無私，爲人臣者忠信而不黨，爲人父

---

① 白於藍《睡虎地秦簡〈爲吏之道〉校讀札記》，《江漢考古》2010 年第 3 期。

② 參看復旦讀書會（石繼承執筆）《讀〈嶽麓書院藏秦簡（壹）〉》文下評論，復旦網 2011 年 2 月 28 日。

③ 同上注。

④ 蔡偉《誤字、衍文與用字習慣——出土簡帛古書與傳世古書校勘的幾個專題研究》，第 145—147 頁，花木蘭文化事業有限公司，2019 年。

⑤ 陳玉璟《秦簡詞語札記》，《安徽大學學報》1985 年第 1 期。張世超、張玉春《〈睡虎地秦墓竹簡〉校注簡記》，《古籍整理研究學刊》1985 年第 4 期。

者慈惠以教，爲人子者孝悌以肅，爲人兄者寬裕以誨，爲人弟者比順以敬，爲人夫者敦懇以固，爲人妻者勸勉以貞。"可資參照。

二、《吏道》與《政事》

(一)

處如資（齋）[1]，47.3 處如梁，BI 言如盟，48.3 言如盟[2]，BI 出則敬，出則敬[3]，BI 毋施當[4]，49.3 毋褫張，BI 昭如有光。50.3 炤[5]如有光。BI

[1]"資"，整理小組讀爲"齋"，齋戒之義，《繹史·孔子類記四》引《莊子》"居處若齋，飲食若祭"（第 172 頁）。《政事》作"處如梁"，並説"處如梁，以告静"。王明欽據此謂"資"當以"梁"爲正。①

按，"如齋"以事作比，"如梁"以物作比，都表示肅静，無正與不正之分。《難經本義》"心之積名曰伏梁"注曰："伏梁，伏而不動，如梁木然。"即以"梁"喻静，與《政事》同。

[2]《政事》又説"言如盟，以告正"。

[3]《政事》又説"出則敬，有信德殹"。

[4]"施當"，綫裝本謂"施"義爲廢，"當"讀爲"常"，指國家的常法（第 173 頁）。精裝本讀爲"弛常"，即不要廢弛應經常遵守的原則（第 172 頁）。陳偉武指出"施"有施舍、遺失等義，"毋施當"即不可失當。② 王明欽據《政事》"毋褫張"認爲睡簡"施"讀爲"弛"正

---

① 王明欽《王家臺秦墓竹簡概述》，《新出簡帛研究——新出簡帛國際學術研討會文集》，第 40 頁，文物出版社，2004 年。

② 陳偉武《睡虎地秦簡核詁》，《胡厚宣先生紀念文集》，第 208 頁，科學出版社，1998 年。

確,《説文》"弛"之或體作"虒";"當"讀爲"張","張""弛"都是鬆懈,
怠慢之義。① 王輝則謂"弛""張"是反義連用。②

　　按,《政事》又謂"毋襐張,告民不貳(忒)殴",若"襐張"讀爲"弛
張"則以不弛張來告誡民衆不要出差錯,在意思上很難理解。
《書·洪範》:"臣無有作福、作威、玉食。臣之有作福、作威、玉食,
其害于而家,凶于而國,人用側頗僻,民用僭忒。"僞孔傳曰:"在位
不敦平,則下民僭差。"這是説在上位如果不守規矩,民衆就會作
亂。如此,則仍以睡簡整理小組説法較順。"襐"可讀爲"弛""施",
王明欽已説,古書"尚"與"長"聲之字多可相通,③"襐張"當讀爲
"弛常",或如陳偉武説讀爲"施當"。

　　[5]《政事》又説"炤如有光則□□之極殴"。

(二)

　　有嚴不治[1]。₄.₄ 有嚴不治。BII 與民有期。₅.₄ 與民有期[2]。BII 安
騳而步[3]。₆.₄ 安殴而步。BII 毋使民懼。₇.₄ 毋事民溥[4]。BII

(三)

　　安而行之,₂₈.₄ 安而行之,BIX 使民望之。₂₉.₄ 使民望之。BIX 道易
車利,₃₀.₄ 道傷車利,BIX 精而勿致[5]。₃₁.₄ 精而毋致。BIX

　　① 王明欽《王家臺秦墓竹簡概述》,《新出簡帛研究——新出簡帛國際學術研討會
文集》,第 40 頁,文物出版社,2004 年。
　　② 王輝《一粟居讀簡記(一)》,《視月集》,第 169—170 頁,商務印書館,2020 年。
　　③ 參看高亨纂著、董治安整理《古字通假會典》,第 299—300 頁,齊魯書社,
1989 年。

(四)

地脩城固，36.4 地脩城固，DIX 民心乃寧。37.4 民心乃殷[6]。DIX 百事既成，38.4 百事既成，DIX 民心既寧。39.4 民心乃寧。DIX 既毋(無)後憂，40.4 [既无]後憂，DIX 從政之經，41.4 從政之經。DIX 不時怒，42.4 不時而怒，DIX 民將姚(逃)去[7]。43.4 民將逃去。DIX

[1]"有嚴不治"，整理小組認爲"有"爲語首助詞，無義(第172頁)。《政事》同，又説"有嚴不治，敬王事矣"，"弗臨以嚴，則民不敬"，似乎"有嚴不治"應該是强調嚴以治民，而不是一般理解的嚴則民不治。

[2]《政事》又説"與民有期，告之不再矣"，"與民無期，則□幾不正"。

[3]"安驕而步"，整理小組謂"安"讀爲"按"，"驕"即驕騎，在車前導行的騎者，此句意爲叫開道的驕騎慢慢地走(第172頁)。《政事》作"安毆而步"，又説"安毆而步，登於山矣"，"安毆而步，執智(知)吾請"。王輝認爲"驕"讀爲"趨"，"毆"讀爲驅，均指徐緩而行，①可從。

[4]鄔可晶認爲"溥"係誤釋(也可能是排印錯誤)，應爲"溥"，讀爲"怖"，與懼同義；②王輝亦持此説。③ 可從。《政事》又説"毋事(使)民溥，游於□矣"。

[5]"致"，整理小組讀爲"至"，達到極點(第173頁)。按，

---

① 王輝《一粟居讀簡記(一)》，《視月集》，第170頁。
② 參看劉嬌《言公與劕説——從出土簡帛古籍看西漢以前古籍中相同或類似内容重複出現現象》，第283頁引鄔可晶意見，綫裝書局，2012年。
③ 王輝《一粟居讀簡記(一)》，《視月集》，第169—170頁，商務印書館，2020年。

“致”有極義，不煩破讀。

[6]“殷”，劉嬌據“百事既成”至“從政之經”押耕部韻，“地修城固”至“民將逃去”押魚部韻，認爲不入韻的“殷”是“叚”之誤字，讀爲“格”，與《禮記·緇衣》“民有格心”相近。①

按，“殷”有中、正等義，“民心乃殷”文從字順，似不必以錯字爲説。這一小段並沒有嚴格用韻，如“既无後憂”之“憂”就沒有和前後的“成”“寧”“經”押韻。

[7]“姚去”，綫裝本解釋爲遠離，又説“姚”或讀爲“逃”（第174頁）。精裝本謂引《荀子·榮辱》注“姚，與遥同”爲釋（第173頁）。陳偉武認爲讀“逃”更合適。②據《政事》可證“姚”當讀爲“逃”。該小段《政事》順序爲：“地脩城固，民心乃殷。不時而怒，民將逃去。百事既成，民心乃寧。〔既无〕後憂，從政之經。”

第二節　《吏道》《爲吏》所見格言考

在《吏道》和《爲吏》中，有相當一部分是雜抄的格言。③《爲吏》末簡總結説“此治官、黔首及身之要也”，④格言部分就是“治身”即修身之“要”。以下對見於兩篇文獻中的一些格言作梳理，或探其最早

---

①　劉嬌《言公與剿説——從出土簡帛古籍看西漢以前古籍中相同或類似内容重複出現現象》，第284頁，綫裝書局，2012年。

②　陳偉武《秦漢簡牘考釋拾遺》，《簡帛》第2輯，第428頁，上海古籍出版社，2007年。

③　陳偉武有專文討論簡帛文獻中的格言（《試論簡帛文獻中的格言材料》，《簡帛》第4輯，上海古籍出版社，2009年）。

④　陳松長認爲此是篇首第一枚簡（《嶽麓書院藏秦簡〈爲吏治官及黔首〉略説》，《出土文獻研究》第9輯，第33頁，中華書局，2010年）。

出處，或尋古書中意思與之最似者，或通過與文獻對讀考釋詞語。

一、《吏道》

（一）反赦其身 22.1

“反赦其身”，綫裝本解釋爲反省自己（第 167 頁），精裝本讀“赦”爲“索”，解釋爲反求於自己（第 168 頁）。陳偉武認爲“赦”當如字讀，意爲舍，“反赦其身”猶言反施其身。[1]

按，《爲吏》簡 6 作“反若其身”，“赦”當讀爲“若”。“若”“赦”聲母同爲舌音，韻部魚鐸對轉，古書“蒻”與“螫”通；[2]中山王鼎“雖有死罪，及三世無不若”，“辭死罪之有若，知爲人臣之義也”，兆域圖“進退□乏者，死無若”，“若”均讀爲“赦”。[3] 是其證。“若”有順、善等義，“順身”“善身”的説法常見，《晏子春秋·内篇問上》第十六：“身行順，治事公。”《大戴禮記·曾子大孝》“父母既殁，慎行其身”舊注謂一本作“順行其身”。《孟子·盡心上》：“窮則獨善其身。”“反若其身”，即反求於己，使自身行順向善。

（二）中不方，24.1 名不章；25.1 外不員（圓），26.1［禍之門］

“禍之門”三字原脱。整理小組指出該句見於《説苑·談叢》（第 168 頁）。《談叢》文整句作：“中不方，名不章；外不圓，禍之門。直而不能枉，不可與大往；方而不能圓，不可與長存。”後半句又見

---

① 陳偉武《睡虎地秦簡核詁》，《胡厚宣先生紀念文集》，第 208 頁，科學出版社，1998 年。

② 參看高亨纂著、董治安整理《古字通假會典》，第 891 頁，齊魯書社，1989 年。

③ 參看王輝《古文字通假字典》，第 289 頁，中華書局，2008 年。

於《新序·節士》載晋文公曰:"吾聞之也,直而不枉,不可與往;方而不圓,不可與長存。"石光瑛謂"蓋古語"。[1] 王家臺秦簡《政事》有"圓以生方,政事之常"一語,與簡文所言均是方圓哲學,即所謂外圓内方。《淮南子·主術》有"智圓行方"的説法,"凡人之論","智欲員而行欲方","智欲員者,環復轉運,終始無端,旁流四達,淵泉而不竭,萬物並興,莫不嚮應也;行欲方者,直立而不撓,素白而不污,窮不易操,通不肆志"。

(三) 尊賢養孼[27.1]

"孼",整理小組讀爲"乂",解釋爲俊傑(第 168 頁)。蔡偉讀爲"艾",意爲老,並指出類似的話見於《孟子·告子下》,作"養老尊賢"。[2] 其説是。

(四) 怒能喜,[30.1] 樂能哀,[31.1] 智能愚,[32.1] 壯能衰,[33.1]
勇能屈,[34.1] 剛能柔,[35.1] 仁能忍[36.1]

高敏認爲"仁"和"忍"都與孔子思想有關,[3]顯然是將"忍"理解爲忍耐、容忍。何卓即將此句譯爲"仁慈而能忍耐"。[4]

按,依照文例,"忍""仁"意思當相反,吳福助已經指出二者是兩種相對的品德。[5] 忍耐、容忍並不符合這個要求。"忍"應該是不仁慈、忍心之類的意思。《新書·道術》:"惻隱憐人謂之慈,反慈

① 石光瑛校釋、陳新整理《新序校釋》,第 956 頁,中華書局,2001 年。
② 蔡偉《讀竹簡札記四則》,復旦網 2011 年 4 月 9 日。
③ 高敏《雲夢秦簡初探》(增訂本),第 241 頁,河南人民出版社,1981 年。
④ 參看張希清、王秀梅主編《官典》第 1 册,第 215 頁,吉林人民出版社,1998 年。
⑤ 吳福助《睡虎地秦簡論考》,第 194 頁,文津出版社,1994 年。

爲忍。《六韜·龍韜·論將》以“仁而不忍人”爲將之過失,《韓非子·内儲説上》:“夫人臣必仁而後可與謀,不忍人而後可近也。不仁則不可與謀,忍人則不可近也。”“仁能忍”是説既要仁慈,(在懲處時)又能不手軟。

　　學者在論述《吏道》中有道家思想成分時,常以此句作爲論據,並將其與《老子》第二十二章“曲則全,枉則直,窪則盈,敝則新,少則得,多則惑”、第三十六章“將欲歙之,必故張之;將欲弱之,必故强之;將欲廢之,必故興之;將欲取之,必故與之”等内容作比,説這是一種以柔制剛、以退爲進的統治術。[①] 事實上文獻中最能與此參照的却是孔子的話,見於《説苑·敬慎》:“高而能下,滿而能虚,富而能儉,貴而能卑,智而能愚,勇而能怯,辯而能訥,博而能淺,明而能闇,是謂損而不極。”此外,《孔子家語·六本》孔子曰“夫回能信而不能反,賜能敏而不能詘,由能勇而不能怯,師能莊而不能同”,又《屈節解》孔子曰“君子之行己,期於必達於己,可以屈則屈,可以伸則伸”。王中江認爲簡文整體上没有老子那種明顯的貴弱、貴柔的傾向,而主要是規勸人們將彼此對立的特性結合起來,以使一方得到另一方的補充。[②] 其説較爲公允。

(五) 强良不得_{37.1}

　　“强良不得”,整理小組舉《老子》第四十二章“强梁者不得其

---

　　① 參看高敏《雲夢秦簡初探》(增訂本),第 241 頁,河南人民出版社,1981 年;余宗發《雲夢秦簡中的思想與制度鉤摭》,第 87 頁,文津出版社,1992 年;吳福助《睡虎地秦簡論考》,第 196 頁,文津出版社,1994 年。

　　② 王中江《簡帛文明與古代思想世界》,第 492 頁,北京大學出版社,2011 年。

死”帛書本作“强良”作合證（第 168 頁）。余宗發認爲簡文是《老子》語的省略，[1]論者也多以此句爲道家者語。

　　按，“强梁者不得其死”意思是强暴的人不得好死，[2]在《孔子家語·觀周》中爲金人銘，《慎子》《文子·守弱》等作“强梁者死”，或是彼時俗語，不一定出自《老子》。此外，“强梁不得”與“强梁者不得其死”意思並不相同，視前者爲後者省略更不可信。《説苑·談叢》“暴虐不得，反受其賊”，“暴虐不得”與“强梁不得”意思相類，“不得”即得不到、無所得。諸家多以該句與上文連讀，似非是。它與前句應該是各自獨立的格言。另，“强梁”一詞又見於《上博八·志書》簡 1。

（六）安樂必戒，$_{40.1}$ 毋行可悔$_{41.1}$

　　整理小組指出，《大戴禮記·武王踐阼》“席前左端之銘曰：安樂必戒。前右端之銘曰：無行可悔”及《説苑·敬慎》所載金人銘“安樂必戒，無行所悔”均與簡文相似（第 168 頁）。《上博七·武王》簡 5—6：“武王聞之恐懼，爲銘於席之四端曰：安樂必戒。右端曰：毋行可悔。”《爲吏》作“安樂之所必戒$_{28}$”“毋行可悔$_{57}$”，是不連續的兩句。

（七）慎前慮後$_{43.1}$

　　按，《大戴禮記·武王踐阼》：“鑒之銘曰：見爾前，慮爾後。”《上博七·武王》簡 7 作：“見其前，必慮其後。”《上博六·用曰》簡

---

①　余宗發《雲夢秦簡中的思想與制度鉤摭》，第 85 頁，文津出版社，1992 年。
②　參看陳鼓應《老子注譯及評介》（修訂增補本），第 230 頁，中華書局，2009 年第 2 版；任繼愈《老子繹讀》，第 95 頁，北京圖書館出版社，2006 年。

5：“視前顧後。”《荀子·不苟》：“見其可欲也，則必前後慮其可惡也者；見其可利也，則必前後慮其可害也者，而兼權之，孰計之，然後定其欲惡取舍。如是則常不失陷矣。”

（八）君子不病殹，[44.1]以其病病殹[45.1]

整理小組指出，《老子》第七十一章“聖人不病，以其病病”與此同（第 168 頁）。

（九）同能而異[46.1]

按，《易·睽》象傳曰“君子以同而異”，王弼注：“同於同理，異於職事。”

（十）毋窮窮[47.1]

整理小組指出《荀子·脩身》“不窮窮而通者積焉”可作參考（第 168 頁）。

按，“毋窮窮”爲古語，《吕氏春秋·離俗覽·上德》載鄭臣被瞻諫鄭文公曰：“臣聞賢主不窮窮。”于省吾曰：“上窮字作動詞解，謂迫也，下窮字謂困窘也。言賢主不窮迫於困窘也。”[①]

（十一）臨財見利，不取句（苟）富；[50.1]臨難見死，
不取句（苟）免[51.1]

整理小組指出《禮記·曲禮上》“臨財毋苟得，臨難毋苟免”與

---

① 于省吾《雙劍誃諸子新證》，第 334 頁，中華書局，1962 年。

簡文相似(第 168 頁)。劉嬌引《呂氏春秋·季冬紀·士節》所載晏子僕人語晏子言"於利不苟取,於害不苟免"作參照。[1]《爲吏》簡 59—60 文同,"苟"作"笱"。此外,《文子·上禮》"見難不苟免,見利不苟得,人豪也",意思亦同。

(十二) 欲富太甚,貧不可得;[1.2] 欲貴太甚,賤不可得[2.2]

此句何卓譯作"求富之心太切,即使想過貧而安定的生活也不可得;求貴之心太切,即使想處於低賤而安定的地位也不可得",[2] 有增字解釋之嫌。"貧不可得"即"貧不可得富","賤不可得"即"賤不可得貴","富""貴"均是承上而省。

(十三) 毋喜富,[3.2] 毋惡貧[4.2]

按,"喜富""惡貧"猶今所言嫌貧愛富。《上博五·三德》簡 11 "毋傲[3]貧"與"毋惡貧"意近。

(十四) 術(怵)愁(惕)之心不可長[37.2]

整理小組認爲"長"前脱"不"字(第 168 頁)。《上博三·彭祖》簡 6"忌忌之愄(謀)不可行,述(怵)惕之心不可長",陳偉武據此及《説苑·談叢》"忽忽之謀不可爲也;惕惕之心不可長也"認爲擬補

---

①　劉嬌《言公與剿説——從出土簡帛古籍看西漢以前古籍中相同或類似内容重複出現現象》,第 283 頁,綫裝書局,2012 年。

②　參看張希清、王秀梅主編《官典》第 1 册,第 215 頁,吉林人民出版社,1998 年。

③　"傲"字釋讀參看趙平安《上博簡〈三德〉"毋傲貧"解讀》,《簡帛語言文字研究》第 3 輯,巴蜀書社,2007 年;又《新出簡帛與古文字古文獻研究》,第 357—362 頁,商務印書館,2009 年。

"不"顯與原意相悖。①《爲吏》作"術(怵)狄(惕)之心不可長",亦無"不"字,可證陳説是。此外,《彭祖》殘字作 ,陳斯鵬認爲上部爲"虫"字,讀爲"忽"。② 按,此字上部似與"虫"不類,疑是"民"之殘,與《爲吏》作"敃敃之謀不可行"之"敃"對應。

(十五) 口,關也;舌,機也。_{29.5} 一曙失言,

四馬弗能_{30.5} 追也_{31.5}

整理小組指出《説苑・談叢》中有相類似的話:"口者,關也;舌者,機也。出言不當,四馬不能追也。"(第 168 頁)按,《文子・微明》作"言者禍也,舌者機也,出言不當,駟馬不追"。《上博六・用曰》簡 12"既出於口,則弗可悔,若矢之免③於弦",《説苑・談叢》引削子羽言"言猶射也。栝既離弦,雖有所悔焉,不可從而追已",均以射箭喻出言。

二、《爲吏》

(一) 亡者身之保殹₆

整理者以爲"亡"前有缺文(第 111 頁)。

按,此句完整,類似的話見於《易傳・繫辭下》:"子曰:危者安其位者也,亡者保其存者也,亂者有其治者也。是故君子安而不忘

---

① 陳偉武《讀上博藏簡第三冊零劄》,《華學》第 7 輯,第 176 頁,中山大學出版社,2004 年。

② 陳斯鵬《上海博物館藏楚簡〈彭祖〉新釋》,《簡帛文獻與文學考論》,第 88 頁,中山大學出版社,2007 年。

③ "免"字從陳偉釋《讀〈上博六〉條記》,簡帛網 2007 年 7 月 9 日)。

危,存而不忘亡,治而不忘亂,是以身安而國家可保也。"

(二) ☑富毋驕₂₈

按,《老子》第九章"富貴而驕,自遺其咎",《管子·霸言》"富而驕肆者復貧",《説苑·敬慎》"凡司其身必慎五本……三曰富而貴毋敢以驕人",均謂富而勿驕。疑所缺之字爲"唯(雖)"。

(三) ☑智必問₂₉

按,《墨子·七患》"國有七患……君自以爲聖智而不問事……五患也",《淮南子·主術訓》"文王智而好問,故聖"。"智"或作"知",《荀子·儒效》"知而好問,然後能才",《文子·自然》"知而好問者聖"。疑所缺之字爲"唯(雖)"。

(四) 多傷〈傷〉多患₃₁　多言多過₃₃

"傷",整理者釋爲"傷"讀爲"蕩"(第122頁)。復旦讀書會指出,"傷"爲"傷"之誤,輕慢之義。① 陳偉讀爲"易",並指出《老子》第六十三章"多易必多難"、《説苑·談叢》"多易多敗,多言多失"與此意同。②

按,"易""傷"義同,《説文·人部》"傷"王筠《句讀》曰:"經典多以易代傷。"《馬王堆·二三子問》13下載孔子語"小人多言多過",《孔子家語·觀周》金人銘"無多言,多言多敗"(又見於《説苑·敬

---

① 復旦讀書會(石繼承執筆)《讀〈嶽麓書院藏秦簡(壹)〉》,復旦網2011年2月28日。

② 陳偉《嶽麓書院秦簡校讀》,《簡帛》第5輯,第13頁,上海古籍出版社,2010年。

慎》），可資參照。

（五）勿言可復35

廖繼紅謂"勿"是無義語助詞，"勿言可復"即"言可復"，意思是說可以實踐、履行的話，《論語·學而》"信近於義，言可復也"。①

按，"勿"的助詞用法古籍雖有但很罕見，②此處不必非得這樣理解。"復"與《論語》"言可復"不同，是返還、收回等義。《黃石公三略·上略》"將無還令"，《吏道》"令數囝環（還），百姓搖貳乃難請"，"還令""復言"意思相近。

（六）疾言不可悔36

按，"疾言"即急言，《鄧析子·轉辭》"一言而急，四馬不能及"，《說苑·談叢》文同，但"而"誤作"不"。

（七）[起居]用時。38 歆食用節。39 [衣]服再（稱）身40

"用時"前殘。按，據文意或當補"起居"二字。《管子·形勢解》："起居時，飲食節，寒暑適，則身利而壽命益。"或是"出入"，本篇簡 25—26"出入不時，歆食不節"。《上博五·三德》簡 7"凡食飲無量詯，是謂滔皇。上帝弗諒，必復之以康"，簡 8"衣服過制，失於

---

① 廖繼紅《〈爲吏治官及黔首〉補釋》，簡帛網 2011 年 2 月 28 日。

② 檢謝紀鋒《虛詞詁林》修訂版（商務印書館，2015 年），第 138—139 頁"勿"的語助詞用法，各家所舉例證僅三條，分別是《詩·小雅·節南山》"弗問弗仕，勿罔君子"，《左傳》僖公十五年"史蘇是占，勿從何益"，《墨子·非樂上》"惟勿撞擊，將必不使老與遲者"。

美,是謂違章,上帝弗諒",《商君書‧畫策》"衣服有制,飲食有節",《管子‧立政》"飲食有量,衣服有制",《説苑‧談叢》"適衣節食",《雜言》孔子語"飲食有量,衣服有節",均如簡文强調生活習慣需合乎禮制。"用時""用節"即以時、以節,意思是按時、符合適度原則。

(八) 戒之慎之,[41] 人情難知[42]

按,《禮記‧禮運》:"人藏其心,不可測度也。美惡皆在其心,不見其色也。"鄭玄注:"言人情之難知。"

(九) 毋勞心[47]

按,《管子‧禁藏》"夫衆人者,多營於物,而苦其力,勞其心,故困而不贍",《韓詩外傳》卷五"勞心苦思,從欲極好,靡財傷情,毀名損壽,悲夫傷哉",與簡文"勞心"均含貶義色彩。

(十) 毋棄親戚[48]

"戚"作 形,整理者釋爲"鐵"讀爲"賢",又説或釋爲"戚"(130頁)。復旦讀書會認爲此字構形不明,懷疑可能讀爲"戚",也不能排除就是"戚"誤寫的可能。[①] 陳劍認爲此是从人从戚鈇之"戚"之象形初文那類寫法的譌誤。[②] 按,陳説是。《左傳》閔公元

---

① 復旦讀書會(石繼承執筆)《讀〈嶽麓書院藏秦簡(壹)〉》,復旦網 2011 年 2 月 28 日。

② 參看復旦讀書會(石繼承執筆)《讀〈嶽麓書院藏秦簡(壹)〉》文下評論,復旦網 2011 年 2 月 28 日。

年載管仲言"戎狄豺狼不可厭也,諸夏親暱不可弃也",可與簡文相參。

(十一) 毋喜細説₅₀

"細説"一詞見於《史記·項羽本紀》"勞苦而功高如此,未有封侯之賞,而聽細説,欲誅有功之人",即小人讒言之類。

(十二) 毋犯大事₅₁

按,《左傳》成公十三年謂"國之大事,在祀與戎"。《周禮·秋官·鄉士》"凡國有大事,則戮其犯命者",《遂士》"凡郊有大事,則戮其犯命者",《縣士》"凡野有大事,則戮其犯命者",可見"犯大事"是殺身之罪。

(十三) 敬長慈少₅₃

按,此語見於《鶡冠子·王鈇》"里中有不敬長慈少,出等異衆,不聽父兄之教,有所受聞,不悉以告扁長,謂之亂里,其罪有司而貳其家"。《孟子·告子下》"敬老慈幼",《史記·周本紀》"敬老慈少",秦成語璽"敬老思少",①《説苑·談叢》"慈仁少小,恭敬耆老",意思均同。

(十四)〔絶〕甘分少₅₄

整理者指出該句見於《漢書·司馬遷傳》"李陵素與士大夫絶

---

① 參看劉釗《秦"敬老思少"成語璽考釋》,《古文字研究》第 27 輯,中華書局,2008 年。

甘分少"(第 133 頁)。

(十五)［讓］大受小₅₅

按,《左傳》襄公二十八年"辭多受少"意思與之相似。

(十六) 毋信讒言₃

肖永明指出該句見於《詩·小雅·青蠅》"豈弟君子,無信讒言"。①

(十七) 苦言藥②也,₄甘言毒③也₅

整理者指出《史記·商君列傳》載商鞅言"語有之矣：貌言華也,至言實也,苦言藥也,甘言疾也"與此同(第 110 頁)。《國語·晋語一》："又有甘言焉,言之大甘,其中必苦。"《孔子家語·屈節解》："美言傷信。"西晉潘尼《乘輿箴》："甘言美疾,鮮不爲累。"

(十八) 擇人與交₃₃

按,該句見於《説苑·雜言》"君子擇人與交,農人擇田而田"。

(十九) 擇言出之₃₄

按,該句見於《説苑·政理》"擇言出之,令口如耳",又《韓詩外

———

　　① 肖永明《讀嶽麓書院藏秦簡〈爲吏治官及黔首〉札記》,《中國史研究》2009 年第3 期。

　　② 此字整理者釋爲"樂"讀爲藥(第 110 頁),此從復旦讀書會(石繼承執筆)《讀〈嶽麓書院藏秦簡(壹)〉》直接釋爲"藥",復旦網 2011 年 2 月 28 日。

　　③ "毒"作🦎,伊强認爲字當釋爲"每",是"毒"之譌(《嶽麓秦簡〈爲吏治官及黔首〉札記二則》,簡帛網 2011 年 8 月 26 日)。

傳》卷十載孔子曰："終身無患難，其擇言而出之也。"《管子·形勢解》"聖人擇可言而後言"意思相當。

（二十）勝人者力，₃₆自勝者強。₃₇知人者智，₃₈自知者明₃₉

肖永明指出《老子》第三十三章作："知人者智，自知者明。勝人者有力，自勝者強。"①

（二十一）癳忿止欲₄₀

"癳"，整理者讀爲"厭"（第126頁），可從，但解釋爲壓制、抑制似不好與"止"對應。

按，"厭"有棄義，《論語·述而》"予所否者，天厭之"邢昺疏："厭，棄也。"《左傳》隱公十一年"天而既厭周德矣"楊伯峻注："厭，厭棄也。"②字又作"猒"，《上博一·詩論》簡23"終乎不猒人"、《上博二·從政》乙篇簡16"君子無所猒人"，"猒"亦厭棄之義。《關尹子·九藥》"捐忿塞欲"，"捐"即棄；《吏道》簡23.1"止欲去願"，"止""去"對舉正同"止""厭"對舉；《易·損》象傳曰"君子以懲忿窒欲"孔穎達曰"以懲止忿怒，窒塞情欲"，止忿猶"厭忿"。

（二十二）唯（雖）怒必顧₄₁

"唯"，整理者如字讀（第127頁）。陳劍讀爲"雖"而存疑。③

---

① 肖永明《讀嶽麓書院藏秦簡〈爲吏治官及黔首〉札記》，《中國史研究》2009年第3期。

② 楊伯峻《春秋左傳注》，第75頁，中華書局，1990年第2版。

③ 參看復旦讀書會（石繼承執筆）《讀〈嶽麓書院藏秦簡（壹）〉》文下評論，復旦網2011年2月28日。

按，讀“雖”是。“顧”即反顧、反思，《説苑・立節》“吾聞古之士怒則思理”，《春秋繁露・循天之道》“君子怒則反中而自説以和”，均謂怒而顧。《上博九・舉治》簡 35 有“怒而不寡（顧），不愛其……”，當謂過失之類。

（二十三）欲人敬之必先敬人，[63] 欲人愛之必先愛人[64]

復旦讀書會指出類似的話見於《郭店・成之》簡 20“是故欲人之愛己也，則必先愛人；欲人之敬己也，則必先敬人”，《國語・晋語四》“欲人之愛己也，必先愛人；欲人之從己也，必先從人”。[①] 此外，《孟子・離婁下》“愛人者，人恒愛之；敬人者，人恒敬之”，意思也與此相當。

（二十四）親戚不枳，不欲外交。[65] 事无終始，不欲多業。[66]
　　　　舉事而不意，不欲多聞[67]

“枳”，整理者讀爲“泛”，意爲不切實（第 138 頁）。按，讀“泛”可從，解釋爲不切實顯然非是，“汎”即廣、衆等義。

整理者指出以上六句《墨子・修身》作“親戚不附，無務外交。事無終始，無務多業。舉物而闇，無務博聞”，《説苑・建本》載孔子語作“置本不固，無務豐末。親戚不悦，無務外交。事無終始，無務多業。聞記不言，無務多談。比近不説，無務修遠”（第 138—139 頁）。《建本》文《孔子家語・六本》作“置本不固，無務農桑。親戚

不悦,無務外交。事不終始,無務多業。記聞而言,無務多説。比近不安,無務求遠"。此外,《大戴禮記·曾子疾病》載曾子言"親戚不説,不敢外交。近者不親,不敢求遠。小者不審,不敢言大",亦可備參。

(二十五) 可傷可傷,禍之貴也[71]

"貴",陳劍讀爲"隤"而存疑;[1]蔡偉讀爲"階",引《國語·周語中》"夫婚姻,禍福之階也"、《太玄·玄圖》"四也者,福之資者也;七也者,禍之階者也"爲證;[2]劉雲讀爲"隧"。[3]

按,文獻中除"禍之階"外,還有"禍之門"的説法。如《左傳》襄公二十三年"禍福無門,唯人所召",《説苑·談叢》"外不圉,禍之門",等等。循此,"貴"似可讀爲"闠"。《説文·門部》:"闠,市外門也。"《睡虎地·秦律·司空律》:"春城旦出徭者,毋敢之市及留舍闠外。"《銀雀山一·孫子·九地》"敵人開闠,必亟入之"整理小組注:"闠,門也。"[4]陳劍指出《孔子家語·觀周》及《説苑·敬慎》中有"曰是何傷,禍之門也"可與簡文互參,並讀"可"爲"何"。[5]"曰是何傷,禍之門也"正與"何傷何傷,禍之闠也"相當。

---

① 參看復旦讀書會(蔡偉執筆)《嶽麓簡〈爲吏治官及黔首〉部分簡文釋文》文下評論,復旦網 2009 年 11 月 27 日。

② 蔡偉《讀竹簡札記四則》,復旦網 2011 年 4 月 9 日。

③ 參看蔡偉《讀竹簡札記四則》文下評論,復旦網 2011 年 4 月 9 日。

④ 銀雀山漢墓竹簡整理小組《銀雀山漢墓竹簡(壹)·釋文注釋》,第 25 頁,文物出版社,1985 年。

⑤ 參看蔡偉《讀竹簡札記四則》,復旦網 2011 年 4 月 9 日。

（二十六）故曰道无近，弗行不到₇₉　事无細，弗爲不成₈₁

復旦讀書會指出《荀子・修身》“道雖邇，不行不至；事雖小，不爲不成”與此意同。①

（二十七）禍與福鄰₆₂

肖永明指出此爲《荀子・大略》文，是《老子》第五十八章“禍兮福之所倚，福兮禍之所伏”觀念的進一步推衍。②

從以上可以看出，《吏道》和《爲吏》中的格言可與《周易》《詩經》《左傳》《孟子》《大戴禮記》《周禮》《禮記》《國語》《老子》《商君書》《鄧析子》《關尹子》《墨子》《管子》《文子》《鶡冠子》《荀子》《吕氏春秋》《孔子家語》《説苑》《新序》《韓詩外傳》《淮南子》《春秋繁露》《史記》《漢書》等二十多種古書相參，有些還可與出土文獻對照。《吏道》《爲吏》中有些格言可以在這些文獻中直接找到原型，有些則可以找到類似、相近的話與之對應。這些格言顯然當如一些學者所説的那樣，帶有雜抄性質。因此單從這一部分來看，很難説《吏道》《爲吏》屬於哪一家哪一派。並且有些内容似是當時人的習語，不一定帶有學派性質。

第三節　《爲吏》與秦漢律令對比研究

《爲吏》中有部分内容可與秦律對讀，這一點在整理者的注釋

---

① 復旦讀書會（蔡偉執筆）《嶽麓簡〈爲吏治官及黔首〉部分簡文釋文》，復旦網2009年11月27日。

② 肖永明《讀嶽麓書院藏秦簡〈爲吏治官及黔首〉札記》，《中國史研究》2009年第3期。

及其他學者的論述中已經有所體現。許道勝指出該篇在取材方面
與同時代的睡虎地秦簡律令有密切關係,有的文句可能取材於當
時的律令條文,並在秦律中找到可與"牛飢車不攻閒""庫藏羽革"
"煬風必謹""衡石權槩""擅假縣官器"等五句相對應的條目。①　本
節擬在已有研究的基礎上,將這部分内容與秦漢律令作一系統比
較,在對比過程中嘗試解釋一些較爲難懂的句子。所引秦律内容
出自《睡虎地秦墓竹簡》《嶽麓書院藏秦簡》;漢律出自《張家山漢墓
竹簡[二四七號墓]》,②釋文參考了《二年律令與奏讞書——張家
山二四七號漢墓出土法律文獻釋讀》。③

(一) 擅假縣官器10

《睡虎地·秦律·工律》簡 106:"毋擅假公器,諸擅假公器者
有罪。"

(二) 鬃裂弗補11

"鬃"字從復旦讀書會釋,④"鬃"即漆。"漆裂"指用於書寫標
記的漆發生龜裂、難以辨認。按秦律,官有器物上要刻有標記,《睡
虎地·秦律·效律》簡 178:"公器不久刻者,官嗇夫貲一盾。"不能
刻標記的,要用丹或漆書寫上去,《秦律·工律》簡 102:"公甲兵各

---

①　參看許道勝《嶽麓秦簡〈爲吏治官及黔首〉的取材特色及相關問題》,《湖南大學
學報》2011 年第 2 期。

②　文物出版社,2001 年。

③　彭浩、陳偉、工藤元男主編,上海古籍出版社,2007 年。

④　復旦讀書會(石繼承執筆)《讀〈嶽麓書院藏秦簡(壹)〉》,復旦網 2011 年 2 月
28 日。

以其官名刻久之,其不可刻久者,以丹若髹書之。"標記如果磨損不清,則需上報重新刻寫,否則要被罰。《工律》簡 104—105:"(器)敝而糞者,靡蚩其久。官輒告假器者曰:器敝久恐靡者,遝其未靡,謁更其久。其久靡不可知者,令齎償。"

(三) 升籥不正[67]

升、籥等量器要校正,不能出現偏差,《睡虎地·秦律·工律》簡 100:"縣及工室聽官爲正衡石羸、斗桶、升,毋過歲壹。有工者勿爲正,假試即正。"《秦律·內史雜》簡 194:"有實官縣料者,各有衡石羸、斗桶……不用者,正之如用者。"《效律》簡 3—7 對量器出現偏差相關負責人所受的處罰有詳細說明:"衡石不正,十六兩以上,貲官嗇夫一甲;不盈十六兩到八兩,貲一盾。桶不正,二升以上,貲一甲;不盈二升到一升,貲一盾。斗不正,半升以上,貲一甲;不盈半升到少半升,貲一盾。半石不正,八兩以上;鈞不正,四兩以上;斤不正,三銖以上;半斗不正,少半升以上;參不正,六分升一以上;升不正,廿分升一以上;黃金衡羸不正,半銖以上,貲各一盾。"

(四) 貲債不收[69]

"貲債"連用見於《睡虎地·秦律·司空律》簡 134—135"人奴妾居贖貲債于城旦",即罰繳財物和債務。《金布律》簡 77—79:"百姓假公器及有債未償,其日足以收責之,而弗收責,其人死亡……令其官嗇夫及吏主者代償之。"沒有及時收取罰繳財物或債務,若發生意外如罰繳方或債務人死亡,要勒令官嗇夫及吏主者代爲償還以懲罰其失職。

（五）窖内置繫₇₅

　　"繫"，整理者指出是一種捕鳥獸用的網（第 142 頁）。《睡虎地·秦律·田律》簡 4—5："毋□□□□毒魚繫，置穽罔。到七月而縱之。"《龍崗》簡 104："諸牛馬到所，毋敢穿穽置它機。"《張家山·律令·田律》簡 251—252："諸馬牛到所，皆毋敢穿穽及置它機，穿穽及置它機能害人、馬牛者，雖未有殺傷也，耐爲隸臣妾。殺傷馬牛，與盜同灋；殺人，棄市；傷人，完爲城旦舂。"朱紅林推測"窖内置繫"可能與以上兩條律令語境相當。①

（六）行者滯留₈

　　"行者"，廖繼紅謂即行人，是古代通使之官。②

　　按，"行者"指傳遞書信之人，又稱"郵吏""郵人"。《睡虎地·秦律·行書》簡 183："行命書及書署急者，輒行之；不急者，日畢，勿敢留。留者以律論之。"《嶽麓四》簡 192—193："行書律曰：傳行書，署急輒行，不輒行，貲二甲。不急者，日畢。留三日，貲一盾；四日[以]上，貲一甲。二千石官書不急者，毋以郵行。"《嶽麓五》簡 133："令曰：郵人行書留半日，貲一盾；一日，貲一甲；二日，貲二甲；三日，贖耐；過三日以上，耐。"《張家山·律令·行書律》簡 269—270："發致及有傳送，若諸有期會而失期，乏事，罰金二兩。非乏事也，及書已具，留弗行，行書而留過旬，皆盈一日罰金二兩。"簡 273—274："郵吏居界過書，弗過而留之半日以上，罰金一兩。"

---

① 參看朱紅林《嶽麓簡〈爲吏治官及黔首〉分類研究（一）》，簡帛網 2011 年 5 月 27 日。
② 廖繼紅《〈爲吏治官及黔首〉補釋》，簡帛網 2011 年 2 月 28 日。

"行者滯留"當類比處置。

(七) 數賈酤弗言₁₈

"賈酤"即賒、買／賣酒。言，整理者解釋爲告訴、告知(第 116
頁)，或即説話阻止。《睡虎地·秦律·田律》簡 12："百姓居田舍
者毋敢酤酒，田嗇夫、部佐謹禁御之，有不從令者有罪。"①《嶽麓
四·田律》簡 280 對相應的處罰有詳細説明："黔首居田舍者，毋敢
酤酒，有不從令者遷之。田嗇夫、士吏、吏部弗得，貲二甲。"簡 115
略同。

(八) 牛飢，車不攻閒₂₁

"攻閒"，整理者解釋爲修繕(第 118 頁)。該詞又見於《睡虎
地·秦律·司空律》簡 126、130 等，整理小組引《小爾雅·廣詁》
"攻，治也"、《爾雅、釋詁》"間，代也"謂"攻閒"意爲修繕(第 49 頁)。
戴世君認爲"閒"義爲空隙，縫隙，"攻閒"指用膠粘合大車開裂的木
製部件的維護性行爲；②陳偉讀爲"釭錮"，引《説文》"釭，車轂中鐵
也""錮，車軸鐵也"，説"釭錮"都是動詞用法，即安裝釭、錮。③ 似
均非是。睡簡整理小組釋義可從，但以"代"解"閒"不甚合理，難免
令人生疑。陳送文讀"閒"爲"簡"，謂"簡"即檢查、檢修之義，引《周
禮·地官·遂大夫》"簡稼器"、《後漢書·馬融傳》"車徒既簡，器械

　① 參看朱紅林《嶽麓簡〈爲吏治官及黔首〉分類研究(一)》，簡帛網 2011 年 5 月
27 日。
　② 戴世君《雲夢秦律注譯商兑(續)》，簡帛網 2008 年 4 月 26 日。
　③ 陳偉《雲夢睡虎地秦律"攻閒"試説》，簡帛網 2010 年 8 月 30 日。

既攻"爲證,[1]其説是。《清華一・耆夜》簡5"轄乘既飭"、《詩・小雅・六月》"戎車既飭",均謂整修車輛。

《睡虎地・秦律・司空律》簡126—127:"官府假公車牛者□□□假人所。或私用公車牛,及假人食牛不善,牛觜;不攻簡車,車空失,大車轱紾;及不介車,車藩蓋强折裂,其主車牛者及吏、官長皆有罪。"《嶽麓四》簡249:"令徒善攻簡車。食牛,牛觜,將牛者不得券徭。"牛喂養不善、不檢修車輛將受到懲罰。

(九) 發徵不盡不僂₂₂

《秦律・徭律》簡115:"御中發徵,乏弗行,貲二甲。失期三日到五日,誶;六日到旬,貲一盾;過旬,貲一甲。"

(十) 群盜、亡人不得₂₃ 盜賊弗得₁₂ 畏盜亭鄣₂₄

"群盜""亡人"是秦漢時法律術語,《張家山・律令・盜律》簡62"盜五人以上相與攻盜,爲群盜",《亡律》則專論逃亡之人,《捕律》簡154"吏主若備盜賊、亡人而捕罪人",則以"盜賊"與"亡人"並稱。《睡虎地・雜抄》有"捕盜律"一條,整理小組指出據《晉書・刑法志》及《唐六典》注,李悝、商鞅所制定的法律中都有"捕法"(第89頁)。抓捕盜賊不得將受罰,《張家山・律令・捕律》簡141:"吏將徒,追求盜賊,必伍之,盜賊以短兵殺傷其將及伍人,而弗能捕得,皆戍邊二歲。"簡147:"[盜賊]發及鬭殺人而不得,官嗇夫、士吏、吏部主者,罰金各二兩,尉、尉史各一兩。"

---

① 陳送文《戰國秦漢簡帛字詞補釋(五則)》,《寧夏大學學報》2013年第1期。

又疑"弗得"與"不得"之"得"意義有別。秦漢律令中"弗得"一語多見,《睡虎地·語書》簡 8"又且課縣官,獨多犯令而令、丞弗得者,以令、丞聞",整理小組引《呂氏春秋·審分覽·君守》"此則奸邪之情得"高誘注"得,猶知也"謂"弗得"即沒有覺察(第 14 頁),其説可從。犯"弗得"之罪者或是級別高過直管人員的官吏,他們受罰實際上是因爲監管不善而受到牽連。如《睡虎地·雜抄》簡 11—15:"不當稟軍中而稟者,皆貲二甲,廢;非吏殹,戍二歲;徒食、屯長、僕射弗告,貲戍一歲;令、尉、士吏**弗得**,貲一甲。軍人賣稟稟所及過縣,貲戍二歲;同車食、屯長、僕射弗告,戍一歲;縣司空、司空佐史、士吏將者**弗得**,貲一甲;邦司空一盾。軍人稟所、所過縣百姓買其稟,貲二甲,入粟公;吏部**弗得**,及令、丞貲各一甲。"《張家山·律令·賊律》簡 5:"賊燔城、官府及縣官積聚,棄市。賊燔寺舍、民室屋廬舍、積聚,黥爲城旦舂。其失火延燔之,罰金四兩,[償]所燔。鄉部、官嗇夫、吏主者**弗得**,罰金各二兩。"其例甚多。"盜賊弗得"與上引《賊律》内容一樣,即有盜賊而官嗇夫、吏主等不知情,要受到處罰,與抓捕盜賊不得不是一回事。

"畏盜亭鄣",是因爲畏懼盜賊而躱於亭鄣不出,漢律中有畏耎罪,《張家山·律令·捕律》簡 142—143:"與盜賊遇而去北……留畏耎弗敢就,奪其將爵一級,免之。"簡 143:"興吏徒追盜賊,已受令而逋,以畏耎論之。"

(十一) 吏弗論治[64]

"論",廖繼紅認爲即定罪,[①]其説是。"論治"即定罪懲處。

---

① 廖繼紅《〈爲吏治官及黔首〉補釋》,簡帛網 2011 年 2 月 28 日。

《龍崗》簡 45"吏弗劾論,皆與同罪";《睡虎地·語書》簡 6—7"若弗知,是即不勝任、不智殹;知而弗敢論,是即不廉殹。此皆大罪殹"。① 官吏不秉法論治而有所藏匿,是犯罪行爲,要受到懲罰。

(十二) 墾田少員69

朱紅林指出"員"即數,《張家山·律令·田律》簡 243:"縣道已墾田,上其數二千石官,以户數嬰之,毋出五月望。"②

(十三) 田道衝術不除78　　田徑不除79　　障道不治19
橋陷弗爲74

《張家山·律令·田律》簡 246—248:"恒以秋七月除阡陌之大草;九月大除道及阪險;十月爲橋,脩陂堤,利津梁。雖非除道之時而有陷敗不可行,輒爲之。鄉部主邑中道,田主田道。道有陷敗不可行者,罰其嗇夫、吏主者黄金各二兩。"③

(十四) 封畔不正81

朱紅林指出,《睡虎地·答問》簡 64"盜徙封,贖耐。何如爲封? 封即田阡陌",私自移動田地疆界就是"封畔不正"的情況,要受到懲處。④《青川木牘》:"以秋八月,修封埒,正疆畔,及敠阡陌

---

① 參看廖繼紅《〈爲吏治官及黔首〉補釋》,簡帛網 2011 年 2 月 28 日。

② 參看朱紅林《嶽麓簡〈爲吏治官及黔首〉分類研究(一)》,簡帛網 2011 年 5 月 27 日。

③ 參看朱紅林《嶽麓簡〈爲吏治官及黔首〉分類研究(一)》,簡帛網 2011 年 5 月 27 日。

④ 同上注。

之大草。"《管子·四時》:"是故春三月以甲乙之日發五政……四政曰:端險阻,修封疆,正千伯。"

(十五) 路賦艄賦毋蝕 59

《睡虎地·秦律·關市律》簡 97:"爲作務及官府市,受錢必輒入其錢蝕中,令市者見其入,不從令者貲一甲。"[①]《嶽麓四》簡 121—124:"金布律曰:官府爲作務、市受錢,及受齎、租、質、它稍入錢,皆官爲蝕,謹爲蝕孔,須毋令錢能出,以令若丞印封蝕而入,與入錢者叁辨券之,輒入錢蝕中,令入錢者見其入。月壹輸蝕錢,及上券中辨其縣廷,月未盡而蝕盈者,輒輸之,不如律,貲一甲。"類似規定又見於《張家山·律令·金布律》簡 429:"官爲作務、市及受租、質錢,皆爲蝕,封以令、丞印而入,與參辨券之,輒入錢蝕中,上中辨其廷。"

(十六) 貸種食弗請 77

朱紅林指出,貸種不請示屬於違法的私貸行爲,《睡虎地·答問》簡 206:"何謂介人? 不當貸貸之,是謂介人。"[②]《張家山·律令·盜律》簡 77:"□□以財物私自假貸,假貸人罰金二兩。其錢金、布帛、粟米、馬牛殹,與盜同法。"《盜律》中有"私自假律"。

(十七) 寒者無衣弗請 78

《張家山·律令·賜律》簡 286:"吏各循行其部中,有疾病□

---

① 參看廖繼紅《〈爲吏治官及黔首〉補釋》,簡帛網 2011 年 2 月 28 日。
② 參看朱紅林《嶽麓簡〈爲吏治官及黔首〉分類研究(一)》,簡帛網 2011 年 5 月 27 日。

者收食，寒者假衣，傳詣其縣。"

（一）—（十七）屬失職行爲，它們在秦漢律令中大都能找到具體的處罰辦法。

（十八）毋朵不年別[79]

按，"朵"字又見於馬王堆帛書《正亂》103 上、下，作　　、　　，與簡文形同，整理者釋是。"朵"當讀爲"採"，《廣雅‧釋詁三》："採，量也。"《廣韻‧果韻》："採，稱量。"《說文‧女部》作"娛"，"量也"，桂馥《義證》曰："北人言揣娛，故娛是也。"《睡虎地‧秦律‧倉律》簡 33"程禾、黍□□□□以書言年，別其數，以稟人"，整理小組注謂"程，量也"，年指産年；譯文作"計量穀子、黍子……要以文書報告其産年，分別記數，以便發放給人"（第 28 頁）。簡文"採"正與"程"義同。"毋採不年別"，雙重否定，即稱量穀物時要按産年分別開來。

（十九）興徭勿擅[65]

《嶽麓四》簡 156—157："徭律曰：發徭，興有爵以下到人弟子、復子，必先請屬所執灋，郡各請其守，皆言所爲及用積徒數，勿敢擅興。"《張家山‧律令‧徭律》簡 414—415："興□□爲□□□□及發徭戌不以次，若擅興車牛，及徭不當徭使者，罰金各四兩。"

（二十）它縣毋傳[62]

按，此就僞書言。《睡虎地‧答問》簡 57—58："發僞書，弗知，貲二甲。今咸陽發僞傳,弗知,即復封傳它縣,它縣亦傳其縣次,到關而得,今當獨咸陽坐以貲,且它縣當盡貲? 咸陽及它縣發弗知者當皆貲。”

(二十一) 勿敢度[66]

“度”即度量。《睡虎地·秦律·倉律》簡 22—23:“嗇夫免,效者發,見雜封者,以題效之,而復雜封之,勿度縣,唯倉自封印者是度縣。”整理小組謂“度縣”即稱量(第 26 頁)。類似説法又見於《秦律·效律》簡 171:“嗇夫免而效,效者見其封及題,以效之,勿度縣,唯倉所自封印是度縣。”“縣”亦稱量之義,《漢書·賈山傳》“縣石鑄鍾虡”顏師古注:“縣,稱也。”《銀雀山一·孫臏·行篡》簡 373“稱鄉縣衡”,“縣”即稱。

(二十二) 封閉毋墮[84]

“封閉”,整理者解釋爲以印記封緘關閉,使不能隨便動用、通行、或打開(第 146 頁)。《張家山·律令·賊律》簡 16:“毀封,以它完封印印之,耐爲隸臣妾。”《行書律》簡 274—275:“諸行書而毀封者,皆罰金一兩。書以縣次傳,及以郵行而封毀,過縣輒刻印,更封而署其送檄曰:封毀,更以某縣令若丞印封。”

(十八)—(二十二)屬禁戒之類,犯禁則亦屬違法,並有相應處罰。

(二十三) 亡器資償[82]

整理者指出“資償”一詞見於《睡虎地·秦律·工律》簡 105

“其久靡不可知者，令資償”（第 146 頁）。“資償”即用資金償還，是當時法律術語，《秦律·工律》提到所謂“資律”，整理小組認爲是關於財務的法律（第 44 頁）。《工律》簡 106—107：“毋擅假公器，諸擅假公器者有罪，毀傷公器及□者令償。”疑所闕之字是丟失之類的意思。《嶽麓四》簡 116：“金布律曰：諸亡縣官器者，必獄治，贓不盈百廿錢，其官自治，勿獄。”《張家山·律令·金布律》簡 434：“亡、毀、傷縣官器財物，令以平價償。”

（二十四）里中備火₂

《睡虎地·秦律·内史雜》簡 195—196：“有實官高其垣墙……善宿衛，閉門輒靡其旁火，慎守唯敬。有不從令而亡、有敗、失火，官吏有重罪，大嗇夫、丞任之。”簡 197：“毋敢以火入藏府、書府中。吏已收藏，官嗇夫及吏夜更行官。毋火，乃閉門户。”《嶽麓四》簡 169：“内史雜律曰：芻槀廥、倉、庫、實官、積，垣高毋下丈四尺，瓦牆，裁爲候，晦令人宿候，二人備火……。”均是强調防火。失火則官吏有重罪。

（二十五）部佐行田₁₀

整理者謂“行田”即賦田、授田（第 112 頁）。朱紅林指出“行田”又見於《張家山·律令·田律》簡 239“田不可田者，勿行”，整理者注“行，指授田”。①“匿田”當論治，《睡虎地·答問》簡 157：

---

① 　參看朱紅林《嶽麓簡〈爲吏治官及黔首〉分類研究（一）》，簡帛網 2011 年 5 月 27 日。

"部佐匿諸民田,諸民弗知,當論不當? 部佐爲匿田,且何爲? 已租諸民,弗言,爲匿田;未租,不論爲匿田。"

(二十六) 案户定數,₇₁ 移徙上椯₇₂

"椯",整理者讀爲"端"(第 141 頁)。

按,拙説嘗謂"椯"當如字解。《説文・木部》謂"椯"一義爲剟,即删除。有遷徙者,要將其户籍檔案等移送至所遷的地方,也即從本地户籍上除去。《張家山・律令・户律》"恒以八月令鄉部嗇夫、吏、令史相襍案户籍,副藏其廷。有移徙者,輒移户及年籍爵細徙所,並封。留弗移,移不並封,及實不徙數盈十日,皆罰金四兩;數在所正、典弗告,與同罪。鄉部嗇夫、吏主及案户者弗得,罰金各一兩。"①近見翁明鵬根據《里耶二》9—651+9—2470"僕馬一匹,以卅一年死。今爲椯一牒上,謁除籍"、《嶽麓五》簡 193"各以計椯籍逐之",認爲"椯"是一種專門用來記録所移除之名籍的文書名稱,不是動詞,"移徙上椯"是説一旦有遷徙者要向上級部門呈遞"椯"書進行匯報,以便統計人口,②其説甚是。

(二十七) 實官出入₆₇

整理者指出"實官"一詞見於《睡虎地・秦律・内史雜》簡 194 "有實官縣料者,各有衡石羸、斗桶,期足",簡 195"有實官高其垣墙",《答問》簡 149"實官户關不致,容指若抉,廷行事貲一甲"、簡

---

① 王輝《嶽麓秦簡〈爲吏治官及黔首〉字詞補釋》,《考古與文物》2014 年第 3 期。
② 翁明鵬《秦簡牘字詞關係研究》,第 501—502 頁,中山大學 2020 年博士論文,指導教師:陳斯鵬。

150"實官户扇不致，禾稼能出，廷行事貲一甲"，即儲藏糧食的官府
（第 139 頁）。糧食出入的相關細則詳見於《秦律·倉律》等，《張家
山·律令·效律》簡 352："出實多於律程，及不宜出而出，皆
負之。"

（二十八）積索求監₆₈

整理者指出"積索"一詞見於《睡虎地·秦律·倉律》簡 29
"禾、芻稾積索出日，上贏、不備縣廷"（第 140 頁）。

（二十九）煬風必謹₇₉　　庫藏羽革₈₂

《睡虎地·效律》簡 42："官府藏皮革，數煬風之。有蠹突者，
貲官嗇夫一甲。"

（二十二）—（二十九）是官府的日常事務，但這些事務的執行
也都有相關律令與之對應，將它們視作法規同樣可以。此外，一些
名詞性組合是官府需要關注的事物，它們也常常出現在律令中，如
下文所示。

（三十）官贏、不備₈₁

"贏""不備"即盈餘和不足，秦漢律令多見。如《睡虎地·秦
律·倉律》簡 23—24："其不備，出者負之，其贏者，入之。"《秦律·
效律》簡 167："[度] 禾、芻稾而不備十分一以下，令復其故數；過十
分以上，先索以稾人，而以律論其不備。"簡 174—175："禾、芻稾積
廥，有贏、不備而匿弗謁，及諸移贏以償不備，群它物當負償而僞出

之以彼償，皆與盜同法。"簡 177："效公器贏、不備，以齎律論及償，毋齎者乃值之。"《睡虎地·效律》簡 1："爲都官及縣效律：其有贏、不備，物值之，以其價多者罪之，勿累。"《張家山·律令·效律》簡 351："效案官及縣料而不備者，負之。"

（三十一）衡石權累[83]

《睡虎地·秦律·內史雜》簡 194："有實官縣料者，各有衡石累、斗桶，期足。"相同的內容又見於《嶽麓四》簡 171。

（三十二）五穀禾稼[63]

《睡虎地·秦律·倉律》簡 28"入禾稼、芻稾"、簡 41"有米委賜，稟禾稼公"，《答問》簡 149"實官戶扇不致，禾稼能出"。

（三十三）發奴材官[13]

整理者指出"發弩"一詞見於《睡虎地·雜抄》簡 2—3"除士吏、發弩嗇夫不如律，及發弩射不中，尉貲二甲。發弩嗇夫射不中，貲二甲，免，嗇夫任之"（第 114 頁）。

類似（一）—（十七），還有"苑水歗不利""雨無所依""水瀆（？）不通""門戶難開""關鑰不利""衣聯弗補""不洗沐浴""官中多草""□不灑除""嗇夫弗行""奴婢莫之田""弗治以監它人""出入不時""飲食不節""深楫不具""船人不敬""主吏留難""租稅輕重弗審""城門不密""難開不利""術樹無有""草田不舉""棄婦不□""徼迾不數""要害弗知""求盜備不具""卒士不肅""進遏不縠""亭郭不治""徽餃不齊"等。這些失職行爲,如果結合秦漢律令來看,其實就是違法。"毋薦毋草""贏眥弗行""毋靡費""毋朵不年别""毋積聚畜産""船隧毋廄""榭室毋廄""當監者,毋獨出,監視毋偷"等,則與(十八)—(二十二)表示禁戒相同,而這種所謂禁戒其實也就是被當時法律禁止的。以上對比可以很明顯看出《爲吏》中的不少内容,可能就是直接抄自秦律。秦"以吏爲師""任法而治",睡簡《語書》即以"明法律令"爲良吏的第一標準,而惡吏則爲"不明法律令"者。明法以治事自然是當時對官吏的普遍要求。因此,將律令與修身格言抄在一起就很好理解了。

第四節　《吏道》《爲吏》與官箴書在内容上的相似性

一般認爲,傳世文獻中具有典型意義且比較完善的官箴書以唐武則天撰《臣軌》爲標誌,宋吕本中《官箴》是首部冠以官箴之名闡述爲官之道的著作,具有很强的代表性。本節所説的官箴書就是指這類内容完善的專門性著作。清乾隆年間組織編寫的"四庫全書"在史部職官類下設"官箴"一目,收宋、元、清專論爲官之道的官箴書五種,又有存目八種。歷代官箴書數量衆多,學者統計數目不一,或認爲八十餘種,或認爲二百餘種,或認爲僅明清兩代就有幾百種,①可見明、清是官箴書創作的大盛時期。劉俊文主編的

---

① 參看趙騫、彭忠德《三十年來我國古代官箴研究述論與展望》,《中國史動態研究》2009 年第 4 期。

《官箴書集成》收歷代官箴書一百零一種，[①]是目前收録文獻最多的總集。

目前學者對《吏道》類文獻性質的看法不同，有宦學道德教材、雜抄文書集、宦學讀本等意見。[②]《吏道》《爲吏》的内容大致可分成兩塊：一塊講爲官的各種道德要求、處事準則；一塊講官府瑣碎事務處理。只要稍微瀏覽下後代官箴書，就會發現這類文獻的結構大體如此。或講其一，或二者兼談。以下從《官箴書集成》中選取時代儘量靠前且較有代表性的官箴書九種，分別是［唐］武則天《臣軌》，［宋］陳襄《州縣提綱》，［宋］李元弼《作邑自箴》，［宋］吕本中《官箴》，［宋］胡太初《晝簾緒論》，［元］張養浩《牧民忠告》，［明］薛瑄《從政録》，［明］汪天錫《官箴集要》，［清］陳宏謀《從政遺規》。《臣軌》《官箴》《從政録》《從政遺規》爲一類，主要講第一塊；其餘爲一類，兩塊内容兼談。其他官箴書也有專講第二塊的，如［明］吕坤《實政録》等。《吏道》《爲吏》在構成上與《州縣提綱》《作邑自箴》等比較相似。因此，張永成等認爲《吏道》類似官箴，[③]是可信的。在嶽麓簡“爲吏治官及黔首”篇題未被發現之前，這篇文獻曾被命名爲《官箴》，[④]有學者以“官箴之名出現較晚，且簡文中的内容也不都是箴言”爲由反對這個稱呼。[⑤]但從傳世官箴書内容一分爲二

---

①　黄山書社，1997 年。

②　參看陳松長《嶽麓書院藏秦簡〈爲吏治官及黔首〉略説》，《出土文獻研究》第 9 輯，中華書局，2010 年；邢義田《秦漢基層員吏的精神素養與教育——從居延牘 506.7〈吏〉篇〉説起》，《古文字與古代史》第 3 輯，第 399—434 頁，中研院史語所 2012 年。

③　張永成《秦簡爲吏之道之版式及其正附文問題》，《簡牘學報》第 10 期，1981 年。

④　參看陳松長《嶽麓書院所藏秦簡綜述》，《文物》2009 年第 3 期。

⑤　參看陳松長《嶽麓書院藏秦簡〈爲吏治官及黔首〉略説》，《出土文獻研究》第 9 輯，第 32 頁，中華書局，2010 年。

的結構來看,稱之爲《官箴》完全可以。

《吏道》《爲吏》既是目前所見最早的具有官箴性質的文獻,將其與前面所選的九種較爲典型的官箴書作比,不僅能够加深對這類文獻的認識,還能看出古代吏治思想的一脈相承。以下從"官府實務"和"思想準則"等兩方面談談它們的相似性。

一、官府實務的相似性

就官府實務來説,《爲吏》中談到的不少内容後世官箴書中也多有涉及,如"官贏不備"是提醒官吏注意官府的盈餘和不足,《州縣提綱·畫月解圖》説"視事之初,須計一歲所入之數與所出之數有無虧贏,有虧則公勤措畫";"丈量斗桶,升籩不正""田道衛術不除""田徑不除""障道不治""橋陷弗爲"等失職行爲,《作邑自箴·治家》"常用斗秤丈尺之屬,先依公較定封號,責付庫子收掌",卷二《處事》説"橋梁道路,尤宜修治",强調要校正量器,整修道路橋梁。此外,《從政遺規·吕新吾〈明職〉·督撫之職》中提到需追究責任的多種失職表現中,"荒蕪不辟""量衡不式""道途不治",《爲吏》中的"草田不舉""丈量斗桶,升籩不正""障道不治"恰與之對應。諸如此類還有很多。蓋官府瑣事,千古一律。

基於此,可以談談《吏道》中一段文字的性質:

> 孤寡窮困。老弱獨轉。均徭賞罰。傲悍衆暴。墾田仞邑。賦斂無度。城郭官府。門户關籥。除陛甬道。命書時會。事不且須。貰債在外。阡陌津橋。囷屋牆垣。溝渠水道。犀角象齒。皮革蠹突。久刻識物。倉庫禾粟。兵甲工

用。樓槕矢閲。槍閾環殳。庇藏封印。水火盜賊。金錢羽
旄。息子多少。徒隸攻丈。作務員程。老弱癃病。衣食飢
寒。稾靳瀆。漏屋涂墍。苑囿園池。畜産肥豈。朱珠丹青。

　　學者多以爲這段文字類似於識字教本,如睡簡整理小組據此
節每句四字,内容多爲官吏常用的詞語,推測是供學吏之人使用的
識字課本,並認爲這種四字一句的格式,和秦代《倉頡篇》《爰歷篇》
《博學篇》等字書相似(第 167 頁);黄盛璋指出這些語句完全講的
是官府繁雜瑣事,好像《急就篇》一類教科書;①吴福助也説是嬴秦
宦學識字教材,爲今存中國古代識字教材中之最早者;②張金光認
爲它在字書體系上與《倉頡篇》一致。③ 如果瞭解歷代官箴書的結
構,就可以看出類似内容實爲此類文獻的有機組成部分。試將其
中部分内容與官箴書作比:“孤寡窮困。老弱獨轉”,《州縣提綱》卷
二有“安養乞丐”“收撫遺棄”條,《牧民忠告·宣化》有“恤鰥寡”條;
“均徭賞罰”,《牧民忠告·救荒》有“均賦”條;“阡陌津橋”,《作邑自
箴》卷二《處事》説“橋梁道路,尤宜修治”;“倉庫禾粟”,《州縣提綱》
卷四有“禁擅入倉”條,《作邑自箴·規矩》説“倉庫牢獄,主典不輟
照管,稍有損動,火急乞修整,每有雨雪,取覆開倉庫,恐有疏漏”;
“水火盜賊”《官箴集要·盜賊》説“凡郡縣水火、盜賊不測之事,皆
須預防”;等等。可見它們恐非識字之用,實爲官吏所要注意事項
的集合。

———————

① 黄盛璋《雲夢秦簡辨正》,《考古學報》1979 年第 1 期。
② 吴福助《睡虎地秦簡論考》,第 139 頁,文津出版社,1994 年。
③ 張金光《秦制研究》,第 721 頁,上海古籍出版社,2004 年。

二、思想準則等的相似性

下面從為政準則、事上、臨民、修身四個方面,將九種官箴書中談到官吏思想品質的内容找出與《吏道》《為吏》作比。

(一) 為政準則

1. 精絜正直

◎《官箴》:"當官之法,直道為先。"

◎《官箴集要·正心》:"公正　夫居官守職以公正為先。公則不為私所惑,正則不為邪所媚。凡行事涉邪私者,皆由不公正故也。至公至正,雖有邪私,亦不為媚惑矣。"

2. 慎謹堅固

◎《臣軌·慎密》。

◎《官箴》:"反復變詐,不如慎始;防人疑衆,不如自慎。"

◎《從政錄》:"慎動當先慎其幾於心,次當慎言、慎行、慎作事,皆慎動也。""丙吉深厚不伐,張安世謹慎周密,皆可為人臣之法。""霍光小心謹慎,沉靜詳審,可以為人臣之法。""事最不可輕忽,雖至微至易者,皆當以慎重處之。""作一事不可苟。""勿以小事而忽之,大小必求合義。""處事當沈重詳細堅正,不可輕浮忽略。""聖賢成大業者,從戰戰兢兢之小心來。"

3. 審悉毋私

◎《臣軌·公正》:"天無私覆,地無私載。日月無私燭,四時無私為。忍所私而行大義,可謂公矣。智而用私,不若愚而用公。人臣之公者,理官事則不營私家,在公門則不言貨利,當公法則不阿親戚,奉公舉賢則不避仇讎。"

◎《作邑自箴・正己》:"臨事當無心,無心則公,有心則偏。"

◎《官箴集要・正心》:"公正　夫居官守職以公正爲先。公則不爲私所惑,正則不爲邪所媚。凡行事涉邪私者,皆由不公正故也。至公至正,雖有邪私,亦不爲媚惑矣。"

4. 微密纖察

◎《從政録》:"一毫省察之不至,即處事失宜,而悔吝隨之,不可不慎。""事最不可輕忽,雖至微至易者,皆當以慎重處之。""膽欲大,見義勇爲;心欲小,文理密察。"

◎《官箴集要・公規》:"聽察詳審　夫治一郡一邑,封疆之廣,生齒之繁,耳目不能周知,下情無由上達。疑似之間,必當詳審聽察,待其的確,然後施行,庶不誤事。"

5. 安静毋苛

◎《牧民忠告・御下》:"省事　爲治之道,其要莫如省心,心省則事省,事省則民安,民安則吏無所資。一或紛然,上下胥罹其擾也。"

◎《從政録》:"人好静而擾之不已,恐非爲政之道。"

6. 審當賞罰

◎《從政録》:"《書》言:罰弗及嗣,賞延於世。此聖人之仁心也。故賞當過於厚,而刑不過於濫。"

7. 毋以忿怒決　雖怒必顧

◎《州縣提綱・怒不可遷》:"今日爲官者,事之不如人意十常八九。或公家事偶拂其意,或閨門之内方有私忿,怒見顏面,臨事乘勢,將亡辜人決撻以泄怒氣,是遷怒也。故當怒時,必持之以寬,忿怒既消，心平氣和矣。"

◎《作邑自箴·正己》："乘酒方怒，皆不宜書斷並決栲罪人。"

◎《官箴》："當官者，先以暴怒爲戒。事有不可，當詳處之，必無不中。若先暴怒，只能自害，豈能害人。"

◎《從政遺規·熊勉庵〈寶善堂居官格言〉》："聽訟凡覺有一毫怒意，切不可用刑。即稍停片刻，待心和氣平，從頭再問。"

8. 寬容忠信

◎《官箴集要·正心》："充德量　《書》曰：必有容，德乃大；必有忍，乃有濟。君子立心，未有不成於容忍而敗於不容忍也。容則能恕人，忍則能耐事。一毫之咈即勃然而怒，一事之違即憤然而發，是無涵養之力薄福之人也。是故大丈夫當容人而不可爲人容，當制欲而不可爲欲制。"

◎《臣軌·至忠》《誠信》。

9. 和平毋怨

◎《州縣提綱·平心》："惟平心定氣，因是非而論曲直，則事不失之偏，而人心得其平矣。"

◎《晝簾緒論·盡己》："心不可不平，平心則物情無往不燭。"

10. 精廉毋謗

◎《臣軌·廉潔》。

◎《州縣提綱·潔己》："居官不言廉，廉蓋居官者分內事。""故爲官者當以廉爲先，而能廉者必深知分定之説。"

◎《牧民忠告·拜命》："戒貪　既受命以牧斯民矣，而不能守公廉之心，是不自受也。"

◎《官箴集要·持廉》。

◎《州縣提綱·節用養廉》:"故欲養廉,莫若量其所入,節其所用。雖粗衣糲食,節澹度日,然俯仰亡愧,居之而安,履之而順,其心休休,豈不樂哉?"

◎《從政遺規·王朗川〈言行匯纂〉》:"居官以清廉爲最。"

11. 事不且須

◎《州縣提綱·事無積滯》:"公事隨日而生,前者未決,後者繼至,則所積日多,坐視廢弛,其勢不得不付之胥吏矣。凡文書之呈押,與訟事之可剖決者,要當隨日區遣,無致因循。行之有準,則政有條理,事無留滯,終於簡靜矣。"

◎《畫簾緒論·盡己》:"今日有某事當決,某牒當報,財賦某色當辦,禁繫某人當釋,時時察之,汲汲行之,毋謂姑俟來日,則事無不理而此心亦寧矣。"

12. 喜爲善行

◎《臣軌·至忠》:"見善行之如不及。"

◎《從政錄》:"爲善勿怠。"

◎《從政遺規·何西疇〈常言〉》:"一毫善行皆可爲,毋徼福望報。"

13. 安徐審察之

◎《官箴》:"前輩嘗言,凡事只怕待。待者,詳處之謂也。蓋詳處之,則思慮自出,人不能中傷也。嘗見前輩作州縣,或獄官,每一公事難決者,必沉思精慮累日,則是非判矣。"

◎《從政錄》:"處事最當熟思緩處。熟思則得其情,緩處則得其當。"

◎《官箴集要·聽訟》:"停留待問　昔嘗使外,所過州縣,待問者雲集乎門，每病焉。乃命一能吏簿其所告，而日省之，而日遣之，不浹旬則訟庭閑然矣。"

◎《從政遺規·李九我〈宋賢事匯〉》："元城先生初登第，與二同年謁侍郎李公若谷請教。李曰：'某守官嘗持四字，曰勤謹和緩。'一後生應聲曰：'勤謹和既聞命矣，緩之一字，某所未聞。'李正色曰：'何嘗教賢緩不及事，且道世間甚事不因忙後錯了。'"

14. 恭敬多讓　恭敬讓禮　絶甘分少，讓大受小

◎《官箴》："不與人爭者常得利多，退一步者常進百步。"

◎《牧民忠告·受代》："不競　嘗見世之交代者多有所爭，要皆舊官不廣之所致。或據其居而不徙，或專其田而不分，或匿其公物不盡以相授，使新者懷不平而無所訴，甚非士君子善後之道也。夫利之與義，勢不並處，義親則利疏，利近則義遠。況爲民師帥而專務於利，其聚怨納侮，視市井小人不若也。故君子之從政也，寧公而貧，不私而富；寧讓而損己，不競而損人。"

◎《從政錄》："凡事皆當推功讓能於人，不可有一毫自得自能之意。"

（二）事　上

敬上勿犯　忠信而敬上　遇上毋恐，謹敬待之

◎《晝簾緒論·事上》："故令之待臺幕郡僚者，寧過於勤，毋失之怠；寧過於恭，毋失之簡；寧過於委曲，毋失之率意而徑行。此亦可以杜無妄之灾矣。"

◎《牧民忠告·事長》："若夫事例應爾，而所見或不同，居下者當誠其意，婉其辭，卑其容體，以開其上；若猶謂允，則俟其退而

語之家。人非木石，無不回之理。其或居下者有所不可，爲長者亦當如是曉之也，稍有所挾，雖面强從，退而必有不堪者。日引月深，終於泄漏。人見其乖忤也，讒譖之言，乘之而入，入則訟必興而政事隳矣。爲一時之忿，使同寮之心離，閫境之民不得治，則其人之襦淺可知矣。"

◎《從政録》："恭而不近於諛，和而不至於流，事上處衆之道。"

◎《官箴集要·職守》："方面　承上以忠，馭下以信。"

◎《官箴集要·接人》："事上　孔子謂子産'其事上也敬'。如倅簿之於守令，則爲兄弟；縣之於府，府之於部，則爲司屬，皆上也。其於判署之間、迎送之際，皆當盡其誠敬。苟爲不敬，則同僚未免乖和，上司未免怪責，其爲害事多矣。使吾爲守令，其倅簿果有才力不及，亦當涵容；爲倅簿，其守令果有行事未當，亦當婉諫，如此則待同僚之事畢矣。若下司之於上司官員其敬固不待説，或有吏卒以公事至者，事雖已辦，亦當以禮貌待之。非敬吏卒也，敬上司也。苟能如是，豈有失哉？"

◎《官箴集要·正心》："主敬　處己接物，事上使下，皆當以敬爲主。敬則立，怠則廢。"

◎《從政遺規·何西疇〈常言〉》："君子之事上也，必忠以敬。其接下也，必謙以和。"

（三）臨　民

1. 敬而起之　治則敬自賴之

◎《從政録》："作官者於愚夫愚婦，皆當敬以臨之，不可忽也。”“使民如承大祭,然則爲政臨民,豈可視民爲愚且賤,而加慢易之心哉?”

2. 慈愛萬姓　惠以聚之,寬以治之

◎《臣軌‧至忠》:“夫事君者以忠正爲基,忠正者以慈惠爲本。故爲臣不能慈惠於百姓而曰忠正於其君者,斯非至忠也。至忠之臣,則先行慈惠於百姓,而後忠正於其君也。所以大臣必懷養人之德,而有恤下之心。”

◎《晝簾緒論‧臨民》:“令爲民父母,以慈愛爲車,以明斷爲軌,而行之以公恕,斯得矣。”

◎《牧民忠告‧拜命》:“赤子之生,無有知識,然母之者常先意得其所欲焉。其理無他,誠然而已矣。誠生愛,愛生智。惟其誠,故愛無不周;惟其愛,故智無不及。吏之於民,與是奚異哉?誠有子民之心,則不患其才智之不及矣。”

◎《從政錄》:“成王問史佚曰:‘何德而民親其上。’史佚曰:‘使之以時,而敬順之,忠而愛之,布令信而不食言,如臨深淵,如履薄冰。’此名言也。”

◎《官箴集要‧臨民》:“治政　夫郡守縣令爲牧民之官,所以牧之爲言養也。居是邦必是牧養是邦之民,以父母論之,其愛子之心爲何如哉?親民之官於百姓鰥寡孤獨飢寒疾苦者無一不關於心。故曰愛百姓如妻子。”

◎《從政遺規‧薛文清公〈要語〉》:“爲政以愛人爲本。”

◎《從政遺規‧李九我〈宋賢事匯〉》:“熙寧三年,初行新法。邵康節先生雍門生故舊仕宦者皆欲投劾而歸,以書問康節。答曰:‘正賢者所當盡力之時。新法固嚴,能寬一分,則民受一分之賜矣。

投劾而去,何益?'"

◎《從政遺規·顔光衷〈官鑒〉》:"嚴於馭役,而寬於馭民。"

◎《從政遺規·湯子〈遺書〉》:"親民之吏,慈惠爲上。"

3. 凡戾人,表以身,民將望表以戾真。表若不正,民心將移乃難親

此謂臨民需以身作則。

◎《官箴集要·職守》:"臺憲　其沽名釣譽掠美市恩之事,與夫容忍之私姑息之惠,當絶而不爲,在我者一出於正,然後可以正人之不正。"

4. 將發令,索其正,毋發可異使煩請。令數囙環,百姓摇貳乃難請

此謂對民衆要言而有信。

◎《官箴集要·正己》:"立信　自古皆有死,民無信不立。蓋信者國家之寶,不可一日無者也。是以爲政者必以信爲主,則民聽不惑,萬事立矣。苟爲不然,朝令夕改,先緩後急,雖欲言治,其可得乎?"

(四) 修　身

修身的内容在《吏道》《爲吏》中多以格言形式出現,後代官箴書中或用作施政具體準則。

1. 反若其身

◎《州縣提綱·責吏須自反》:"今之爲官者,皆曰吏之貪,不可不懲,吏之頑,不可不治。夫吏之貪頑,固可懲治矣,然必先反諸己以率吏。""惟圭璧其身,纖毫無玷,然後可以嚴責吏矣。"

◎《牧民忠告·慎獄》:"自責　教民不至,則犯禁者多;養民無術,則病飢者衆。爲守與牧,而使其至此,獨歸咎於民,難矣哉。"

2. 中不方,名不章;外不圓,禍之門

◎《從政錄》:"智欲圓,應物無滯;行欲方,截然有執。"

3. 原墼如廷

◎《官箴集要·正己》:"禮體　惟欲平居之際,加持守不可放縱。臨民之時,容止可觀,進退可度,語言和謹,處事安詳,則不失其禮體矣。"

4. 慎前慮後

◎《從政錄》:"大臣行事,當遠慮後來之患,雖小事不可啓其端。"

5. 臨財見利,不取苟富

◎《官箴》:"然世之仕者,臨財當事不能自克,常自以爲不必敗,持不必敗之意,則無所不爲矣。然事常至於敗而不能自已。"

6. 臨難見死,不取苟免

◎《官箴》:"當官者,難事勿辭而深避嫌疑,以至誠遇人而深避文法,如此則可以免。""事有當死不死,其詬有甚於死者,後亦未免死。"

7. 謹之謹之,謀不可遺

◎《從政錄》:"機事不密則害成,《易》之大戒也。"

8. 慎之慎之,言不可追　口,關也;舌,幾(機)也。一曙失言,四馬弗能追也。口者,關也;舌者,符璽也。璽而不發,身亦無辥　多言多過　勿言可復　疾言不可悔　擇言出之　聰言出惡

◎《臣軌·慎密》:"夫口者,關也,舌者,機也。出言不當,駟馬不能追也。口者,關也,舌者,兵也。出言不當,反自傷也。夫言

行者，君子之樞機。樞機之發，榮辱之主。”

◎《從政録》:“守官最宜簡外事，少接人，謹言語。”

◎《官箴集要·正己》:“慎言語　爲官者最宜安重，下所瞻仰，一發言不當深愧之。輕言則納侮。輕言戲謔最害事。蓋言不妄發則出言而人信之，苟輕言戲謔，後雖有誠實之言人亦弗之信矣。常默最妙，己心既存而人自生敬。夫一言既出，駟馬難追。所以君子欲訥於言而敏於行。爲人上者民所視效，凡有語言豈可妄誕? 一不合理，貽笑於下，是以聖人不貴多言。”

9. 言毋作色

◎《官箴集要·正己》:“臨事　處大事不宜大厲聲色，付之當然可也。”

◎《從政録》:“與人言，宜和氣從容，氣忿則不平，色厲則取怨。”

◎《從政遺規·李九我〈宋賢事匯〉》:“凡人語及所不平，氣必動，色必變，辭必厲，唯(韓魏)公不然。便説到小人忘恩背義，欲傾己處，辭和氣平，如道尋常事。”

10. 戒之慎之，人情難知

◎《從政遺規·許魯齋〈語録〉》:“人之情僞，有易有險。險者難知，易者易知。易知者。雖談笑之頃，几席之間，可得其底蘊。難知者，雖同居共事，閲月窮年，猶莫測其意之所向。雖然，此特係夫人之險易者然也。又有衆寡之辨焉，寡則易知，衆則難知。難知非不智也，用智分也。易知非多智也，合小智而成大智也。故在上之人，難於知下。在下之人，易於知上。其勢然也。處難知之地，御難知之人，欲其不見欺也蓋難矣。”

11. 毋喜細説　毋信讒言　苦言藥也，甘言毒也

◎《州縣提綱・勿聽私語》："廳吏有所求不如意，或受人私囑，將以中傷乎人者，知其不可明言，乃於長官啓處之側，自相告語，令其聽聞。往往有不察其實，遽將無辜人捶楚以中奸計者。甚有其言先入而終不可解者。不知無故之語，必有其故，豈可遽信？"

◎《牧民忠告・聽訟》："勿聽讒　健訟者理或不勝，則往往誣其敵嘗謗官長也。聽之者，當平心靜氣，置謗言於事外，惟覈其實而遣之，庶不墮奸民計中矣。"

◎《官箴集要・正己》："遠讒詔　凡居官處事最不可信讒詔。諛佞之人變亂是非，顛倒曲直，在上苟借以顏色。倘或聽信一話，則讒詔之計、浸潤之譖日漸月染，得以肆行其志。且小人巧言令色，送暖偷寒，針穿紙裏，説是道非，妨害政事，何可勝言？《論語》曰：是故惡夫佞者。爲政者首以遠讒爲戒。"

◎《官箴集要・公規》："聽察詳審　況居官事有美惡，政有得失，細民之口亦不可掩。諺曰：路上行人口似碑。語曰：視思明，聽思聰。尤不可以輕信左右吏卒小人之言。若輕信，則以直爲枉，以枉爲直，以是作非，以非作是，而錯斷公事矣。"

12. 擇人與交

◎《官箴集要・接人》："擇交　士之未用於世，猶且擇交，況居官者乎？其於同僚之際，固當必盡其誠。若欲薦舉人材，崇獎士類，亦須再三審察的當，然後行之，庶無後患。萬一不能謀始，則將有不勝其自失之悔矣。"

13. 親戚不泛，不欲外交

◎《官箴集要・正內》："齊家　居官者必須先治其内，後治

其外。”

14. 事无終始，不欲多業

◎《牧民忠告·受代》：“克終　爲政者不難於始，而難於克終也。初焉則銳，中焉則緩，末焉則廢者，人之情也。慎終如始，故君子稱焉。”

◎《官箴集要·正己》：“臨事　凡事皆當謹始慮終。”

總體來看，《吏道》《爲吏》對官員提出的品德要求，如“精絜”“慎謹”“毋私”“寬容”“忠信”“清廉”等，均是歷代官箴書所强調的官員必備素質。《官箴》：“當官之法，唯有三事：曰清，曰慎，曰勤。”《作邑自箴·正己》：“謙、和、廉、謹、勤，然不出此五字，推而廣之則達矣。”《晝簾緒論·盡己》：“涖官之要，曰廉與勤。”《從政録》：“正以處心，廉以律己，忠以事君，恭以事長，信以接物，寬以待下，敬以處事，此居官之七要也。”這些準則即便對時下政府官員來説，也是完全適應的。

第四章 簡帛爲臣居官類 文獻校釋三種

第一節 秦簡《語書》"課吏令"校釋

睡虎地秦簡《語書》由十四支簡組成。前八支簡内容是南郡守騰告縣、道嗇夫的文書。後六支簡則專談良吏、惡吏的標準,簡首組痕比前八支位置略低,整理小組認爲它們原來可能是分開編連,作爲前八支内容的附件。[①] 吉林大學考古專業紀南城開門辦學分隊將這六支簡擬題爲《課吏》;[②]吳福助認爲它們是用以考績課吏的文書,可題爲"課吏令"。[③] 他們的意見都是可取的。這段不是很長的文字對瞭解秦時對官吏的一般要求有很大作用,且其中某些詞句的考釋仍有可商,本節在前賢研究的基礎上對"課吏令"再

---

① 睡虎地秦墓竹簡整理小組《睡虎地秦墓竹簡》"釋文注釋",第 13 頁,文物出版社,1990 年。

② 吉林大學考古專業紀南城開門辦學分隊(以下簡稱"吉大考古分隊")《〈南郡守騰文書〉和秦的反復辟鬥争》,《考古》1976 年第 5 期。

③ 吳福助《睡虎地秦簡論考》,第 39 頁,文津出版社,1994 年。

作校釋。①

凡良吏明灋律令，事無不能殹；有（又）廉絜（潔）**敦愨**[1]而好佐上；以一曹事不足獨治殹，故有公心；有（又）能自₉端殹，而惡與人**辨治**[2]，是以不**爭書**[3]。惡吏不明灋律令，不智（知）事，不廉絜（潔），毋（無）以佐上，繪（偷）隨（惰）疾事，易₁₀**口舌**[4]，不羞辱，輕惡言而易病人。毋（無）公端之心，而有**冒抵**[5]之治，是以**善斥事**[6]，喜爭書。爭書，因恙（佯）**瞋目扼**₁₁**掮（腕）**[7]以視（示）力，**訐詢**[8]疾言以視（示）治，詮訛醜言**廡研**以視（示）**險**[9]，**阮閱**[10]**强朊（伉）**[11]以視（示）强，而上猶智之殹。[12]₁₂

[1] ，綫裝本釋文作"悫"（第 17 頁）；精裝本作"愨"（第 15 頁）；《漢語大字典》字形組摹作，釋文作"愨"，②陳振裕、劉信芳摹作，釋文作"愨"；③張守中摹作，釋文作"愨"；④吳福助隸作"殼"，謂"心"作一形，漢簡有之；⑤張顯成、龍仕平均隸作"觳"。⑥

按，此字左旁不甚清晰，細審原簡，其中並無"心"形，當以陳、劉所摹最爲精確。或當釋爲"殼"。讀爲"愨"可以肯定，"敦

---

①　文中引用《睡虎地秦墓竹簡》"綫裝本"（文物出版社，1977 年）、精裝本（文物出版社，1990 年）意見均直接出兩書頁碼。

②　漢語大字典字形組編《秦漢魏晉篆隸字形表》，第 745 頁，四川辭書出版社，1985 年。

③　陳振裕、劉信芳《睡虎地秦簡文字編》，第 68 頁，湖北人民出版社，1993 年。

④　張守中《睡虎地秦簡文字編》，第 164 頁，文物出版社，1994 年。

⑤　吳福助《睡虎地秦簡考論》，第 55 頁，文津出版社，1994 年。

⑥　張顯成《秦簡逐字索引》，第 119 頁，四川大學出版社，2010 年；龍仕平《睡虎地秦簡校詁》，《語言研究》2012 年第 1 期。

慤"是忠厚誠實的意思,或作"惇慤",《韓非子·詭使》:"而惇慤純信、用心怯言,則謂之窶。""廉潔敦慤",又見於《張家山·奏讞書》簡228,作"謙絜敦慤",整理者讀爲"廉潔敦慤",[①]亦指吏而言。

　　[2]"辨治",吉大考古分隊解釋爲評判功績;[②]綫裝本解釋爲爭辨(第19頁);精裝本讀"辨"爲"別",謂"辨治"即分治,與"獨治"意近(第15頁);張世超、張玉春認爲"辨"即分辨、比較,"辨治"應指與人爭治功;[③]陳偉認爲精裝本意見在理解前後文時會有矛盾,"辨治"當讀爲"辨辭",即爭辯;[④]尹偉琴、戴世君認爲是各按權責範圍處理事務。[⑤]朱湘蓉指出簡文"辨"此處用其本義分、別,不用理解爲通假,並補充説"辨治"即各自爲政。[⑥]

　　按,"辨治"一詞古書多見,又作"辯治""班治""治辨""治辯",或意爲辨別治理,或即治理,於此似均不合適。上引朱説甚是,"辨治"即不互相配合、不注意協作的分別治理,帶有貶義色彩。精裝本説"辨治"與"獨治"意近,並不矛盾。戰國法家申不害謂"治不逾官,雖知弗言",韓非也説"治不逾官,謂之守職也可"(《韓非子·定法》),《張家山·律令·置吏律》簡216"官各有辨,非其官事勿敢爲,非所聽勿敢聽",均是提倡爲官不越職、越權。但簡文説良吏不

---

　　①　張家山二四七號漢墓竹簡整理小組《張家山漢墓竹簡[二四七號墓]》(釋文修訂本),第111頁,文物出版社,2006年。

　　②　吉大考古分隊《〈南郡守騰文書〉和秦的反復辟鬥爭》,《考古》1976年第5期。

　　③　張世超、張玉春《〈睡虎地秦墓竹簡〉校注簡記》,《古籍整理研究學刊》1985年第4期。

　　④　陳偉《睡虎地秦簡〈語書〉的釋讀問題(四則)》,《湖南省博物館館刊》第4輯,第287—288頁,嶽麓書社,2007年。

　　⑤　尹偉琴、戴世君《秦律三種辨正》,《浙江社會科學》2007年第2期。

　　⑥　朱湘蓉《〈睡虎地秦墓竹簡〉通假字辨析九則》,《語言科學》2008年第2期。

願各自爲政,與之並不矛盾。

　　[3]"書",吉大考古分隊謂意爲記,在此專指記功勞;①綫裝本解釋"爭書"説:"疑指核考時爭功。一説指爭論律令上的文字。"(第19頁)精裝本疑讀爲"署",即處理事務,"爭書"意即在辦事中爭競(第16頁)。張世超、張玉春認爲作文書解,"爭"指爭議,"爭書"即對文書持異議。② 張政烺、日知引《左傳》昭公六年"民知有辟則不忌於上,並有爭心以徵於書,而徼幸以成之"杜預注"因危文以生爭,緣徼幸以成其巧僞也",説自有成文法以來即有爭書之事,今日之律師的主要工作就是爭書,從大處説是爭刑書道理之是非,從小處説是爭一句一字一點一畫之有無。③ 吳福助認爲"爭書"即不在公事上舞文弄墨,裝腔作勢鬧意氣。④ 按,秦簡"書"字多如字解,不必讀"署"。意思則以綫裝本或説、張世超、張政烺等説是。下文"瞋目扼腕"云云均是惡吏與人爭競時的表現。

　　[4]"口舌",吉大考古分隊解釋爲亂説亂講;⑤精裝本解釋爲爭辯,謂"易口舌"意思是容易搬弄是非(第16頁)。

　　按,《上博八・志書》簡1有"反側其口舌","易口舌"意思當與之相同,是指説話反覆,前後不一。"易"是變換,"口舌"指言語。《荀子・修身》"易言曰誕",《説苑・臣術》"反言易辭,而成文章……,如此者,讒臣也",《鬼谷子・權篇》"言或反覆",均是此意。

　　① 吉大考古分隊《〈南郡守騰文書〉和秦的反復辟鬥争》,《考古》1976年第5期。
　　② 張世超、張玉春《〈睡虎地秦墓竹簡〉校注簡記》,《古籍整理研究學刊》1985年第4期。
　　③ 張政烺、日知《雲夢秦簡I》,第40頁,吉林文史出版社,1990年。
　　④ 吳福助《睡虎地秦簡論考》,第56頁,文津出版社,1994年。
　　⑤ 吉大考古分隊《〈南郡守騰文書〉和秦的反復辟鬥争》,《考古》1976年第5期。

〔5〕"抵"作，整理小組釋爲"柢"（第 16 頁），黄文傑釋爲"牴"，①均讀作"抵"。方勇則徑釋爲"抵"。②

按，方説是。秦簡"手""木""牛"三字形似。《睡虎地·封診式》簡 69"當獨抵死所"之"抵"作，與實爲一字。"冒抵"，綫裝本解釋爲與法律抵觸（第 19 頁）；精裝本讀爲"冒抵"，冒犯的意思（第 16 頁），可從。古書多作"抵冒"，《漢書·禮樂志》："習俗薄惡，民人抵冒。"顏師古注曰："抵，忤也；冒，犯也。"《説文·蟲部》謂"蠱""吏抵冒取民財則生"，段玉裁曰："抵當作牴，觸也。冒者，冡而前也。吏不恤其民，彊禦而取民財。"段説可爲簡文惡吏"冒抵之治"最好注脚。又作"詆冒"，《太平經·天咎四人辱道誡》："吾言正天之兵，不可詆冒。"

〔6〕"善"，精裝本解釋爲善於（第 16 頁）。

按，"善斥事"與"喜争書"並列，"善"亦喜好之義。《荀子·解蔽》"其爲人也，愚而善畏"楊倞注："善，猶喜也。"《大戴禮記·衞將軍文子》"業攻不伐，貴位不善"王聘珍《解詁》："善，猶喜也。"它如《左傳》襄公三十一年"其所善者，吾則行之；其所惡者，吾則改之"，《孟子·梁惠王上》"王如善之，則何爲不行"，《楚辭·離騷》"亦余心之所善兮，雖九死其猶未悔"，《韓非子·八奸》"群臣百姓之所善，則君善之"，"善"均是喜好之義，與下列用作善於義有所不同：《商君書·農戰》"善爲國者，倉廩雖滿，不偷於農"，《孫子·軍争》"善用兵者，避其鋭氣，擊其惰歸"、《禮記·學記》"善歌者使人繼其

①　黄文傑《秦至漢初簡帛文字研究》，第 158 頁，商務印書館，2008 年。
②　方勇《秦簡牘文字編》，第 340 頁，福建人民出版社，2012 年。

聲,善教者使人繼其志"。

　　"善""喜"古書或以異文形式互出,前人多謂二字係形近致誤,如《韓非子·外儲説左上》"魯人有自喜者,見長年飲酒不能嚼則唾之,亦效唾之",王先慎、陳奇猷均以"喜"爲"善"之譌。[①]《吕氏春秋·孝行覽·遇合》"人之能知五聲者寡,所善惡得不苟",舊校謂"善"一作"喜",陳奇猷謂"喜"爲誤字;[②]同書《疑似》"梁北有黎丘部,有奇鬼焉,喜效人之子姪昆弟之狀",《文選·思玄賦》引"喜"作"善",王念孫據此謂"喜"爲"善"之譌。[③]《戰國策·楚策二》"衣服玩好,擇其所喜而爲之;宫室卧具,擇其所善而爲之",姚宏謂"善"一作"喜"。[④]《大戴禮記·衛將軍文子》"業攻不伐,貴位不善"汪照引惠氏説"善"當作"喜"。[⑤]《中藏經·論心臟虛實寒熱生死逆順脉證之法》"胸腹及腰背引痛,喜悲,時眩僕",舊注謂"喜"一作"善";《論肺臟虛實寒熱生死逆順脉證之法》"有寒則善欬",舊注謂"一本作'有病則喜欬'"。以上諸例,若以"善""喜"同義替換解釋,同樣能够講通。《睡虎地·吏道》簡 30.2"善言惰行",《嶽麓一·爲吏》簡 51 作"喜言惰行";北大秦簡《從政之經》"喜非其上"(9-037),《嶽麓一·爲吏》簡 52 作"善非其上",均是其證。

　　"斥事",吉大考古分隊解釋爲誇大自己功績;[⑥]精裝本讀"斥"

---

①　參看陳奇猷《韓非子新校注》,第 694 頁,上海古籍出版社,2000 年。
②　參看陳奇猷《吕氏春秋新校釋》,第 826 頁,上海古籍出版社,2002 年。
③　王念孫《讀書雜志》,第 1029 頁,江蘇古籍出版社,2000 年。
④　參看范祥雍箋證、范邦瑾協校《戰國策箋證》,第 869 頁,上海古籍出版社,2006 年。
⑤　參看方向東《大戴禮記匯校集解》,第 664 頁,中華書局,2008 年。
⑥　吉大考古分隊《〈南郡守騰文書〉和秦的反復辟鬥争》,《考古》1976 年第 5 期。

爲"訴",意指争訟(第 16 頁)。

按,"斥事"與"争書"均是動賓結構,"斥"即指斥。劉桓謂"斥"爲排斥、推脱之義,①則"善斥事"與"喜争書"不相對應。"斥事"即指斥、斥責相關事宜。

[7]"瞋目扼捾(腕)",《韓詩外傳》卷九"小人之論也,專意自是,言人之非,瞋目搤腕,疾言噴噴,口沸目赤,一幸得勝,疾笑嗑嗑,威儀固陋,辭氣鄙俗,是以君子賤之也",《史記·張儀列傳》"是故天下之游談士,莫不日夜搤腕瞋目切齒以言從之便,以説人主",描述小人、游談之士形象與簡文惡吏相似。《鄧析子·無厚》還有"振目搤腕"的説法。

[8]"訏詢",吉大考古分隊謂即"詢訏",喜歡高興的樣子;②綫裝本注釋:"訏,説大話。詢,疑讀爲訆,説謊。"(第 19 頁)精裝本注釋:"訏,《説文》:'詭譌也。'詢,讀爲諼,《説文》:'詐也。'訏詢,詭詐。"(第 16 頁)張世超、張玉春認爲"訏"是吁嗟義,"詢"讀爲《説文·兮部》訓作"驚辭"的"兮","訏""詢(兮)"均是象聲詞,與下"疾言"相應。③ 陳偉認爲"訏"也可能讀爲"嘩","詢"也可能讀爲"喧",古書多作"喧嘩",指大聲説話。④

按,"訏詢"與"疾言"當同爲偏正結構,且"訏詢"爲惡吏假裝(佯)出來的表現,訓爲詭詐、説謊顯然不合適。劉桓引《詩·大

①　劉桓《秦簡偶札》,《簡帛研究》第 3 輯,第 164 頁,廣西教育出版社,1998 年。

②　吉大考古分隊《〈南郡守騰文書〉和秦的反復辟鬥争》,《考古》1976 年第 5 期。

③　張世超、張玉春《〈睡虎地秦墓竹簡〉校注簡記》,《古籍整理研究學刊》1985 年第 4 期。

④　陳偉《睡虎地秦簡〈語書〉的釋讀問題(四則)》,《湖南省博物館館刊》第 4 輯,第 288 頁,嶽麓書社,2007 年。

雅·抑》“訏謨定命,遠猶辰告”毛傳“訏,大”認爲“訏詢”即大聲詢問,①其說可從。

[9]“詅訠醜言麄斫以示險”,此句甚爲費解。“詅訠”,吉大考古分隊讀爲“嘽諧”,意爲寬緩調和。② 精裝本注釋:“詅,疑讀爲駐,《淮南子·脩務》注:‘忿戾,惡理不通達。’《説文》作甇,云‘讀若摯’,與訠古音同部。訠,疑讀爲誖,乖戾。”(第 19 頁)張世超、張玉春認爲,“訠”讀爲“誖”是,“詅”當讀爲“倣”,《方言一》:“凡有物謂之倣。”“詅訠”謂相反之説,亦即兩可之辭。③

按,“詅訠”或可讀爲“憤忿”。《禮記·月令》“民多鼽嚏”,《吕氏春秋·季秋紀·季秋》《淮南子·時則》並引“嚏”作“窒”;《文選·射雉賦》“如輊如軒”李善注:“《毛詩》曰‘如輊如軒’,輊與輊同。”④是“詅”可讀爲“憤”。“八”上古音屬幫母物部,⑤“分”屬幫母文部,聲紐相同,韻部陽入對轉。《説文·羮部》説“羮”字“从羮从八”“八亦聲”,“讀若頒”;《爾雅·釋地》“西至於邠國”,《説文·水部》“汃”下引“邠”作“汃”。學者或謂“分”从八聲;“八”“分”實本同字。⑥ 是“訠”可讀爲“忿”。“憤忿”同義連用,忿怒的意思。文獻多作“忿憤”。《禮記·大學》:“身有所忿憤,則不得其正。”鄭玄注:“憤,怒貌也,或作憒,或爲懥。”《大戴禮記·武王踐阼》:“惡乎危? 於忿

---

① 劉桓《秦簡偶札》,《簡帛研究》第 3 輯,第 165 頁,廣西教育出版社,1998 年。
② 吉大考古分隊《〈南郡守騰文書〉和秦的反復辟鬥争》,《考古》1976 年第 5 期。
③ 張世超、張玉春《〈睡虎地秦墓竹簡〉校注簡記》,《古籍整理研究學刊》1985 年第 4 期。
④ 參看高亨纂著、董治安整理《古字通假會典》,第 547 頁,齊魯書社,1989 年。
⑤ 參看陳復華、何九盈《古韻通曉》,第 246 頁,中國社會科學出版社,1987 年。
⑥ 參看李圃主編《古文字詁林》第 1 册,第 621—625 頁,上海教育出版社,1999 年。

寈。"《上博七・武王》簡 9 作"忿連",復旦讀書會讀爲"忿戾"。①

"醜言",精裝本認爲"醜"是慚愧的意思(第 19 頁)。張世超、張玉春引《爾雅・釋詁》"衆也"、《廣雅・釋詁三》"類也"爲釋。②

按,綫裝本認爲"詆訊醜言廳斫"整句大約是凶暴惡言的意思(第 19 頁),當是以"醜"義爲惡。此説可從。《易林・睽・小畜》:"凶聲醜言,惡不可聞。""醜言"即狠惡言語。

"廳斫",吉大考古分隊讀爲"却斫",愚頑無知的樣子。③ 精裝本注釋:"廳,讀爲僄、嫖,輕。斫,無知,《方言》:'揚越之郊,凡人相侮以爲無知,或謂之斫。'注:'却斫,頑直之貌,今關西語亦皆然。'"(第 19 頁)張世超、張玉春認爲"廳"讀爲"摽",《説文》"摽,擊也","斫,擊也"。④

按,"廳"古有盛義。《逸周書・太子晉解》"志氣廳廳,取予不疑"朱右曾云:"廳廳,盛也。"《漢書・劉向傳》"雨雪廳廳"顏師古注:"廳廳,盛也。"又作"瀌瀌""鑣鑣""儦儦",均是盛義。"斫"或當如《方言》注所言是頑直之義。"廳斫"指氣勢很盛又剛愎頑固。

"險",精裝本讀爲"檢",指檢點約束(第 19 頁)。張世超、張玉春讀爲"譣",《説文》:"問也。"典籍通作"驗"。此云集兩相反之詞,紛繁而論,以示有驗。《韓非子・南面》:"言無端末辯無所驗者,此

---

①　復旦讀書會(劉嬌執筆)《〈上博七・武王踐阼〉校讀》,《出土文獻與古文字研究》第 3 輯,第 261 頁,復旦大學出版社,2010 年。

②　張世超、張玉春《〈睡虎地秦墓竹簡〉校注簡記》,《古籍整理研究學刊》1985 年第 4 期。

③　吉大考古分隊《〈南郡守騰文書〉和秦的反復辟鬥爭》,《考古》1976 年第 5 期。

④　張世超、張玉春《〈睡虎地秦墓竹簡〉校注簡記》,《古籍整理研究學刊》1985 年第 4 期。

言之責也。"①陳偉説"險"指幽深難測。②

　　按,前文"詆訊醜言庶斫"似與檢點之類意思無涉,疑"險"當讀爲"嚴"。《史記·日者列傳》"多言誇嚴,莫大於此矣",《集解》引徐廣曰:"嚴,一作險。"馬王堆帛書《十大經·果童》:"黃帝[問四]輔曰:'唯余一人,兼有天下。今余欲畜而正之,均而平之,爲之若何?'果童對曰:'不險則不可平,不諶則不可正。'""險"陳鼓應亦讀爲"嚴"。③"嚴"即嚴厲。前面對"詆訊醜言庶斫"的解釋,均能够與嚴厲聯繫起來。

　　[10]"阬閬",精裝本解釋爲高大的樣子,語譯爲自高自大(第16頁),可從。《説文·阜部》:"阬,閬也。"(小徐本)《門部》:"閬,門高也。"是阬、閬同義連用。"阬"或作閌。《説文·門部》新附:"閌,閌閬,高門也。"《漢書·揚雄傳》"閌閬閬其寥廓兮,似紫宮之崢嶸"顏師古注:"閌,高門貌。"又作"康㝫",《説文·宀部》:"㝫,屋康㝫也。"④

　　[11]"强肮",精裝本讀爲"强伉"(第16頁),可從。《集韻·梗韻》:"伉,健也。"《説文·人部》:"健,伉也。"《戰國策·秦策二》"楚客來使者多健"高誘注:"健者,强也。"《漢書·宣帝紀》"伉健習騎射"顏師古注:"伉,强也。""强""伉"同義連用,指强健、强悍。精裝本解釋爲倔强(第16頁),似不貼切。或可讀爲"强亢",《廣雅·

　　① 張世超、張玉春《〈睡虎地秦墓竹簡〉校注簡記》,《古籍整理研究學刊》1985年第4期。
　　② 陳偉《睡虎地秦簡〈語書〉的釋讀問題(四則)》,《湖南省博物館館刊》第4輯,第288頁,嶽麓書社,2007年。
　　③ 陳鼓應《黃帝四經今注今譯》,第242頁,商務印書館,2007年。
　　④ 方勇有專文討論"閌閬"一詞(《説"亢閬"》,復旦網2008年10月24日)。

釋詁四》：“亢，强也。”“亢”“伉”古通。

[12] 范常喜綜合各家意見，將有關“惡吏”行爲的簡文釋寫作“因恙（佯）瞋目扼掊（腕）以視（示）力，訏詢（詨）疾言以視（示）治，詆（恠）訛（諆）醜言厱斫以視（示）險（嚴），阬（抗）誾（狼）强肮（亢）以視（示）强”，語譯作：因此善於爭辯，喜歡在辦事時爭競。爭競的時候，就假裝瞪起眼睛、握住手腕，顯示自己勇敢；說不切實際的大話，誇誇其談，花言巧語，並故意用激切高亢的語調陳說，以顯示自己善於治理。剛狠固執、凶言惡語、强横頑直，以顯示自己行事嚴剛鐵面。高傲自信、倔强專横，以顯示自己强幹。[①]

第二節　馬王堆帛書《昭力》“卿大夫之義”段校釋

馬王堆帛書《易傳·昭力》[②]記有昭力與“子”關於《易》中所蘊涵的“卿大夫之義”的一段對話，與“爲臣居官”密切相關。《昭力》圖版 2008 年公開發表，[③]而在此之前已有多家釋文、注釋。兹將相關研究略述如下（文中所引諸家意見均出於此）：

1995 年廖名春首先發表《帛書〈昭力〉釋文》，[④]該文同年收入

---

①　范常喜《睡虎地秦簡〈語書〉中有關“惡吏”的一段簡文疏釋》，《中國文字學報》第 7 輯，第 138 頁，商務印書館，2017 年。

②　該篇整理情況可參看陳松長《帛書〈易傳〉整理的幾個問題》，《道家文化研究》第 18 輯，生活·讀書·新知三聯書店，2000 年。

③　張政烺《馬王堆帛書〈周易〉經傳校讀》，中華書局，2008 年——張政烺（2008）。

④　《國際易學研究》第 1 輯，第 38—39 頁，華夏出版社，1995 年——廖名春（1995 - 1）。

《續修四庫全書》，①但有所改動；與廖文同時期而略後發表的是陳松長所作《馬王堆帛書〈繆和〉、〈昭力〉釋文》；②1998 年廖氏對原來的釋文加以修改，是爲《馬王堆帛書周易經傳釋文·馬王堆帛書〈昭力〉》；③張政烺對《昭力》的釋文連同圖版於 2008 年問世，④其整理本 2011 年出版；⑤廖名春又據此及相關注釋作《帛書〈昭力〉釋文》；⑥丁四新有《馬王堆漢墓帛書〈易傳〉釋文·昭力》。⑦ 給帛書《昭力》作注的有鄧球柏、⑧趙建偉、⑨丁四新、⑩宋立林、⑪張政烺、⑫

────────────

　　① 廖名春《馬王堆帛書周易經傳釋文·昭力》，《續修四庫全書·一·經部·易類》，第 51—52 頁，上海古籍出版社，1995 年——廖名春(1995 - 2)。

　　② 《道家文化研究》第 6 輯，第 375—377 頁，上海古籍出版社，1995 年——陳松長(1995)。

　　③ 楊世文、李勇先、吳雨時編《易學集成(三)》，第 3054—3055 頁，四川大學出版社，1998 年——廖名春(1998)。

　　④ 張政烺《馬王堆帛書〈周易〉經傳校讀》，第 189—190 頁，中華書局，2008 年。

　　⑤ 張政烺著、李零等整理《張政烺論易叢稿》，第 285—292 頁，中華書局，2011 年。

　　⑥ 廖名春《帛書〈周易〉論集》，第 399—400 頁，上海古籍出版社，2008 年——廖名春(2008)。

　　⑦ 丁四新《楚竹書與漢帛書〈周易〉校注》，第 540—542 頁，上海古籍出版社，2011 年——丁四新(2011)。

　　⑧ 鄧球柏《帛書周易校釋》(增訂本)，第 536—542 頁，湖南出版社，1996 年第 2 版——鄧球柏(1996)。

　　⑨ 趙建偉《出土簡帛〈周易〉疏証》，第 311—317 頁，萬卷樓圖書有限公司，2000 年——趙建偉(2000)。

　　⑩ 丁四新《帛書〈昭力〉注釋》，《楚地出土簡帛文獻思想研究》(一)，第 373—403 頁，湖北教育出版社，2002 年——丁四新(2002)；又丁四新校點《馬王堆漢墓帛書〈周易〉·昭力》，北京大學《儒藏》編纂中心《儒藏(精華編二八一)》，第 317—319 頁，北京大學出版社，2007 年——丁四新(2007)。

　　⑪ 楊朝明、宋立林等《新出簡帛文獻注釋論說》，第 435—461 頁，臺灣書房出版有限公司，2008 年——宋立林(2008)。

　　⑫ 張政烺《馬王堆帛書〈周易〉經傳校讀》，第 191—193 頁，中華書局，2008 年。

連劭名、[①]于豪亮,[②]于書亦有圖版;王化平對《昭力》釋文注釋也有討論。[③] 2014 年《長沙馬王堆漢墓簡帛集成》收有《昭力》圖版及新釋注。[④] 劉彬等《帛書〈易傳〉新釋暨孔子易學思想研究》中《〈昭力〉新釋》一節有釋文和集釋,[⑤]王亞龍《馬王堆漢墓帛書易傳集釋》是最新的研究成果。[⑥]

儘管研究著作不少,但字詞釋讀方面仍有遺留問題。尤其是前期幾家注解是在未見圖版僅根據釋文的情況下完成的,誤上之誤在所難免。以下根據《昭力》圖版,聯繫各家釋注,重新校理"卿大夫之義"一段。需要説明的是,本篇中的"子"對爻辭的理解與歷代研《易》諸家多有不同,比如對"師左次"的闡釋就與歷史上出現的幾乎所有説法都不一樣。但其意見並不能説肯定最合《易》的本義,而只能是一家之説。因此,本節主要着力於文字校注,使解説能够與爻辭相合,不打算借此評價歷代研《易》諸家的得失。

昭力問曰:"《易》又(有)卿大夫之義乎?"子[1]曰:"**師之左次**[2],與**闌輿之衛**〈衛〉[3],與**豶豕之牙**[4],參(三)者,大夫之所以治

---

① 連劭名《帛書〈周易〉疏證》,第 461—475 頁,中華書局,2012 年——連劭名(2012)。

② 于豪亮《馬王堆帛書周易釋文校注》,第 199—212 頁,上海古籍出版社,2013 年——于豪亮(2013)。

③ 王化平《帛書〈易傳〉研究》,第 207—214 頁,巴蜀書社,2007 年。

④ 裘錫圭主編《長沙馬王堆漢墓簡帛集成》第 3 冊,第 148—152 頁,中華書局,2014 年——《集成》(2014)。

⑤ 劉彬、孫航、宋立林《帛書〈易傳〉新釋暨孔子易學思想研究》,第 364—385 頁,中國社會科學出版社,2016 年——劉彬等(2016)。

⑥ 王亞龍《馬王堆漢墓帛書易傳集釋》,復旦大學 2020 年博士論文,指導教師:陳劍。

亓（其）國而安亓（其）□□[5]。"₁上

　　[1] "子"，或認爲是講《易》的經師，或認爲即孔子。①

　　[2] "師之左次"，見於《易·師》六四爻辭。

　　[3] "闌輿之衛"，見於《易·大畜》九三爻辭。"衛"字作█，"衞"之譌寫，帛書例甚多。"衞"字篆文作█，從韋、帀、行，與西周金文"衛"或作█（《集成》02832 五祀衞鼎）、█（《集成》04499 衞子臣）構件相當。《睡虎地·秦律》簡 196、《馬王堆·刑德乙》95 下"衞"分別作█、█，及本篇"衛"作█，是比較標準的寫法。《睡虎地·日書甲》簡 82 背作█，中間下部已與嶽麓簡《爲吏》簡 4"衞"（█）同。《馬王堆·春秋·吳人會諸侯章》的█、█用作"衞"，原釋文作"衞〈衛〉"，以爲是"衛"字譌寫。② 裘錫圭認爲字中間部分下部與"衛"不同，應該直接釋爲"衞"。③ 然字中間部分上部又與"衞"不同，當是雜糅"衛""衞"而成。《説文·行部》："衛，將衞也。"學者多謂"衛"爲"衞"之譌，《集韻·質韻》引《説文》"衞"即作"衛"。

　　[4] "豶豕之牙"，見於《易·大畜》六五爻辭。

　　[5] 此處所缺之字，廖名春（1995－1）、廖名春（1995－2）、鄧球柏（1996）、劉彬等補"君也"，廖名春（1998）補"民也"；趙建偉（2000）補"社稷"；丁四新（2007）、張政烺（2008）、廖名春（2008）、丁

　　① 參看劉彬、陳永敏《帛書〈繆和〉〈昭力〉傳〈易〉者非孔子説補證》，《周易研究》2019 年第 6 期。
　　② 馬王堆漢墓帛書整理小組《馬王堆漢墓帛書［叁］·釋文注釋》，第 14 頁，文物出版社，1983 年。
　　③ 裘錫圭《帛書〈春秋事語〉校讀》，《湖南省博物館館刊》第 1 期，第 87 頁，《船山學刊》雜誌社，2004 年。

四新（2011）補“家也”。《集成》（2014）曰：“湘博本①將殘片中的
‘君也’二字小片（原裱於帛書帛畫殘片一2；見殘片 61 號）綴於此
處。今按：後文 2 上有‘以安社禝（稷）’，2 下—3 上又謂‘次也，君
之立（位）也。見事而能左（佐）亓（其）主’，則此缺文似確應以補爲
‘君也’二字較合。但因此綴合尚難以完全肯定，今暫不逕綴入。”

　　昭力曰：“可得聞乎？”子曰：“昔之善爲大夫者，必敬亓（其）百
姓之順德，忠信以先之，脩亓（其）兵甲[1下]而衛〈衛〉之，長賢而勸之。
不乘**朕（勝）名**[6]以教亓（其）人，不羞**卑隃**[7]以安社禝（稷）。亓
（其）將**稽謀**[8]也，**吐言以爲人次**[9]；亓（其）將報□，2上[10]一以
爲人次；亓（其）將取利，必先亓（其）義以爲人次。《易》曰：‘**師左
次**[11]，无咎。’師也者，人之聚也。次2下也者，君之立（位）也。見事
而能左（佐）亓（其）主，何咎之又（有）？”

　　[6]“不乘勝名”，趙建偉（2000）：“乘，追逐；勝，强盛。”丁四新
（2002）：“乘，憑依、憑借。勝名，盛名，神聖、强大的名號。”張政烺
（2008）訓“乘”爲陵也，加也。《集成》（2014）謂訓“乘”爲追逐似可
從；“勝名”即戰勝之名，《墨子·非攻中》“我貪伐勝之名，及得之
利”，“不乘勝名”與“不貪伐勝之名”意近。按，“乘”訓憑藉、“勝”訓
盛古書多見，“不乘勝名”即不依恃個人盛名去指教別人。

　　[7]“隃”，趙建偉（2000）逕作“俞”，認爲其義爲遠，“不羞卑
隃”即不辱卑賤在野者（或不以卑賤在野爲恥、或不辱卑弱之遠
國）。丁四新（2002）讀爲“遥”，“卑遥”即地位低下而偏遠之人。宋

立林(2008)解釋"不羞卑隃"爲即使自己爵位職位低卑、遠離天子王都也不以爲恥辱。張政烺(2008)讀爲"偷",苟且之義,又謂"隃"或當作"陬","隃""陬"形音俱近致誤,引《莊子·天地》"子貢卑陬失色"陸德明《釋文》"卑陬,愧懼貌"爲釋。連劭名(2012)讀爲"愉",訓作勞。于豪亮(2013)讀爲"偷",苟且也。黄杰讀"卑隃"爲"譬喻",不羞譬喻指大夫不以向百姓打比方講道理爲羞恥,這顯示了大夫不自恃身份、願意屈尊降貴。①

按,"隃"當讀爲"逾"或"踰"。② 傳世文獻中"逾""踰"大多是越過、越進等義,但在出土文獻中,"逾"一詞却有降下、降服的意思,如:

(1)《郭店·老子甲》簡 19"天地相合也,以逾甘露",今本《老子》第三十二章"逾"作"降"。

(2)《上博七·武王》簡 2"(武王)金堂敨",《大戴禮記·武王踐阼》作"王下堂"。

(3)《上博六·莊王》簡 3—4"載之埠車以上乎,殹四航③以逾乎","逾"與"上"相對,陳偉指出其義當爲下。④

(4)《新蔡》甲三 5"賽禱於荆王以偷,訓至文王以逾",甲三 201"脡祭景平王以逾至文君",零 301、150"☒荆王、文王以

<hr/>

① 黄杰《馬王堆帛書〈昭力〉解讀拾遺》,《周易研究》2020 年第 3 期。

② "隃""踰"相通之例甚多,參看高亨纂著、董治安整理《古字通假會典》,第 331 頁,齊魯書社,1989 年。"逾""踰"異體字。

③ "航"字釋讀的相關情況參看高佑仁《〈莊王既成〉"航"字構形考察——兼談戰國文字"蔡"、"龙"、"亢"的字形差異》,《簡帛》第 6 輯,上海古籍出版社,2011 年。

④ 陳偉《新出楚簡研讀》,第 276 頁,武漢大學出版社,2010 年。

逾至文君","以逾"何琳儀指出猶以降。①

（5）《鄂君啓節・舟節》逾湖、逾漢、逾夏、逾江，學者認爲"逾"義即順流而下。②

（6）《清華二・繫年》簡131"楚師圍之於葴，盡逾鄭師與其四將軍"，整理者謂"逾"義爲下；③簡133"王命平夜武君率師侵晋，逾郜"之"逾"義同。

（7）《馬王堆・戰國・蘇秦謂陳軫章》"煮棗將榆，齊兵又進"，思齊指出"榆"意思是被征服、降服。④　甚是。《史記・田敬仲完世家》對應字作"拔"，正是被攻下之意。

（8）《馬王堆・戰國・謂起賈章》"餘齊弱於晋國矣，爲齊計者，不踰强晋"，"踰"即戰勝、戰敗。

（9）《馬王堆・繆和》81下"知齊之不能隃鄒魯而與我争於吳也"，張政烺讀"隃"爲"逾"，⑤未作解釋。按，疑此處"逾"亦是攻下、打敗之義。

傳世文獻中也有相關的例子，以前被注意得不多，如：

（1）《國語・吳語》"乃令左軍銜枚溯江五里以須，亦令右

---

①　何琳儀《新蔡竹簡選釋》，《安徽大學學報》2004年第3期。新蔡簡文句釋讀詳陳偉《新出楚簡研讀》，第120—122頁，武漢大學出版社，2010年。

②　相關討論參看陳偉《新出楚簡研讀》，第335—339頁，武漢大學出版社，2010年。

③　李學勤主編《清華大學藏戰國楚簡（貳）》，第199頁，中西書局，2011年。

④　思齊《清華簡〈繫年〉中的"逾"》，復旦網"學術討論"版2011年12月22日。

⑤　張政烺著，李零整理《張政烺論易叢稿》，第267頁，中華書局，2011年。

君銜枚踰江五里以須”,于鬯曰:“踰江與上文溯江爲對,溯江
爲逆流而上,則踰江必謂順流而下。”①陳偉已將此處“踰”與
《鄂君啓節·舟節》“逾”對應起來。②

(2)《淮南子·道應》“子發攻蔡,踰之”,李家浩指出“踰
之”猶《史記·陳涉世家》“攻陳,下之”之“下之”。③

(3)《墨子·修身》:“故君子力事日彊,願欲日逾,設壯日
盛。”“逾”,或讀爲“偷”,訓爲苟且;或讀爲“嬬”“懦”,訓爲弱;
或如字讀,訓作遠;或如字讀,謂訓與“偷”同。④ 按,此處“逾”
亦當訓作下,正與“彊”“盛”相對。

(4)《禮記·表記》“君子莊敬日强,安肆日偷”,鄭玄注
“偷”爲苟且之義。疑亦當讀爲“逾”,訓爲下。

(5)《國語·吳語》“不修方城之内,踰諸夏而圖東國”,韋
昭注謂“諸夏”指陳、蔡,“東國”指徐夷、吳、越,將“踰”解釋爲
戰勝、攻下正合適。

或謂以上“逾”當讀爲“降”,⑤似不如認爲其義爲降下、降服直接。
“降”字與此相關的音義古有兩種,一爲古巷切,今讀 jiàng,古音在
見母冬部,下降的意思;一爲下江切,今讀 xiáng,古音在匣母冬

---

① 于鬯《香草校書》,第 932 頁,中華書局,1984 年。
② 陳偉《〈鄂君啓節〉之“鄂”地探討》,《江漢考古》1986 年第 2 期。
③ 李家浩《包山卜筮 218—219 號研究》,《長沙三國吳簡暨百年來簡帛發現與
研究國際學術研討會論文集》,第 203 頁注[71],中華書局,2005 年。
④ 參看王焕鑣《墨子集詁》,第 36—37 頁,上海古籍出版社,2005 年。
⑤ 參看復旦讀書會(劉嬌執筆)《〈上博七·武王踐阼〉校讀》(復旦網 2008 年 12
月 30 日)文下評論;侯乃峰《〈上博七·武王踐阼〉小劄三則》,復旦網 2009 年 1 月 3 日;
思齊《清華簡〈繫年〉中的“逾”》,復旦網“學術討論”版 2011 年 12 月 22 日。

部，降服、投降的意思。甲骨文"降"作〼、〼，從阜從夅，會降下之意，降服之義由此引申而來，後又分化出"降（ㄒㄧㄤˊ）"來表示這一意思。"逾"古爲喻母侯部，與"降"音相近，有相通的可能，可以參看上述持這種意見學者的論述。但以"逾"爲"降"的假借字存在兩個問題，一是出土文獻和傳世文獻中｛降｝一詞基本都用"降"、從"降"或從"夅"諸字表示，似未見例外；二是類似"降江""降湖"這樣的説法幾乎找不到用例。從這兩點來看，讀爲"降"並不是很合理的辦法。

　　事實上降服、降下的意思均可以理解爲"逾"本義的引申。《説文·辵部》："逾，迻進也。"《足部》："踰，越也。"本義即越進、越過，引申則指勝過、超過。《孟子·梁惠王下》"卑踰尊、疏踰戚"、《管子·君臣上》"威罰之制，無踰於民"之"踰"均用此義。《史記·汲鄭列傳》"使黯任職居官，無以踰人"，"踰"司馬貞《索隱》曰："《漢書》作愈。愈猶勝也。"勝過、超過即使某方處於下風，引申則指降下。此外從俞之字有不少與"降"相同的義項。首先，前述"逾""踰"的降服、戰勝義"降（ㄒㄧㄤˊ）"也有，如《左傳》襄公二十六年"晉降彭城而歸諸宋"，莊公三十年"齊人降鄣"，《戰國策·秦策一》"踰羊腸，降代、上黨"。[1]"愈"也有勝過義，《玉篇·心部》："愈，勝也。"《論語·公冶長》"子與回也孰愈"，是其例。"愉"有悦服義，《爾雅·釋詁上》："愉，服也。"郭璞注曰"謂喜而服從"。"降（ㄒㄧㄤˊ）"亦有此義，《詩·召南·草蟲》"未見君子，憂心忡忡，亦既見止，亦既

---

　　①　前二例學者已指出，參看思齊《清華簡〈繫年〉中的"逾"》文下討論，復旦網"學術討論"版 2011 年 12 月 22 日。

覿至,我心則降",朱熹《集傳》謂"降(x-)"與下章"説"一樣是悦服之義。其次,"輸"有傾瀉、傾倒等義,《玉篇・車部》:"輸,瀉也。"《荀子・成相》"春申道綴基畢輸"楊倞注:"輸,傾委也,言春申爲李園所殺,其儒術、政治、道德、基業盡傾覆委地也。"與降(j-)意思相近。"降"與從"俞"之字聲、義俱近,可能有同源關係。

帛書"卑腧(逾)"即卑下。"不羞卑逾"可有兩解,一是大夫不以身份低微的人爲羞。《淮南子・主術》"是明主之聽於群臣,其計乃可用,不羞其位"高誘注:"不羞其位卑而不用。"《韓非子・説疑》"明主不羞其卑賤",意思相當。二是大夫不以降低自己的身份爲羞,即禮賢下士。結合前文"不乘勝名"指大夫不依恃自己的盛名,則此處當以第二種説法爲適。

[8]"謀"字作 ,稍模糊。陳松長(1995)釋爲"誥(?)",廖名春(1998)釋爲"誥",張政烺(2008)、廖名春(2008)、丁四新(2011)釋爲"誅"。對比同篇"謀"作 、 ,似亦當釋爲"謀"。《書・召誥》"矧曰其有能稽謀自天"僞孔傳:"況曰其有能考謀從天道乎?"《蔡中郎集・釋誨》:"童子不問疑於老成,瞳矇不稽謀於先生。"

[9]"吐"字作 ,廖名春(1995-1)釋爲"吐"。陳松長(1995)釋"吐(?)"。張政烺(2008)釋"吐(?)",又疑爲"咄"。趙建偉(2000)疑"吐"讀爲度,"言"指言辭教令;丁四新(2002)認爲"吐言"謂君人者口出教令也。《集成》(2014)取釋"咄",疑讀爲"拙"或"詘"。黄杰同意釋"咄",讀爲"出"。①

---

①　黄杰《馬王堆帛書〈昭力〉解讀拾遺》,《周易研究》2020年第3期。

按，帛書“出”“土”形近，單從字形來説，字可兩釋。從意思講，或以釋“吐”爲適。下文“人次”，鄧球柏（1996）以爲是人君的寶座，趙建偉（2000）認爲“次”即次序，丁四新（2002）訓“次”爲位，“人次”即人所遵從的位次、準則，丁四新（2007）又説“次”引申爲君主所設立的爲官做人準則，張政烺（2008）認爲“次”爲處也，位也，舍也，但對“人次”一詞未作解釋。黄杰認爲“次”讀“節”，有準則之義。①按，下文云“師左次，无咎。師也者，人之聚也。次也者，君之立（位）也。見事而能佐其主，何咎之有”，將“師佐次”解釋爲“見事而能佐其主”，又説“次也者，君之立（位）也”，則“次”當是“君之位”，“人次”即人君。“吐言以爲人次”“先其義以爲人次”均指凡事歸功於君，與“佐其主”相合。

[10] ▨，廖名春（1998）釋爲“史”，廖名春（2008）仍將此字缺釋，而將其下“一”字釋爲“貞”，未知所據。《集成》（2014）釋爲“更”。

[11]“師左次”，李鼎祚《集解》引荀爽曰：“次，舍也。”王弼注：“得位而無應，無應不可以行，得位則可以處。故左次之而無咎也。行師之法，欲右背高，故左次之。”②下文解説以爲“佐次”即輔佐人君之位，這與歷代研《易》者説法均不相同。

問闌輿之義。子曰：“上正（政）衛〈衛〉國以德，次正（政）衛〈衛〉國以力，下正（政）衛〈衛〉[國]₃上以兵。衛〈衛〉國以德者，必和

①　黄杰《馬王堆帛書〈昭力〉解讀拾遺》，《周易研究》2020年第3期。

②　李道平撰、潘雨廷點校《周易集解纂疏》，第134頁，中華書局，1994年。

亓(其)君臣之節,不[以]耳之所聞敗目之所見。故權臣不作。同父子之₃下欲,以固其親;賞百姓之勸,以禁諱(違)教。察人所疾,不作苛心。是故大國**屬力**[12]焉,而小國歸德焉。城郭弗₄上脩,五兵弗**底(砥)**[13],而天下皆服焉。《易》曰:'**闌輿之衛**〈衛〉[14],利又(有)攸往。'若輿且可以闌然衞〈衛〉之,倪(況)以₄下德乎? 何不吉之又(有)?"

[12] 趙建偉(2000)謂"屬"意爲敬,此句言大國敬重其力量。丁四新(2002)認爲"屬"意爲歸屬,"屬力"與"歸德"相對爲文。丁説是。

[13] "底",廖名春四次釋文均作"實"。丁四新(2007)釋爲"寔"讀爲"實",充實、備具。張政烺(2008)釋爲"底",注釋説:"底,砥,礪也。"

按,張説是。"底"字作,下稍殘。帛書"氏"或作、,[①]與"底"字所從同。"底"讀爲"砥",砥礪之義。《上博四·曹沫》簡38—39:"人之兵不砥礪,我兵必砥礪。"

[14] "闌輿之衛",今本《易·大畜》九三爻辭作"曰閑輿衛","闌""閑"音近義通。王弼注:"閑,閡也。衛,護也。進得其時,雖涉艱難而無患也,輿雖遇閑而故衛也。"孔穎達《正義》:"進得其時,涉難無患,雖曰有人欲閑閡車輿,乃是防衛見護也,故云曰閑輿衛也。"陸德明《釋文》:"閑,如字,閡也。馬、鄭云習。"是"閑"有兩解,一曰妨礙,一曰熟習。帛書《易》作"曰闌車[衛]"。《上博三·周

易》簡 22 作"曰班車戏①（衛）"，整理者注："班，分布之義，也可讀爲'閑'，上古韻同，習其事。"②廖名春據此處"子"的講解認爲訓閑的意見正確，"闌輿"就是把兵車閑置起來，即偃武修文，反對以力服人，主張以德服人；楚簡"班"有回去、徘徊不進義，與閑近。③

　　按，"若輿且可以闌然衛之，況以德乎"，從"闌"後加詞尾"然"來看，它應該是一個形容詞或副詞。如此，則帛書"闌"當取嫻習即熟練之義。這句話意思是説，如果兵車尚且可以通過熟練操習來守衛國家，更何況是用德來守衛呢？ 前文説"上政衛國以德，次政衛國以力，下政衛國以兵"，"闌輿"即相當於兵，以之衛國爲下政。

　　又問："貗豕之牙[15]何謂也？"子曰："古之仗[16]强者也，仗强以侍（待）難也。上正（政）衛[17]兵而弗用，次正（政）用兵5上而弗先也，下正（政）鋭兵而后（後）威。幾[18]兵而弗用者，調愛亓（其）百生（姓）而敬亓（其）士臣，强争亓（其）時而讓亓（其）5下成利。文人爲令，武夫用圖。脩兵不解（懈），卒伍必固。權謀不讓[19]，怨弗先昌（倡）。是故亓（其）士驕而不 ▨ [20]，亓（其）人調而不6上野。大國禮之，小國事之，危[21]國獻焉，力國助焉，遠國依焉，近國固焉。上正（政）陲（垂）衣常（裳）以來6下遠人，次正（政）橐弓矢以伏天下。《易》曰：'貗豕之牙，吉。'夫豕之牙，成而不用者也。又（有）芺（笑）

────────────

　　① "戏"字可讀爲"衛"已趨定論，然構形仍可探討。陳斯鵬認爲字从戈爻聲（《簡帛文獻與文學考論》，第 5 頁，中山大學出版社，2007 年）。

　　② 馬承源主編《上海博物館藏戰國楚竹書（三）》，第 146 頁，上海古籍出版社，2003 年。

　　③ 廖名春《楚簡〈周易·大畜〉卦再釋》，《清華大學學報》2004 年第 3 期。

而后(後)見，言國脩兵不單(戰)_{7上}而威之胃(謂)也。此大夫之用也，卿大夫之事也。_{7下}

[15]“豶豕之牙”，今本《易·大畜》六五爻辭同。此句古解異説紛繁，比較之下當以王弼意見與“子”所解最合。王注曰：“豕牙横猾，剛暴難制之物，謂二也。五處得尊位，爲畜之主。二剛而進，能豶其牙，柔能制健禁暴抑盛，豈唯能固其位？乃將有慶也。”豶其牙，以柔制健，與“子”所謂“上政衛兵而不用”“豕之牙，成而不用者也”是一個意思。焦循依照王弼的思路又對“豶”字的訓詁有所補充：“王氏蓋讀豶爲債。《爾雅·釋言》云：‘債，僵也。’《左氏昭公十三年傳》‘牛雖瘠，債於豚上’杜注：‘債，仆也。’《禮記·射義》‘賁君之將’注云：‘賁讀爲債。’債猶覆敗也，謂豕牙横猾剛暴，而五能覆敗之、僵仆之也。”①

帛書《易》作“𠴟豨之牙”。豕、豨音義皆近。“𠴟”，整理小組釋爲“𠴟(吠)”；②張政烺(2008)釋文作“𠴟”，注釋認爲字从吅从犬，是“吠”的異體，假爲“豶”；侯乃峰也認爲“吠”“豶”是通假關係。③高亨認爲當作“嬰”，是古“㜎”字；④廖名春從高説，又據《上博一·詩論》簡1的“隱”及《郭店·性自》簡48的“㐫”李學勤讀爲“隱”，也讀“㜎”爲“隱”，説“豶豕之牙”意思是隱藏住豬的牙齒，其寓意是以修兵不戰爲衛國上策。⑤　何琳儀認爲“𠴟”並非哭泣之哭，乃

---

① 參看樓宇烈《王弼集校注》，第351頁，中華書局，1980年。
② 馬王堆漢墓帛書整理小組《馬王堆帛書〈六十四卦〉釋文》，《文物》1984年第3期。
③ 侯乃峰《〈周易〉文字彙校集釋》，第228頁，臺灣古籍出版有限公司，2009年。
④ 高亨纂著、董治安整理《古字通假會典》，第184頁，齊魯書社，1989年。
⑤ 廖名春《楚簡〈周易·大畜〉卦再釋》，《清華大學學報》2004年第3期。

"獜"之異文，字從犬吅聲，"吅"爲"鄰"之會意字，"獜"讀爲"蹸"；①丁四新（2011）從之。

按，"哭"字作 、 等形，②上從吅。一般隸定作"哭"之字帛書作 （《六十四卦》27 下）、（《繫辭》38 上）、（《繫辭》47 上）、（《老乙》230 下）、（《陰甲》145 行），其上所從除極個別如 （《老乙》205 上）譌與"吅"同外，其餘均不從"吅"。事實上戰國文字中所謂"哭"及從"哭"之字也不從吅，如 （《集成》02840 中山王鼎）、（《郭店·老甲》簡 9）、（《上博一·詩論》簡 1）、（《上博三·周易》簡 57）等。因此"哭"或隸作"茭"，"厸"是"鄰"的古字，見於《漢書》《汗簡》《古文四聲韻》等書。傳抄古文"鄰"又作 ○○、○ ○，③亦非"吅"。帛書"哭豨"之"哭"作 ，上所從明顯爲"吅"而非"厸"，上述將其與"茭"字聯繫的説法均不可信。"哭"字難解，待考。《上博三·周易》簡 23 作"芬豕之圅"，整理者謂"芬"讀爲"蹸"。④李學勤認爲帛書"哭"是"芬"的形譌。⑤

[16]"仗"字作 ，各家釋爲"伎"，多讀爲技。宋立林讀爲忮，憑藉、仰仗的意思；張政烺（2008）、丁四新（2011）釋爲"仗"。《集成》（2014）認爲是"伎"之誤字，讀爲"忮"，很也，與"强"義近。

---

① 何琳儀《帛書〈周易〉校記》，《周易研究》2007 年第 1 期。

② 參看陳松長《馬王堆簡帛文字編》，第 54 頁，文物出版社，2001 年。

③ 參看徐在國《傳抄古文字編》，第 626 頁，綫裝書局，2006 年。

④ 馬承源主編《上海博物館藏戰國楚竹書（三）》，第 168 頁，上海古籍出版社，2003 年。

⑤ 李學勤《出土文物與〈周易〉研究》，《齊魯學刊》2005 年第 2 期。

按，"攴"從半竹，"丈"從十，但"攴""丈"秦漢文字有混同。從文義看當以釋"仗"爲是，"仗强"即倚强，指豕倚仗利牙。

[17]"衛"，趙建偉（2000）認爲即保衛，"衛兵而弗用"意思是有保衛國家的軍隊而不用；丁四新（2002）引李道平説"凡武備皆謂之衛"訓"衛"爲備；張政烺（2008）據下文"幾兵而弗用者"疑此處"衛"也讀爲"幾"。

按，"衛"即守衛、守護。"衛兵而弗用"即守護兵力而不使用，不必另作他解。

[18]"幾"，鄧球柏（1996）讀爲"刉"，解釋爲銷毀；趙建偉（2000）謂即"關幾而不徵"之"幾"，檢查、督察之義，言經常檢查修治軍隊而不使用；丁四新（2002）認爲是隱微之義，"幾兵"即隱微其兵而不外露也，即暗中整修其兵；宋立林（2008）讀爲"其"；張政烺（2008）謂"幾，察也，計也"。從下文云"脩兵不懈"看，當以趙、張説爲是。

[19]"讓"，丁四新（2002）讀爲"攘"，解作推尚、推崇；丁四新（2007）又謂"讓"意爲興舉；張政烺（2008）疑讀爲"釀"。

按，帛書此段以論用兵爲中心，"權謀"向爲兵家所重，《漢書·藝文志》"兵家"有"兵權謀十三家"，謂："權謀者，以正守國，以奇用兵，先計而後戰，兼形勢，包陰陽，用技巧者也。"《六韜·文韜·上賢》以"無智略權謀"爲"七害"之一。此處"讓"讀攘可從，但意當爲攘棄，"權謀不攘"即不棄權謀。《集成》（2014）謂"讓"如字解本通，辭也，不辭權謀即仍要修權謀。其説亦是。

[20] ，左旁不清，待考。廖名春（1995-1）釋爲"傾"。廖名春（1995-2）釋爲"頃"。陳松長（1996）釋爲"頃（?）"。《集成》

(2014)疑釋爲"顋",與"驕"相對,讀爲畏葸之"葸",畏縮、膽怯義。

[21]"危",與"力"相反,危弱之義。《玉篇·力部》:"力,強也。"《商君書·農戰》:"十人農一人居者強,半農半居者危。"即以"危"與"強"對舉。

第三節　銀雀山漢簡《將德》
《將敗》等校釋

將者,軍官也。研究"爲臣居官",當然要把爲將納入其中。舊題武則天撰《臣軌》,是向百官提出的具體爲官準則,其中就專設《良將》一章,闡述將領所要具備的品質。《銀雀山漢墓竹簡(貳)》①中被整理者定名爲《論政論兵之類》的文獻,其中《將敗》《將失》《將義》《將德》《將過》五章論及"爲將"的各種品德和過失。本節利用傳世兵書及非專門兵書中的論兵內容,對這五篇文獻中有關將領修養素質部分作校釋。

一、《將德》

1.[保之若]赤子,愛之若狡童,敬之若嚴師,用之若土芥,將軍[之□也]。₁₂₀₁

"赤子"上缺。張震澤引《孫子·地形》"視卒如嬰兒,故可與之赴深谿;視卒如愛子,故可與之俱死"謂當爲"視之若"三

---

① 銀雀山漢墓竹簡整理小組編,文物出版社,2010年。本節引用整理小組意見徑出該書頁碼。

字。① 按，似當補“保之若”。“保赤子”説法典籍常見。“保”
“愛”“敬”均帶感情色彩，“視”則無。整理小組認爲此數句意
謂將帥之於士卒，平時須愛護、敬重，該用的時候又要舍得用
（第 159 頁）。

2. ……將不兩生，軍不兩存，將軍之[□也]。₁₂₀₂

《韓非子·内儲説下》：“宋石，魏將也。衛君，荊將也。兩國搆
難，二子皆將。宋石遺衛君書曰：‘二軍相當，兩旗相望，唯毋一戰，
戰必不兩存。’”可資參照。

3. ……而不御，君令不入軍門，將軍之恒也。₁₂₀₃

“……而不御”，張震澤指出謂君不御也，《孫子·謀攻》“將能
而君不御者勝”，《孫臏兵法·篡卒》“御將不勝”。② “君令不入軍
門”，整理小組引《六韜·龍韜·立將》“軍中之事，不聞君命，皆由
將出”作參（第 159 頁）。此外，《史記·孫子吳起列傳》孫子語“臣
既已受命爲將，將在軍，君命有所不受”，《司馬穰苴列傳》司馬穰苴
語“將在軍，君令有所不受”，意思均同。

4. ……不失，將軍之智也。₁₂₀₅

《國語·吳語》載申包胥語勾踐曰：“夫戰，智爲始……不智則
不知民之極。”《孫子兵法·計篇》：“將者，智、信、仁、勇、嚴也。”《六
韜·龍韜·奇兵》：“將不智，則三軍大疑。”

5. 不輕寡，不劫於敵，慎終若始，將軍之敬也。₁₂₀₅

《荀子·議兵》：“慮必先事，而申之以敬，慎終如始，終始如一，

---

① 張震澤《孫臏兵法校理》，第 177 頁，中華書局，1984 年。
② 同上注。

夫是之謂大吉。凡百事之成也，必在敬之；其敗也，必在慢之。故敬勝怠則吉，怠勝敬則滅。"又："敬謀無壙，敬事無壙，敬吏無壙，敬衆無壙，敬敵無壙：夫是之謂五無壙。"

6. 弔死問傷，食饑飴，與……將軍之惠也。₁₂₀₅—₁₂₀₆

"飴"，整理小組疑讀爲"飯"，與"飢"義同（第 159 頁）。《史記·司馬穰苴列傳》："士卒次舍井竈飲食問疾醫藥，身自拊循之。悉取將軍之資糧享士卒，身與士卒平分糧食，最比其羸弱者。"《孫子吳起列傳》："起之爲將，與士卒最下者同衣食。臥不設席，行不騎乘，親裹贏糧，與士卒分勞苦。卒有病疽者，起爲吮之。"《李將軍列傳》："廣廉，得賞賜輒分其麾下，飲食與士共之。""與□□□□"大概與"與士卒平分糧食""與士卒最下者同衣食""與士卒分勞苦"諸說意思相近。《淮南子·兵略訓》："故將必與卒同甘苦，俟飢寒，故其死可得而盡也。故古之善將者，必以其身先之。暑不張蓋，寒不被裘，所以程寒暑也；險隘不乘，上陵必下，所以齊勞佚也；軍食孰然後敢食，軍井通然後敢飲，所以同飢渴也。"惠之於將，是兵家的一貫要求。

7. 賞不逾日，罰不還面，不讙①其人，不苛其期，犯禁不□，將[軍之□也]。₁₂₀₆—₁₂₀₇

整理小組謂"還面"猶言轉臉，比喻疾速，《司馬法·天子之義》："賞不踰時，欲民速得爲善之利也。罰不遷列，欲民速覩爲不善之害也。"（第 159 頁）《三略·上略》："賞功不逾時。"均是强調賞

___
① "讙"字整理者釋爲"維"（第 159 頁），形義均不通。今從程少軒釋，並讀爲《説文·言部》訓作"譟也"的"讙"，擾亂之義。（此爲程少軒 2020 年 7 月 5 日郵件内容）

罰及時，以致勵士之用。

二、《將義》

1. 將者不可以不義，[不]義則不嚴，[不嚴]則不威，[不威]則卒弗死。故義者，兵之首也。1194正

《三略·上略》："接以禮，勵以義，則士死之。"《淮南子·兵略訓》謂將者必有"四義"："便國不負兵，爲主不顧身，見難不畏死，決疑不辟罪。"

2. 將者不可以不仁，不仁則軍不克，軍不克則軍无功。故仁者，兵之腹也。1194正—1195

《孫子兵法·用間》："相守數年，以爭一日之勝，而愛爵禄百金，不知敵之情者，不仁之至也，非人之將也，非主之佐也，非勝之主也。"《國語·吴語》申包胥語勾踐曰："夫戰……不仁則不能與三軍共飢勞之殃。"《六韜·龍韜·奇兵》："將不仁，則三軍不親。"《荀子·議兵》："仁人之兵，不可詐也。"

3. 將者不可以无德，无德則无力，无力則三軍之利不得。故德者，兵之手也。1195—1196

《淮南子·兵略訓》："故良將之用兵也，常以積德擊積怨，以積愛擊積憎，何故而不勝。"

4. 將者不可以不信，不信則令不行，令不行則軍不摶，軍不摶則无名。故信者，兵之足也。1196

《荀子·議兵》："慶賞刑罰欲必以信。"《韓非子·外儲説上》"小信成則大信立，故明主積於信。賞罰不信，則禁令不行"，並舉了爲將不信之患的例子："李悝警其兩和曰：'謹警敵人，且暮且至

擊汝。’如是者再三而敵不至，兩和懈怠，不信李悝。居數月，秦人來襲之，至，幾奪其軍。此不信患也。一曰：李悝與秦人戰，謂左和曰：‘速上，右和已上矣。’又馳而至右和曰：‘左和已上矣。’左右和曰：‘上矣。’於是皆争上。其明年，與秦人戰，秦人襲之，至，幾奪其軍。此不信之患。”《三略·上略》引《軍讖》曰：“將無還令，賞罰必信。”

5. 將者，不可以不知勝，不知勝……1196

《孫子兵法·謀攻》：“故知勝有五：知可以戰與不可以戰者勝，識衆寡之用者勝，上下同欲者勝，以虞待不虞者勝，將能而君不御者勝。此五者，知勝之道也。”

6. ……則軍无□。故決者，兵之尾也。1197

“決”即決斷。《吳子兵法·論將》：“然其威德仁勇，必足以率下安衆，怖敵決疑。”《吕氏春秋·仲秋紀·決勝》：“能決斷則能若雷電飄風暴雨，能若崩山破潰，別辨賈墜。”

《將德》《將義》言“爲將之德”計十種，分別是恒、智、敬、惠、義、仁、德、信、知勝、決，這些内容在傳世文獻中大都有載，然名目並不全同。《孫子兵法·計篇》列五目：“將者，智、信、仁、勇、嚴也。”《六韜·龍韜·論將》亦載有將之五材：“勇、智、仁、信、忠也。勇則不可犯，智則不可亂，仁則愛人，信則不欺，忠則無二心。”《逸周書·大武》又有所謂“五良”：“一取仁，二取智，三取勇，四取材，五取藝。”《淮南子·兵略訓》還有將之“五行”：“柔而不可卷也，剛而不可折也，仁而不可犯也，信而不可欺也，勇而不可陵也。”《六韜·龍韜·奇兵》則從反面揭示了七種：“將不仁，則三軍不親。將不勇，則三軍不鋭。將不智，則三軍大疑。將不明，則三軍大傾。將不精微,則三軍失其機。將不常戒,則三軍失其備。將不强力,則三軍失其職。"可以看出,兵家對將領的品質要求大體相同,不外智、勇、仁、信之類。

三、《將敗》

《將敗》簡 992—994 共列舉了二十種爲將的過失,其中四種殘去。

1. 不能而自能。《上博五·三德》簡 15"毋不能而爲之"。

2. 驕。《老子》第三十章論兵,謂:"果而勿矜,果而勿伐,果而勿驕。"《文子·道德》:"義兵王,應兵勝,忿兵敗,貪兵死,驕兵滅,此天道也。"《史記·項羽本紀》載宋義諫項梁曰:"戰勝而將驕卒惰者敗。"

3. 貪於位;貪於財。二者可合爲"貪"。《荀子·議兵》"無欲將而惡廢",物雙松曰:"言無貪將帥之權而憂失之也。"①"欲將而惡廢"即"貪於位"。《尉繚子·兵談》:"將者……清不可事以財。"《十二陵》:"禍在於好利。"《三略·上略》:"將者,貪財,則奸不禁。"《淮南子·兵略訓》以"不貪於貨"爲將"十守"之一。

4. 輕。"輕"即不重,輕佻、無威嚴。《論語·學而》:"子曰:君子不重,則不威。"《左傳》僖公三十三年:"秦師輕而無禮,必敗。"《尉繚子·兵教下》:"凡將輕,壘卑,衆動,可攻也。將重,壘高,衆懼,可圍也。"

5. 遲;緩。《吕氏春秋·仲秋紀·論威》:"凡兵,欲急疾捷先。欲急疾捷先之道,在於知緩徐遲後而急疾捷先之分也。急疾捷先,

---

① 參看王天海《荀子校釋》,第 622 頁,上海古籍出版社,2005 年。

此所以決義兵之勝也，而不可久處。"同書《貴卒》"得之同則速爲上，勝之同則濕爲下"，高誘注："濕猶遲久之也。"嶽麓簡《爲吏》簡11亦謂"用兵不濕"。張震澤指出緩謂不嚴，[1]似亦可通。《孫子兵法·地形》："將弱不嚴，教道不明，吏卒無常，陳兵縱橫，曰亂。"

6. 寡勇。《墨子·非攻下》："今夫師者之相爲不利者也，曰：將不勇……。"《三略·上略》："將無勇，則吏士恐。"

7. 勇而弱。瀋陽部隊《孫臏兵法》注釋組譯文作"貌似勇敢而實膽怯"，[2]非是。"勇而弱"即勇氣有餘而强勁不足。《六韜·龍韜·奇兵》："將不强力，則三軍失其職。"

8. 寡信。與"信"相反，參見《將義》第4條。

9. 怠。"怠"與《將德》第5條"敬"意思相反，《荀子·議兵》："故敬勝怠則吉，怠勝敬則滅。"

10. 寡決。《將義》以"決"爲將德之一。

11. ▦。此殘字整理者謂似是"膊"（第137頁）。待考。

12. 賊。"賊"，整理小組謂即殘暴之義（第137頁）。

13. 自私。《尉繚子·十二陵》："偏在於多私。"《將理》："凡將，理官也，萬物之主也，不私於一人。夫能無私於一人，故萬物至而制之，萬物至而命之。"《韓非子·愛臣》："故人臣處國無私朝，居軍無私交。"

14. 自亂。《淮南子·兵略》："下將之用兵也，博聞而自亂，多知而自疑，居則恐懼，發則猶豫。是以動爲人禽矣。"

---

① 張震澤《孫臏兵法校理》，第179頁，中華書局，1984年。
② 瀋陽部隊《孫臏兵法》注釋組《〈孫臏兵法〉注釋》，第144頁，遼寧人民出版社，1975年。

四、《將失》

《將失》中從將領自身修養方面説的有四種，又有兩種與《將敗》内容重複。

1. 多幸，衆怠，可敗也。[1102]

"幸"，簡裝本《孫臏兵法》解釋爲偏愛。① 瀋陽部隊《孫臏兵法》注釋組解釋爲僥倖。② 整理小組謂"多幸"多偷幸之事（第 138 頁）。按，似以僥倖、偷幸爲當。兵士懈怠由將領存在僥倖心理而致，《韓詩外傳》卷六"賞勉罰偷，則民不怠"，文意可相對比。

2. 多疑，衆疑，可敗也。[1102]

《尉繚子·攻權》："將帥者，心也；群下者，支節也。其心動以誠，則支節必力；其心動以疑，則支節必背。"《淮南子·兵略訓》："心誠則支體親刃，心疑則支體撓北。"《吴子兵法·治兵》："用兵之害，猶豫最大，三軍之災，生於狐疑。"《論將》："進退多疑其衆無依，可震而走。"《六韜·龍韜·軍勢》："用兵之害，猶豫最大。三軍之害，莫過狐疑。善戰者見利不失，遇時不疑。失利後時，反受其殃。故智者從之而不釋，巧者一決而不猶豫。"

3. 惡聞其過，可敗也。[1002]

《尉繚子·兵談》："夫心狂、目盲、耳聾，以三悖率人者，難矣。""耳聾"即聽不進意見。《十二陵》："不祥在於惡聞己過。"《三略·上略》引《軍讖》謂將："能受諫，能聽訟，能納人，能采言。"又："夫將

---

① 銀雀山漢墓竹簡整理小組《孫臏兵法》，第 114 頁，文物出版社，1975 年。
② 瀋陽部隊《孫臏兵法》注釋組《〈孫臏兵法〉注釋》，第 147 頁，遼寧人民出版社，1975 年。

拒諫,則英雄散,策不從,則謀士叛。"

4. 自私自亂。₁₀₀₀ 已見於《將敗》第 13、14 條。

五、《將過》

> 敵將之過有十:將有勇而主輕死者,有急而心遲者,有貪
> 而好貨者,有仁而信[人者,有仁而慈衆]者,有智而心怯者,有
> 智而精潔者,有智而心緩者,有剛毅自用者,有懁而[□□者]。
> 勇而輕死者可誘,急而心遲者可久,貪而好貨者可賂,仁而信
> 人者可詐,仁而慈衆者可先,智而心怯者可戰,智而精潔者可
> 後,智而心緩者可謀,剛毅自[用者可□]。₁₂₀₉—₁₂₁₂

整理小組指出本段內容與《六韜·龍韜·論將》中的將之十過
一段大致相同,但本篇篇首無文王或武王問太公語,其簡式、字體
亦與簡本《六韜》各篇全異,似當屬於其他兵書,類似文字又見於
《北堂書鈔》引《黃帝出軍訣》(第 160 頁)。此外,"十過"中有些條
目還見於《孫子兵法》《淮南子》等書,下面將它們列於一表:

《將 過》	《六韜龍韜·論將》	《黃帝出軍訣》	《孫子兵法·九變》	《淮南子·兵略訓》	《吳子兵法·論將》
勇而輕死;勇而輕死者可誘	勇而輕死;勇而輕死者可暴也	勇而輕死	必死,可殺也	勇者可誘也	
急而心遲;急而心遲者可久	急而心速;急而心速者可久也	急而心速	忿速,可侮也		

《將　過》	《六韜龍韜·論將》	《黃帝出軍訣》	《孫子兵法·九變》	《淮南子·兵略訓》	《吴子兵法·論將》
貪而好貨；貪而好貨者可賂	貪而好利；貪而好利者可遺也	貪而喜利			貪而忽名，可貨而賂
仁而信[人]；仁而信人者可詐	信而喜信人；信而喜信人者可誑也	信而喜信人		信者易欺也	愚而信人，可詐而誘
[有仁而慈衆]；仁而慈衆者可先	仁而不忍人；仁而不忍人者可勞也	仁而不忍於人	愛民，可煩也	仁者可奪也	
智而心怯；智而心怯者可戰	智而心怯；智而心怯者可窘也	智而心怯			
智而精潔；智而精潔者可後	廉潔而不愛人；廉潔而不愛人者可侮也	廉潔而不愛人	廉潔，可辱也	廉者易謀也	
智而心緩；智而心緩者可謀	智而心緩；智而心緩者可襲也	智而心緩			
剛毅自用；剛毅自[□]者可□]。	剛毅而自用；剛毅而自用者可事也	剛而自用			
	懦而喜任人；懦而喜任人者可欺也	懦志而喜用人			

　　第三章所論秦簡"居官"類文獻，内容上有不少與《將義》《將
敗》等相當。比如《吏道》説"嚴剛毋暴"，《將敗》中則有"賊"一
項，"賊"即殘暴；《吏道》"聽諫勿塞"，《將失》中有"惡聞其過"；
《吏道》"賤士而貴貨貝"，《將敗》中有"貪於財"；《吏道》"審悉毋
私"，《將敗》有"自私"；等等。將領的品質有"敬"，《吏道》也要求
爲吏要"出則敬""敬而起之"；"惠"則可與《吏道》"惠以聚之"對
應；"義"，《吏道》説"申之義，以穀畸"；"信"，《吏道》强調"忠信"，
又説"言如盟"。

第五章　簡帛爲臣居官類文獻疑難字詞釋讀

第一節　上博藏簡字詞釋讀五則

一、《上博二·從政》甲篇簡 19 的斂和說

《上博二·從政》甲篇簡 19：

閒之曰：行險至(致)命。① 餡(飢)滄②而毋斂，從事而毋
說。君子不以流言傷人。

這段話中的兩個關鍵字"斂"和所謂"說"尚未得到合理的解釋。

---

① "致命"從整理者讀(馬承源主編《上海博物館藏戰國楚竹書(二)》，第 232 頁，
上海古籍出版社，2002 年)；意思從陳劍說，即丟掉性命(《上海博物館藏戰國楚竹書〈從
政〉篇研究(三題)》，《簡帛研究二〇〇五》，第 35 頁，廣西師範大學出版社，2008 年)。

② "飢滄"，原釋文作"餡滄"，周鳳五、黃德寬等指出即飢寒之義(《讀上博楚竹書
〈從政〉甲篇劄記》，《上海館藏戰國楚竹書研究續編》，第 192 頁，上海書店出版社，2004
年；《〈戰國楚竹書(二)〉釋文補正》，《學術界》2003 年第 1 期)"滄"，郭永秉等徑釋此字
爲"凔"即"寒"字，參郭永秉《從戰國文字所見的類"倉"形"寒"字論古文獻中表"寒"義的
"滄/凔"是轉寫誤釋的産物》，《出土文獻與古文字研究》第 6 輯，第 379—398 頁，上海古
籍出版社，2015 年。

“歙”，周鳳五讀爲“忬”，引《方言》“忬，恨也”及《廣雅・釋詁》“忬，憂也”“忬，懼也”説此句意思是君子不怕飢寒；[1]黄德寬讀爲“會”，認爲簡文是説飢寒之歲不要舉行會同；[2]劉信芳解釋整句話説，“飢滄”猶“素貧賤”，“毋會”猶“不願乎其外”，“正己而不求於人”，蓋君子固窮，不因饑滄而屈己合人，小人窮斯濫矣，必因飢滄而與人附和。[3]“歙”字也見於楚遣册和楚璽材料，或讀爲“會”“繪”，或謂即“敆”字異體而用爲“袷”，[4]於此均不合適。

按，“歙”當讀爲“劌”。“會”上古音屬匣母月部，“劌”見母月部，韻部相同，見、匣二紐關係密切。單就从“會”的字來説，“劊”“襘”“檜”爲見母字，“繪”“嶒”則爲匣母字。金文所見的“會匜”即“沬匜”（洗臉用具），楚遣册中的“滄盤”“滄帕”，“滄”也當讀爲“沬”；[5]春秋時魯將“曹劌”又作“曹沫”“曹昧”。[6]《晏子春秋・内篇問上》第十一“勞力歲事”，于省吾讀“歲”爲“會”，並引《孫子・行軍》“山林蘙薈”、《六韜・戰齊》作“翳蔽林木”及《太玄・玄告》“天地相對，日月相劌”范望注“劌之言會也。日月之行，一歲十二會”

---

①　周鳳五《讀上博楚竹書〈從政〉甲篇劄記》，《上博館藏戰國楚竹書研究續編》，第192頁，上海書店出版社，2004年。

②　黄德寬《〈戰國楚竹書（二）〉釋文補正》，《學術界》2003年第1期。

③　劉信芳《上博藏竹書〈從政〉補釋（六則）》，《第四届國際中國古文字學研討會論文集》，第261頁，香港中文大學中國語言及文學系，2003年。

④　參看何琳儀《戰國古文字典》，第892頁，中華書局，1998年；黄德寬主編《古文字譜系疏證》，第2361頁，商務印書館，2007年。相關討論可以參看李家浩《楚簡中的袷衣》，《著名中年語言學家自選集・李家浩卷》，第295—305頁，安徽教育出版社，2002年。劉釗《釋慍》，《古文字考釋叢稿》，第153—154頁，嶽麓書社，2005年。

⑤　參看王輝《古文字通假字典》，第504頁，中華書局，2008年。

⑥　參看高亨纂著、董治安整理《古字通假會典》，第611、618頁，齊魯書社，1989年。

爲證。① 可見,從"會"得聲的"斂"讀爲"劌"有例可徵。

《說文·刀部》:"劌,利傷也。"《老子》五十八章"是以聖人方而不割,廉而不劌"河上公注:"劌,傷也。"《戰國策·齊策五》"今雖干將莫邪,非得人力則不能割劌矣"鮑彪注:"劌,利傷也。"飢寒降臨時民心動亂,爲非作歹殘害他人之事最多。戰國法家李悝即將飢寒視作奸邪的起因:

> 魏文侯問李克曰:"刑罰之源安生?"李克曰:"生於奸邪淫洙之行。凡奸邪之心,飢寒而起;淫佚者,久飢之詭也。雕文刻鏤,害農事者也;錦繡纂組,傷女工者也。農事害,則飢之本也;女工傷,則寒之原也。飢寒並至,而能不爲奸邪者,未之有也。男女飾美以相矜,而能無淫洙者,未嘗有也。"(《說苑·反質》)

《墨子·辭過》:"人君爲舟車若此,故左右象之,是以其民飢寒並至,故爲奸邪。"又《非儒下》:"夫飢約則不辭妄取以活身。"《潛夫論·浮侈》:"飢寒並至,則安能不爲非?"《老子》第五十七章"法物滋彰,盜賊多有"河上公注:"法物,好物也。珍好之物滋生彰著,則農事廢,飢寒並至,故盜賊多有也。"古人似將這種情況視爲常態,《淮南子·齊俗訓》:"夫飢寒並至能不犯法干誅者,古今未之聞也。"《漢書·景帝紀》:"夫飢寒並至而能亡爲非者,寡矣。"前引《說苑》文亦有此語。因此,倘能在飢寒交迫之時不作奸犯科,互相殘

---

① 于省吾《雙劍誃諸子新證》,第 86 頁,中華書局,1962 年。

害，一定是難能可貴的。"飢寒而毋劌"，是説飢寒時不要加害於人。

　　需要説明的是，將"敫"讀爲"劊"似更爲直接。《説文·刀部》："劊，斷也。"但此字先秦兩漢古籍幾無用例，《鶡冠子·學問》有一例，一般認爲是"剮"字之誤，①暫不取。但考慮到"攴"旁與"刀"旁有換用的情況，②"敫"是"劊"字異體的可能並不能排除。另外，《晏子春秋》中齊景公的寵臣"會譖"，《上博六·競公瘧》作"割疾"。"割""會"均在月部，讀會爲"割""害"也能講通，不過楚文字中"害"一詞的用字比較固定，讀"害"不符合用字習慣。《睡虎地·吏道》簡 8.1—9.1"嚴剛毋暴，廉而毋刖"，整理者指出"廉而毋刖"與《老子》等古書中常見的"廉而不劌"同義，"毋刖"即不傷人。③白於藍讀"刖"爲"劌"。④《易·困》"九五，劓刖"陸德明《釋文》："京作劓劊。"⑤可見，"劌""劊""刖""割"音義俱近，它們應該有同源關係。

　　所謂"説"字作：

（處理前）　　（處理後）

整理者釋爲"説"而存疑，⑥態度審慎。但之後的討論者大都信從

---

①　參看黃懷信《鶡冠子匯校集注》，第 328 頁，中華書局，2004 年。
②　如《説文·攴部》"敲"或體作"𠚤"。
③　參看睡虎地秦簡整理小組編《睡虎地秦墓竹簡》"釋文注釋"，第 168 頁，文物出版社，1990 年。
④　白於藍《睡虎地秦簡〈爲吏之道〉校讀札記》，《江漢考古》2010 年第 3 期。
⑤　參看宗福邦等《故訓匯纂》，第 223 頁，商務印書館，2003 年。
⑥　馬承源主編《上海博物館藏戰國楚竹書（二）》，第 232 頁，上海古籍出版社，2002 年。

這個不確定的意見。周鳳五認爲字从言凶聲讀爲"凶"，引《説文》"凶，擾恐也"説"毋凶"即不受驚擾。① 黄德寬認爲字即《説文》"訩"之異文"詗"，訓作訟，"從事而毋詗"意謂行事之時不要爭訟。② 此外，陳美蘭、黄人二、李守奎等在相關論著中也基本同意釋"詗"的看法。③

檢楚簡"凶"作▢、▢，"兇"作▢（《九店》M56—28）、▢（《上博六·用曰》簡 13）、▢（《上博七·武王》簡 14）等。細審字形就不難發現，"凶""兇"▢ 內的兩筆無一例外都作交叉形。這與▢ 右旁上部▢ 內的▢ 僅是相接有所不同。另外，言部和右旁的連接處筆墨有些許脱落，很容易被誤分爲言和▢ 兩部分。此字右旁實爲▢。楚簡"兒"字作▢（《郭店·語叢四》簡 27）、▢（《包山》簡 194"鯢"字所从）、▢（《上博五·競建》簡 9"倪"字所从）等，與此相同。▢ 就是"兒"，▢ 當釋爲"詗"。

"詗"古有兩訓，一是《説文·言部》："詗，言相詗司也。"徐鍇曰："司，伺也。謂以言伺人之意旨也。"二是《廣韻·佳韻》："詗，言不正也。"此字古籍用例甚少，《墨子·經上》"服執詗，巧轉則求其故"孫詒讓曰："服，謂言相從而不執；執，謂言相持而不服；詗，則不

---

① 周鳳五《讀上博楚竹書〈從政〉甲篇劄記》，《上博館藏戰國楚竹書研究續編》，第 192 頁，上海書店出版社，2004 年。

② 黄德寬《〈戰國楚竹書（二）〉釋文補正》，《學術界》2003 年第 1 期。

③ 陳美蘭從黄德寬説（《〈從政〉譯釋》，季旭昇主編《上海博物館藏戰國楚竹書（二）讀本》，第 85 頁，萬卷樓圖書股份有限公司，2003 年）；黄人二從周鳳五説（《上海博物館藏戰國楚竹書（二）研究》，第 35 頁，高文出版社，2005 年）；李守奎將此字放在訩字頭下（《上海博物館藏戰國楚竹書（一——五）文字編》，第 121 頁，作家出版社，2007 年）。

服不執,而相伺。若《鬼谷子》所謂抵巇者。"[1]高亨曰:"考從兒得聲之字,多有邪曲之意。《説文》:'睨,衺視也。觬,角觬曲也。霓,屈虹,青赤或白色,陰氣也。輗,大車轅端持衡者。'按:輗以曲木爲之,並其列。然則《埤蒼》所訓,亦説之古義也。《墨子》此説字,當爲言不正之義。"[2]將簡文"從事而毋説"解釋爲從政行事不要言語不正或以言語刺探人意,均能講通。

下面再提出另外一種可能供參考。"説"或可讀爲"毀"。"隉",《説文·㢱部》謂"讀如虹蜺之蜺";《集韻·屑韻》謂"隉"或作"槷、倪";《莊子·大宗師》"反復終始,不知端倪"陸德明《釋文》:"倪,本作㘝。"是其確證。《集韻·紙韻》有一個訓作謗的"誽"字,"或作毀,通作毀。""説"可能就是"誽",字從言作,可能是表示毀謗之義的專用字。《字彙·言部》還有一個訓作毀的"詔"字,也許是"誽""説"的壞字。《説文·攴部》:"赦,敼也。"又:"敼,毀也。"讀"説"爲"赦"似更爲直接。然"赦"字古籍罕用,劉釗認爲即"毀"字異體。[3] 其説可從。同僚、同行之間相互詆毀是常有的事,《吕氏春秋·慎大覽·察今》:"天下之學者多辯,言利辭倒,不求其實,務以相毀,以勝爲故。"《史記·張丞相列傳》:"或乃陰私相毀害,欲代之。"《論衡·累害篇》:"位少人衆,仕者爭進,進者爭位,見將相毀。"《後漢書·魏霸傳》:"吏或相毀訴,霸輒稱它吏之長,終不及人

① 參看孫詒讓撰、孫啓治點校《墨子閒詁》,第 317 頁,中華書局,2001 年。
② 參看《高亨著作集林[第七卷]·墨經校詮 商君書注譯》,第 161—162 頁,清華大學出版社,2004 年。
③ 劉釗《説"离""㞷"二字來源並談楚帛書"萬""兒"二字的讀法》,《江漢考古》1992 年第 1 期;又劉釗《出土簡帛文字叢考》,第 133 頁,臺灣古籍出版有限公司,2004 年。

短。”而毀謗別人當然是不符合禮義的,《左傳》昭公十二年:“禮,無毀人以自成也。”《戰國策·燕策三》:“諺曰‘厚者,不毀人以自益也’。”

綜上,“飢寒而毋劇,從事而毋說/說(毀)”意思是飢寒時不做爲非作歹殘害別人之事,從政行事不要言語不正(詆毀別人)。“劇”和“說”都是在“行險”,會因此丟掉性命。它們與下句的“以流言傷人”一樣,均非君子所爲。王凱博贊同釋“說”,但認爲或當讀爲“鬩”。《説文·鬥部》“鬩,恒訟也”,《詩·小雅·常棣》“兄弟鬩于牆”毛傳“鬩,很也”,《清華六·鄭甲》簡 9“爲是牢鬭不能同穴,朝夕鬥鬩”。[①] 其説可參。

二、《上博二·從政》乙篇簡 2“膚瀘羸惡”

《上博二·從政》乙篇簡 2:

　　毋占民驗則同,不膚瀘羸惡則民不怨。

先説“膚瀘”。“膚”,整理者讀爲“敷”,謂“敷法”有貶義,或與枉法意近;[②]陳美蘭指出“敷”依字解即可,《説文》“敷,施也”;[③]王

---

①　王凱博《出土文獻資料疑義探研》,第 76 頁,吉林大學 2018 年博士論文,指導教師:林澐。

②　馬承源主編《上海博物館藏戰國楚竹書(二)》,第 235 頁,上海古籍出版社,2002 年。

③　參看季旭昇主編《上海博物館藏戰國楚竹書(二)讀本》,第 73 頁,萬卷樓圖書股份有限公司,2003 年。

中江認爲似可讀爲"拂",即逆违;①顔世鉉讀爲"虧";②劉信芳讀爲
"附",認爲"附法"可能是指附益有關聚財的法律條款;③趙建偉引
《廣雅·釋言》"膚,剥也"及《釋詁三》"膚,離也"解釋"膚法"爲剥亂
離棄法度,又説"膚"或可讀爲"廢"。④　王凱博讀爲"慮",訓爲亂。⑤
"膚"字讀法尚待研究,但"膚濘"一詞不外破壞、違反法律之類的
意思。

　　"贏",整理者讀爲"盈";⑥顔世鉉謂"盈惡"即長惡之義;⑦何琳
儀讀爲"羸",將"羸惡"訓作瘦弱;⑧劉信芳讀爲"累",説"累惡"即
積惡。⑨

　　按,"贏"當讀爲"逞"。楚帛書"絪紃不得其裳",饒宗頤讀"絪
紃"爲"贏縮",⑩李零讀爲"贏詘"。⑪　"贏紃""贏詘""贏縮"均於文
獻有徵,如《荀子·非相》:"與世偃仰,緩急贏紃。"《馬王堆·稱》14
下:"贏詘變化,後將反包。"《國語·越語下》:"贏縮變化,後將悔

　①　王中江《〈從政〉重編校注》,簡帛研究網 2003 年 1 月 16 日。
　②　顔世鉉《上博楚竹書散論(三)》,簡帛研究網 2003 年 6 月 5 日。
　③　劉信芳《上博藏竹書〈從政〉補釋(六則)》,《第四屆國際中國古文字學研討會論
文集》,第 262 頁,香港中文大學中國語言及文學系,2003 年。
　④　趙建偉《讀上博竹簡(二)札記七則》,簡帛研究網 2003 年 11 月 9 日。
　⑤　王凱博《出土文獻資料疑義探研》,第 252 頁,吉林大學 2018 年博士論文,指導
教師:林澐。
　⑥　馬承源主編《上海博物館藏戰國楚竹書(二)》,第 290 頁,上海古籍出版社,
2002 年。
　⑦　顔世鉉《上博楚竹書散論(三)》,簡帛研究網 2003 年 6 月 5 日。
　⑧　何琳儀《第二批滬簡選釋》,《學術界》2003 年第 1 期。
　⑨　劉信芳《上博藏竹書〈從政〉補釋(六則)》,《第四屆國際中國古文字學研討會論
文集》,第 262 頁,香港中文大學中國語言及文學系,2003 年。
　⑩　饒宗頤、曾憲通《楚地出土文獻三種研究》,第 249—250 頁,中華書局,1993 年。
　⑪　李零《長沙子彈庫戰國楚帛書研究》,第 51 頁,中華書局,1985 年。

之。”此是嬴、逞可通之證。逞即快意。《左傳》成公十八年“逞奸而攜服，毒諸侯而懼吳、晉”孔穎達疏：“逞，快也。”楊伯峻曰：“逞奸，使奸人魚石等得快其意。”[1]簡文“逞惡”與“逞奸”相類，即讓惡人快意。

綜上，“膚法嬴(逞)惡”意思是敗壞法令而使作惡的人快意，得不到應有懲罰。《睡虎地·語書》“廢主之明法殹，而長邪僻淫泆之民”，意思與簡文相似。

三、《上博三·仲弓》簡 12“謫＝猒人”

《上博三·仲弓》簡 12：

……定，不及其成。謫＝猒人，難爲從政。

“猒”字又見於第 16 簡“君子無所猒人”，整理者均釋爲“狷”，[2]此從陳劍改釋。[3] “猒人”一詞又見於《上博一·詩論》簡 23“《鹿鳴》以樂始而會，以道交，見善而傚，終乎不猒人”，《管子·形勢解》“海不辭水，故能成其大；山不辭土石，故能成其高；明主不猒人，故能成其衆；士不猒學，故能成其聖”。“猒”古書又作“厭”，厭棄之義。《論語·述而》“予所否者，天厭之”邢昺疏：“厭，棄也。”《左傳》隱公十一年“天而既厭周德矣”楊伯峻注：“厭，厭棄也。”[4]“厭人”即厭

---

① 楊伯峻《春秋左傳注》，第 912 頁，中華書局，1990 年第 2 版。

② 馬承源主編《上海博物館藏戰國楚竹書(三)》，第 272 頁，上海古籍出版社，2003 年。

③ 陳劍《上博竹書〈仲弓〉篇新編釋文(稿)》，簡帛研究網 2004 年 4 月 18 日。

④ 楊伯峻《春秋左傳注》，第 75 頁，中華書局，1990 年第 2 版。

棄別人。

　　"䛷"下有"﹦",整理者認爲是重文符號,考釋説:"'䛷',從言、從蜀。《郭店楚墓竹簡・老子甲》等篇数處有'蜀',均讀爲獨。'䛷',其義亦應爲獨也。"①陳劍疑可釋讀爲"䛷(獨)蜀(主)"或"䛷(獨)䛷(主)","獨主厭人",大意謂獨斷專行,不聽取他人意見;②周鳳五讀爲"齺齺";③黃人二、林志鵬謂"獨"義爲獨踽而行貌。④黃武智讀爲"獨言"。⑤

　　按,"䛷"字還見於《上博六・用曰》簡9:"□□□儥言,以忘民德。内閼䛷众,而焚其反側。""内閼䛷众"或可讀爲"納奸逐衆":

　　　《易・姤》:"羸豕孚蹢躅。"《釋文》:"躅,古文作蹱。"《集解》作踱。《上博五・鮑叔牙與隰朋之諫》簡5云:"公弗詰蠠,臣雖欲諫,或不得見,公沽(故)弗察。"蠠字楊澤生先生認爲可能是"躅"的異體,在簡文中讀爲"逐",並引《新書・先醒》"諮諫親貴,諫臣詰逐"爲證。白於藍先生從其説。以上皆是"䛷"可讀爲"逐"之證。⑥

――――――――――

　　①　馬承源主編《上海博物館藏戰國楚竹書(三)》,第272頁,上海古籍出版社,2003年。

　　②　陳劍《上博竹書〈仲弓〉篇新編釋文(稿)》,簡帛研究網2004年4月18日。

　　③　引自季旭昇主編《〈上海博物館藏戰國楚竹書(三)〉讀本》,第194頁,萬卷樓出版有限公司,2005年。

　　④　黃人二、林志鵬《上海博物館藏楚簡〈仲弓〉試探》,《文物》2006年第1期。

　　⑤　黃武智《上博楚簡"禮記類"文獻研究》,第131頁,(高雄)中山大學2009年博士論文,指導教師:徐漢昌、鮑國順。

　　⑥　王輝《上博藏簡〈用曰〉篇新釋(六則)》,《中國歷史文物》2010年第6期。

準此,簡文"讁"似亦可讀爲"逐","讁"或是"逐言"合文。"逐"有驅逐、拋棄之義。《管子‧輕重戊》:"禽獸者群害也,明王之所棄逐也。"《漢書‧五行志》:"棄法律,逐功臣。""逐言"即棄言不用,《上博六‧用曰》簡 7:"咎群言之棄。"《尸子》卷下:"棄黎老之言,而用姑息之謀。"《文子‧上仁》:"有言者,窮之以辭,有諫者,誅之以罪。"《鶡冠子‧道端》:"諫者弗受,言者危身。"均是其例。《黃石公三略‧上略》引《軍讖》説將領要"能納人,能采言",簡文"逐言猒人"正與之相反。

又,《上博五‧鮑叔牙》簡 5 、《清華七‧越公》簡 38 ,均從"蜀",讀爲"誅",[1]未知是否可爲竹簡兩處"讁"之釋讀提供新思路。

四、《上博五‧鮑叔》簡 7"穆其刑"

《上博五‧鮑叔》簡 7:

> 齊邦至惡死,而上穆其刑;至欲食,而上厚其斂,至惡何(苛),[2]而上不時使。

"穆"字作 形,整理者釋作"秋"讀爲"揪",引《字彙》"揪,手揪也"

---

　　① 參看王輝《楚簡釋讀筆記五則》,田煒主編《文字‧文獻‧文明》,第 150—151 頁,上海古籍出版社,2019 年。
　　② "苛"從李天虹讀(《上博五〈競〉、〈鮑〉篇校讀四則》,簡帛網 2006 年 2 月 19 日),意爲擾。

作解;①季旭昇疑"秋"讀爲"修",治、備之義,又説或讀爲《説文》訓作"迫也"的"遒";②李學勤讀爲"稠",解釋爲多。③ 何有祖將字改釋爲"穆",讀爲"戮";④陳偉從此説,並引《吕氏春秋‧慎大覽‧貴因》"讒慝勝良命曰戮"高誘注"戮,暴也"爲釋。⑤ 陳劍謂"穆"當是刑繁、刑重一類意思,讀爲何字待考。⑥ 李守奎也説"穆"的詞義當與厚或重相類,《集韻‧屋韻》"穆,厚也",但此例似爲孤證,且"穆"在古書中多爲褒義詞,能否解釋爲厚尚待求證。⑦ 林志鵬讀"穆"爲"繆",訓爲繫縛,引《管子‧勢》"其事乃不成,繆受其刑"郭沫若説"繆""形容受刑之深固,糾結不解也"爲證。⑧ 張富海指出此字從字形上看就是"穆"字,但"秋""穆"在楚簡中有譌混,他贊同釋"秋"讀"遒"的意見,並有所補證。⑨

按,楚簡確有"秋"譌爲"穆"的情況,如、、,從文例看都是"秋"字無疑,第一形見於《郭店‧語叢三》簡20,與王孫誥鐘、

----

① 馬承源主編《上海博物館藏戰國楚竹書(五)》,第189頁,上海古籍出版社,2005年。

② 季旭昇《上博五芻議(上)》,簡帛網2006年2月18日。

③ 李學勤《試釋楚簡〈鮑叔牙與隰朋之諫〉》,《文物》2006年第9期。

④ 何有祖《上博五〈鮑叔牙與隰朋之諫〉試讀》,簡帛網2006年2月19日。此文相關內容後以《讀上博楚竹書(五)札記》爲名發表於中國文物研究所編《出土文獻研究》第8輯(上海古籍出版社,2007年),其中未言讀戮的意見,僅説從陳劍取"刑繁"之義。

⑤ 陳偉《也談〈鮑叔牙與隰朋之諫〉與〈管子‧霸形〉的對讀》,簡帛網2006年4月4日。

⑥ 陳劍《談談〈上博(五)〉的竹簡分篇、拼合與編聯問題》,簡帛網2006年2月19日。

⑦ 李守奎《〈鮑叔牙與隰朋之諫〉補釋》,《楚地簡帛思想研究》(三),第42頁,湖北教育出版社,2007年。

⑧ 林志鵬《戰國竹書〈鮑叔牙與隰朋之諫〉譯注》,《簡帛研究二〇〇八》,第16頁,廣西師範大學出版社,2010年。

⑨ 張富海《上博簡第五〈鮑叔牙與隰朋之諫〉補釋》,《北方論叢》2006年第4期。

曾侯乙鐘“穆”字同，①第二、三形分別見於《郭店·語叢一》簡 40、《上博六·用曰》簡 10，與《包山》簡 49“穆”作 、《上博一·緇衣》簡 15“穆”作 同。但如簡文“日”形下作兩筆則均爲“穆”字，如 （《包山》簡 47）、（《包山》簡 187）、（《清華一·耆夜》簡 4）、（《清華一·楚居》簡 10），不與“秋”混， 當是“穆”字無疑。林志鵬讀爲“繆”是，然“繆”義當爲亂。《管子·兵法》“三官不繆，五教不亂”，《韓非子·有度》“治亂決繆”，均以“繆”“亂”並列；《晏子春秋·外篇重而異者》第十四“……則是君之耳目繆也。夫上亂君之耳目，下使群臣皆失其職”，上言“繆”下言“亂”，“繆”“亂”義近明矣；《禮記·中庸》“考諸三王而不繆”孔穎達疏：“繆，亂也。”古書以“亂”“繆”修飾刑、刑政，例證甚多，如《墨子·節葬下》“刑政必亂”；《舊唐書·玄宗本紀》“政刑紕繆”，《春秋通說》卷二“政刑不繆”，例雖晚出，仍可資參證。學者指出此句可與《管子·霸形》“人甚懼死，而刑政險”及《管子·戒》“人患死，而上急刑焉”對讀，②三句意思相當，然用詞各不相同。

五、《上博五·三德》“古謱”

《上博五·三德》簡 10—11：

毋焚古謱，毋恥父兄。毋𦎫（傲）③貧，毋笑刑。

---

①　參看李守奎《楚文字編》，第 441 頁，華東師範大學出版社，2003 年。

②　參看陳偉《也談〈鮑叔牙與隰朋之諫〉與〈管子·霸形〉的對讀》；魯家亮《〈鮑叔牙與隰朋之諫〉與〈管子·戒〉對讀札記》，《華中科技大學學報》2007 年第 3 期。

③　“傲”字從趙平安釋讀（《上博簡〈三德〉“毋𦎫貧”解讀》，《新出簡帛與古文字古文獻研究》，第 357—362 頁，商務印書館，2009 年）。

“古謱”,整理者謂意思待考。[1] 劉國勝讀爲“姑嫂”,認爲父兄、姑嫂可能指諸父諸兄、諸姑諸嫂,也可能是男、女尊輩長老的泛稱。[2] 顧史考指出“姑嫂”一詞不見於先秦文獻,且“姑嫂”句放在“父兄”句前也不合適,他認爲可以讀爲“故老”或“故舊”;又説假如是以“謱”代老,則取老人僂行之狀。[3] 陳偉武指出古書“姑嫂”連言罕見,謂或可讀爲“孤老”。[4]

按,“古謱”疑當讀爲“胡耇”。“謱”上古音屬來母侯部,“耇”屬見母侯部,韻部相同,來、見關係密切,通轉之例甚多,如“林”是來母字,從林得聲的“禁”則是見母字;“吕”爲來母字,從吕得聲的“营”“筥”則爲見母字;等等。[5]《易·噬嗑》”屨校滅趾”,阜陽漢簡本“屨”作“屨”,馬王堆帛書本作“句”。是“謱”“耇”可通之證。“胡”“耇”均有老義,《逸周書·謚法》:“彌年壽考曰胡。”《詩·周頌·載芟》”胡考之寧”毛傳:“胡,壽也。”《方言》卷十:“耇,老也。”《詩·小雅·南山有臺》”遐不黃耇”毛傳:“耇,老也。”《左傳》僖公二十二年“雖及胡耇,獲則取之,何有於二毛”,杜預注:“胡耇,元老之稱。”孔穎達疏:“《謚法》:‘保民耆艾曰胡。’胡是老之稱也。《釋詁》云:‘耇,壽也。’”類似“胡耇”這樣同義連用表示年老之義的詞,

①　馬承源主編《上海博物館藏戰國楚竹書(五)》,第 295 頁,上海古籍出版社,2005 年。

②　劉國勝《上博竹書(五)零札五則》,《楚地簡帛思想研究》(三),第 104—105 頁,湖北教育出版社,2007 年。

③　顧史考《上博竹書〈三德〉篇逐章淺釋》,載《屈萬里先生百歲誕辰國際學術研討會論文集》。此文未見,引自王晨曦《上海博物館藏戰國竹書〈三德〉研究》,第 49 頁,復旦大學 2008 年碩士論文,指導教師:沈培、陳劍。

④　陳偉武《上博簡考釋掇瑣》,《古文字研究》第 27 輯,第 419 頁,中華書局,2008 年。

⑤　參看黃焯《古今聲類通轉表》,第 41 頁,上海古籍出版社,1983 年。

古書還有"壽考""胡考""胡老""胡耇""耇老""壽考"等，①《清華一·皇門》簡 1 有"耆耇"。

古書"父兄"一詞常與長老、長傁等並舉。《管子·大匡》："令高子進工賈，應於父兄，事長養老，承事敬。"《說苑·指武》："蔑侮父兄，不敬長老。"《張家山·蓋廬》簡 46—47"不孝父兄，不敬長傁者，攻之"，整理者注："傁，《方言》六：'長老也。'與'叟'字通。"②簡文"胡耇"與"長老""長傁"一樣，都指年老的人。"焚"字劉國勝讀爲"煩"，認爲即煩辱、勞苦之義，③其說可從。"毋煩胡耇"，即不要使年紀大的人勞苦。

第二節　秦簡《吏道》《爲吏》
字詞補釋十則

一、《吏道》

1. 戻人

　　凡戻人，表以身，民將望表以戻真_{3.5—4.5}

前"戻"字，整理小組引《國語·晉語》注"帥也"爲釋，說"戻人"

---

① 參看朱起鳳《辭通》，第 1453 頁，上海古籍出版社，1982 年。
② 張家山二四七號漢墓竹簡整理小組《張家山漢墓竹簡［二四七號墓］》（釋文修訂本），第 167 頁，文物出版社，2006 年。
③ 劉國勝《上博竹書（五）零札五則》，《楚地簡帛思想研究》（三），第 104 頁，湖北教育出版社，2007 年。

即爲民表率；①李零讀爲"律"。②

　　按，"戾"訓帥古籍罕見。《國語・晉語六》"夫以果戾順行，民不犯也"韋昭注："戾，帥也。以果敢帥順道而行之，故民不犯。"此其鮮例。但清人俞樾對這個訓釋已有異議，他說："韋解'戾'字未合。《爾雅・釋詁》曰：'戾，止也。'止與行正相對。以果戾順行，謂以果戾，以順行也，非謂以果帥順而行也。止所當止，其止也果矣，是謂果戾。行所當行，其行也順矣，是謂順行。上文曰'其身果而辭順，順無不行，果無不徹，犯順不祥，伐果不克'，並以果、順二字平列，此亦當同之。"③俞說甚辨，當可信從。因此整理者引韋注釋簡文則有不妥。"戾"當訓爲定。《廣雅・釋詁四》："戾，定也。"《詩・大雅・桑柔》"民之未戾，職盜爲寇"毛傳："戾，定也。"《左傳》襄公二十九年"天禍鄭久矣，其必使子產息之，乃猶可以戾"杜預注："戾，定也。"《詩・大雅・皇矣》"經始靈臺，經之營之"鄭箋"度始靈臺之基趾，營表其位"孔穎達正義："營表其位，謂以繩度立表以定其位處也。"簡文"戾人，表以身"與"立表以定其位處"意思相類，是說要使民眾有定處（不亂），須以自身爲表率。

　　2. 老弱獨轉

　　孤寡窮困，老弱獨轉 ₂.₃—₃.₃

──────────

　　① 睡虎地秦墓竹簡整理小組《睡虎地秦墓竹簡》"釋文注釋"第174頁，文物出版社，1990年。下引整理小組意見均見於此書，徑出頁碼。

　　② 李零《蘭臺萬卷：讀〈漢書・藝文志〉》，第201頁，生活・讀書・新知三聯書店，2011年。

　　③ 參看徐元誥撰、王樹民、沈長雲點校《國語集解》，第399頁，中華書局，2002年。

“轉”，精裝本釋文作“傳”（第 170 頁）。

按，依其凡例“異體字、假借字一般隨文注出，外加（）號”（第 3 頁，“凡例”第六條），此處徑出“傳”字，未作任何説明，顯係誤字。張希清、王秀梅主編《官典》一書收入《吏道》時即沿此誤，翻譯“老弱獨傳”爲“老弱獨自生活的人”；[1]白於藍認爲“獨傳”應相當於今天所説的單傳或獨子。[2] 他們都是上了精裝本釋文的當。綫裝本及簡裝本釋文均不誤。從文意看，“轉”應是一個與“孤”“寡”“貧”“窮”“老”“弱”“獨”並列的詞，意思當是遺棄。《淮南子·主訓》“死無轉尸”高誘注：“轉，棄也。”《墨子·兼愛下》“轉死溝壑中者”、《孟子·公孫丑下》“老羸轉於溝壑”，孫詒讓《間詁》、焦循《正義》均引高誘訓“轉”爲棄作解。[3] 宋人陳襄所作官箴書《州縣提綱》有《收撫遺棄》一節，文曰：“且歲饑遺棄孤幼於道者紛紛，不收而字之，何以爲民父母？”簡文“轉”當指被遺棄於道的孤幼等。綫裝本解釋“轉”爲流離失所，[4]近是。

二、《爲吏》

1. 棄婦不□[10]

按，缺字疑爲“書”。《睡虎地·答問》簡 169：“棄妻不書，貲二甲。”整理小組謂“書”指報告登記（第 133 頁）。

---

① 第 216 頁，吉林人民出版社，1998 年。

② 白於藍《睡虎地秦簡〈爲吏之道〉校讀札記》，《江漢考古》2010 年第 3 期。

③ 參看宗福邦等《故訓匯纂》，第 2262 頁，商務印書館，2003 年。

④ 《睡虎地秦墓竹簡》整理小組編《睡虎地秦墓竹簡》，第 172 頁，文物出版社，1977 年。

2. 徼迣不數[14]

"數",整理者解釋爲法制,"不數"即不合法度(第 114 頁)。[1]
馬芳、張再興認爲"不數"意思是不偷懶、盡責。[2] 湯志彪讀"數"爲
"慺",謹敬之義。[3]

按,《龍崗》簡 39"禁苑嗇夫、吏數循行,垣有壞決獸道出,及見
獸出在外,亟告縣","數循行"即頻繁巡邏。[4] 簡文"徼迣不數"即
巡視、遮攔的次數不頻繁。

3. 疏食蓄采(菜)[20]

"疏食",廖繼紅以爲是粗、糙飯。[5]

按,當讀爲"蔬食",指草木的果實。《禮記·月令》"山林藪澤,
有能取蔬食、田獵禽獸者,野虞教道之"鄭玄注:"草木之實爲蔬
食。"《墨子·雜守》:"令民家有三年畜蔬食,以備湛旱、歲不爲。"
《文子·上仁》:"春伐枯槁,夏收百果,秋蓄蔬食,冬取薪蒸,以爲民
資。"王凱博認爲"蔬食"指蔬菜和糧食,"蓄采"指儲藏和采摘,[6]可
參看。

4. 進遏不殻[20]

"遏"作 ,整理者釋爲"退",讀"殻"爲擊,出擊、攻打(第 117

---

① 朱漢民、陳松長主編《嶽麓書院藏秦簡(壹)》,第 114 頁,上海辭書出版社,2010
年。下引整理者意見均見此書,徑出頁碼。

② 馬芳、張再興《嶽麓簡〈爲吏治官及黔首〉校讀(一)》,簡帛網 2011 年 4 月 5 日。

③ 湯志彪《嶽麓秦簡拾遺》,簡帛網 2011 年 6 月 15 日。

④ 中國文物研究所、湖北省文物考古研究所《龍崗秦簡》,第 90 頁,中華書局,
2001 年。

⑤ 廖繼紅《〈爲吏治官及黔首〉補釋》,簡帛網 2011 年 2 月 28 日。

⑥ 王博凱《讀戰國秦簡札記四則》,《出土文獻研究》第 16 輯,第 64 頁,中西書局,
2017 年。

頁）。復旦讀書會認爲當釋作"遏"而用爲"退"，秦漢文字"曷""艮"往往相混。① 何有祖疑"進"用爲"雍"，"雍遏"即阻塞、壅塞；"穀"讀作"繫"，"雍遏不繫"指雍遏他人仕途的人沒有得到繫治，"繫治"見於張家山漢簡《律令》"毋敢以投書者言穀（繫）治人"（簡118）。②

按，字釋"遏"是。但"遏"不必是"退"之譌，"進"也不必用爲"雍"。"進"是使進，"遏"是阻止使不進，"進""遏"反義。《管子·立政九敗解》"且奸人在上，則壅遏賢者而不進也"，《淮南子·主術訓》"守官者雍遏而不進"，《漢書·五行志》"忠臣進善君不試，茲謂遏"，均是其例。不過此處"遏"當用爲名詞，即被阻止進入的人，聯繫前後文，或指盜賊。"進遏"是説放被止入關、入城的人進入。"穀"讀爲"繫"是，但意思當是拘因。"進遏不繫"意思是放盜賊入城關而不將其逮捕。

5. 苑水歂不利₂₂

整理者以"苑水"連讀，謂"苑"義爲積聚、鬱積，"苑水"即不流動的水（第118頁）。

按，此説似是而非。本篇類似句式多見，如簡21"車不攻簡"、25"出入不時"、26"歂食不節"、69"貲債不收"、72"藏蓋不瀘"、75"城門不密"、81"官贏不備"等等，均是陳述某種失職行爲。若依整理者意見，則"苑水歂不利"須譯爲"不流動的水飲用了會不利"，顯然不合全文體例。"水歂"當連讀，指水的飲用。古時苑中常有流水，主要供其中的禽獸飲用。"苑水歂不利"是説苑中水的飲用問

---

① 復旦讀書會（石繼承執筆）《讀〈嶽麓書院藏秦簡（壹）〉》，復旦網2011年2月28日。

② 何有祖《嶽麓秦簡〈爲吏治官及黔首〉補釋二則》，簡帛網2011年4月9日。

題没有得到處理。又《説文·水部》："沴，水不利也。"段玉裁注："坻礙水，令水不行，故謂之沴。"或與此意思相關。

6. 毋池(弛)共所[60]

按，"共"字作，左半部分從中間裂開，整理者疑爲"其"(第136頁)，非是。"共所"疑即共有場所。"池"，簡文作"沱"。"池""沱"古通用。整理者謂"池"讀爲"徹"，治理之義(第136頁)。或當讀爲"弛"，義即破壞。《國語·魯語上》"文公欲弛孟文子之宅"韋昭注："弛，毁也。""毋弛共所"是説不要破壞共有場所。

7. 治奴苑如縣官苑[62]

"奴"，整理者認爲指"水停滯不流動"(第137頁)。"奴苑"一詞又見於張家山漢簡《律令·徭律》"補繕邑□，除道橋，穿陂池，治溝渠，塹奴苑"(簡413)，整理者引《水經注·滱水》"不流曰奴"爲釋，[①]與嶽麓簡同；劉釗疑"奴"讀爲"帑"，"帑"本指錢帛，後又指藏錢帛的府庫。[②] 陳偉疑"奴"讀爲"墺(壖)"，引胡平生説謂"壖，本指城邊或河邊的空地，後特指宫殿、宗廟、禁苑等皇家禁地的墻垣外專設的一片空地，作爲一條'隔離地帶'，壖地邊緣，或建有墻垣"。[③]

按，依兩處文例，"奴"須與"苑"意思相當，且"奴苑"須可與"縣官苑"並列。循此，"奴"當讀爲"蘜"。上古音"奴"爲泥母魚部，"蘜"爲疑母魚部，韻部相同，泥、疑二紐亦有通轉之例，比如"堯"及

---

①　張家山二四七號漢墓竹簡整理小組《張家山漢墓竹簡[二四七號墓]》(釋文修訂本)，第65頁，文物出版社，2006年。

②　劉釗《〈張家山漢墓竹簡〉釋文注釋商榷(一)》，《出土簡帛文字叢考》，第192頁，臺灣古籍出版有限公司，2004年。

③　陳偉《嶽麓秦簡〈爲吏治官及黔首〉識小》，簡帛網2011年4月8日。

從"堯"得聲的僥、嶢等是疑母字，而鐃、橈、撓等是泥母字；同樣從
"今"得聲，念是泥母字，而吟是疑母字。《說文‧竹部》："籥，禁苑
也。"又作"籞"。《漢書‧宣帝紀》"池籞未御幸者，假與貧民"顏師
古注引蘇林曰："折竹以繩縣連禁禦，使人不得往來。律名爲籞。"
"奴（籞）"剛好出現在漢律中，正與蘇林說合。《睡虎地‧秦律‧徭
律》簡 117"縣葆禁苑、公馬牛苑，興徒以塹垣離散及補繕之，輒以
效苑吏，苑吏循之"，即以"禁苑"與一般的"馬牛苑"並列，也與簡文
以"奴（籞）苑"與"縣官苑"並列相當。

8. 衣聯弗補₆₃　室屋聯漏₂₄　藏蓋聯露₈₃

"聯"，整理者未作解釋。

按，當讀爲"裂"。"聯""連"音義並近，古多通用。"連""裂"音
近可通，《說苑‧談叢》"猖蹶而活，先人餘烈"，《馬王堆‧稱》13 上
"烈"作"連"；《老子》第三十九章"天無以清將恐裂"，帛書乙本 3 上
"裂"作"蓮"。《方言》卷三"南楚凡人貧衣被醜敝謂之須捷，或謂之
褸裂"，郭璞注："裂，衣壞貌。"《呂氏春秋‧似順論‧分職》"衣弊不
補，履決不組"，"弊"即衣敗，與"裂"義同。《國語‧齊語》"戎車待
遊車之裂"，《管子‧小匡》"裂"作"弊"，①是"裂""弊"異文之例。
簡 83"藏蓋聯露"，簡 24"室屋聯漏"，"聯"似均當讀爲"裂"。"藏
蓋"，整理者以爲是儲備之義（第 113 頁），此處當用作名詞，指儲存
物品之處，"藏蓋裂漏"或可與下句"毋薦毋蓋"連讀，是說如果儲物
的地方裂漏了，不能簡單地用草墊上、蓋上（而應該加以整修）。
《銀雀山一‧守法》簡 846"恐處藏之空漏，室屋毀敗而吏嗇夫弗

---

① 　王念孫《讀書雜志》，第 56 頁，江蘇古籍出版社，2000 年。

知,大罪也",即言此意。《嶽麓四》簡 383—383"冬若夏賤衣而聯寒者,冬袍裘綺履及它物可衣履者,盡四月收",整理者亦讀"聯"爲"裂"。[1]

第三節　相關文獻字詞釋讀一則

《嶽麓一·爲吏》中的"夸而夬,貴而企"一句,其中"企"字作 形,雖具體意思仍有待研究,[2]但從用韻等方面綜合考慮,它是"企"字大概可以肯定下來。《龍崗》簡 120:"侵食道、阡陌,及斬人疇企,貲一甲。""企"作 ,《雲夢龍崗秦簡》釋爲"企",引《説文》"企,舉踵也"段注"企或作跂"、《方言》卷一"跂,登也"説"企"爲田中較高可登之處,猶今言田埂。[3] 趙平安指出"疇企"相當於湘方言中的田 jī。[4] 胡平生認爲"企"(溪母支部)當讀爲"畦"(匣母支部),即田畦、田區;[5]後在其參加編寫的《龍崗秦簡》一書中又引李家浩説"疇畦"訓爲田界,即田塍。[6] 按, 釋"企"(訓爲田埂)既能與方言詞對應,也可以讀作"畦",應可信。以上兩例是秦簡中比較確定的"企"字。在馬王堆帛書中還有幾個形體與"企"相同的字,但它們如果釋爲"企"似乎很難講通。

---

① 陳松長主編《嶽麓書院藏秦簡(肆)》,第 231 頁,上海辭書出版社,2015 年。

② 參看本書第三章第一節。

③ 劉信芳、梁柱《雲夢龍崗秦簡》,第 41 頁,科學出版社,1997 年。

④ 趙平安《雲夢龍崗秦簡釋文注釋訂補》,《江漢考古》1999 年第 3 期。

⑤ 胡平生《雲夢龍崗秦簡考釋校證》,《簡牘學研究》第 1 輯,第 51 頁,甘肅人民出版社,1997 年。

⑥ 中國文物研究所、湖北省文物考古研究所編《龍崗秦簡》,第 112 頁,中華書局,2001 年。

下面先將有關文例抄出，再作討論。

（1）湯乃延三公，伊尹布圖陳策，以明法君法臣。法君者，法天地之則者。志曰天，曰［地］，曰四時。覆生萬物，神聖是則，以配天地。禮數四則，曰天倫。唯天不失▨，四倫［是］則。古今四倫，道數不忒，聖王是法，法則明分。后曰："天▨何也？"伊尹對曰："天▨无□，覆生萬物，生物不物，莫不以名，不可爲二名。此天▨也。"后曰："大矣哉！大矣哉！不失▨。法則明分，何也？"（《馬王堆四·九主》第7—11行）

（2）聚天下之良而獨有之，故能▨强。强則制天下。（《馬王堆四·明君》第5行）

（3）夫故以是攻戰，天下弗敢塞。以是守禦，天下弗敢試也。夫故遷天子之▨臣、［諸］侯之君，天下之請［□□□］之也，不得已於其有勝理也。（《馬王堆四·明君》第13—14行）

（4）雷公發氣，鄉有雷死者，暴風雨至。大音無雨，尉有殃。豐隆發氣，至大音不雨，司空起土功，雨吉。風伯發氣，至刑德不雨，歲有暴亂，疾風傷歲。雨師發氣，歲有米。至刑德不雨，歲▨無實。（《馬王堆五·刑甲·刑德占》第131—135行）

（5）德在［□，□］□，不可以舉金銅。執▨賞之歲是刑伐央（決）古（故）獄必……（《馬王堆五·刑乙·上朔》第33—34行）

這些字從形體上來看都應該是"企"，帛書整理小組對例(1)—(3)最先作的釋文就是如此。[①] 不過"企"字很難把相關文句講通，或許基於這個考慮，在正式出版的《馬王堆漢墓帛書[壹]》中就將"企"都改釋爲"乏"了，例(1)讀爲"範"，例(2)讀爲"泛"，例(3)讀爲"凡"。[②] "泛""凡"用在文中很難理解，不知整理者是何依據。例(4)材料發表較晚，劉樂賢認爲 釋"企"難通，當改釋爲"乏"，並以此證明整理小組的改釋有根據。[③] 按《説文·正部》："乏，《春秋傳》曰：反正爲乏。"篆文作 。戰國文字"乏"作 （《璽彙》3177）、（中山兆域圖）、（《清華一·程寤》簡7）、（《清華五·命訓》簡8）等形，秦漢時期寫法相同，作 （《睡虎地·答問》164）、（《里耶一》1716）、（《嶽麓一·爲吏》76"芝"）等，與 並不相同。因此釋"乏"從字形上來看並不可取。

另一種意見是將這些字看作是"法"的古文，最早由李學勤針對例(1)提出。[④] 例(5)《馬王堆集成》釋爲"正"，並疑是"佱（廢）"之誤；[⑤]鄔可晶則徑釋爲"佱"，[⑥]例(1)"天法"、例(3)"法臣"、例(4)

①　參看馬王堆漢墓帛書整理小組《馬王堆漢墓帛書[壹]·老子甲本卷後古佚書釋文》，第17、21頁，文物出版社，1974年。

②　參看國家文物局古文獻研究室《馬王堆漢墓帛書[壹]·釋文》，第29、35頁，文物出版社，1980年。

③　劉樂賢《讀馬王堆帛書札記二則》，《湖南省博物館文集》第4輯，第111—112頁，《船山學刊》編輯部，1998年。

④　李學勤（凌襄）《試論馬王堆漢墓帛書〈伊尹·九主〉》，《文物》1974年第11期。

⑤　裘錫圭主編《長沙馬王堆漢墓簡帛集成》第5冊，第138頁，中華書局，2014年。

⑥　鄔可晶《讀馬王堆帛書〈刑德〉、〈陰陽五行〉、〈天文氣象雜占〉瑣記》，《出土文獻研究》第15輯，第272頁，中西書局，2016年。

“歲法(讀爲乏)毋實”，從意思上看似乎是可以的。但古文“法”與
形體亦有區別。“法”字古文《説文》作 ，《汗簡》作 、
等。① 出土文獻中與“法”之古文形體相關的字有三個，一是見於
楚簡《上博(一)·緇衣》簡 14 的 ，今本《緇衣》與之對應的字正
是“法”， 的構形尚待進一步分析；②二是《上博六·用曰》簡 19
“…… 有紀，而亦不可戲”， 字程少軒、蔣文釋爲“法”；③三是
見於馬王堆帛書《陰陽五行》甲篇，作 ，文例作：“圾(仕)者，不
遷，。” 與“法”字古文全同，大多數學者都將其釋爲“法”讀

<hr />

①　馬敍倫先生認爲从乏聲(引自李圃主編《古文字詁林》第 8 册，第 512 頁，上
海教育出版社，2003 年)；黄錫全先生認爲从宀乏聲(《汗簡注釋》，第 107 頁，武漢大
學出版社，1990 年)；李學勤先生認爲或是“乏”的通假字(《〈古韻通曉〉簡評》，《中國
社會科學》1991 年第 3 期)；李零先生認爲从穴从乏即“窆”字(《上博楚簡三篇校讀
記》，第 45 頁，中國人民大學出版社，2007 年。原只説字从宀从乏，參看《上博楚簡校
讀記(之二)——〈緇衣〉》，《上博館藏戰國楚竹書研究》，第 413 頁，上海書店出版社，
2002 年)。章水根《“法”字古文來源蠡測》(復旦網 2012 年 6 月 27 日)對這個問題有
所關注。
②　整理者認爲从止从全，“全”即“百”字(馬承源主編《上海博物館藏戰國楚竹書
(一)》，第 190 頁，上海古籍出版社，2001 年)；白於藍認爲上部所从爲“全”(《〈上海博物
館藏戰國楚竹書(一)〉釋注商榷》，《華南師範大學學報》2002 年第 5 期)；李零認爲从止
从“法”的古文(《上博楚簡校讀記(之二)——〈緇衣〉》，《上博館藏戰國楚竹書研究》，
第 412 頁，上海書店出版社，2002 年)；魏宜輝則説應該是《汗簡》古文的訛變(《楚系簡帛文
字形體訛變分析》，第 53—54 頁，南京大學 2003 年博士論文，指導教師：張之恒)。按，
既然出土材料中明確的“法”字與傳抄古文有所不同，研究的方向應該是考慮後者是否
存在譌誤。張富海已經指出古文“法”即楚簡形體的譌變，並不从“乏”(《漢人所謂古文
之研究》，第 133—134 頁，綫裝書局，2007 年)；孟蓬生認爲 从百得聲，而 从白得聲，
百、白聲符替换(《“法”字古文音釋——談魚通轉例説之五》，《中國文字研究》第 16 輯，
上海人民出版社，2012 年)，是否正確尚待檢驗，但不再糾結於 、 形體上的聯繫，這
種思路是對的。
③　程少軒、蔣文《上博藏楚竹書〈用曰〉篇試讀一則》，《東南文化》2010 年第 5 期。

爲“廢”，但仍有不同意見。[①]　事實上，不管 、、 等應該作何分析、釋讀，這些字與 在形體上的區別還是很明顯的，至少目前並沒有很好的證據説明 與它們是同一個字。尤其值得注意的是，前舉例(1)中，“聖王是法，法則明分”，“法”下有重文符號，但“不失 。法則明分”，却没有在“”下加重文號，這似乎已經提示“”和“法”是兩個不同的字了。[②]

　　也有學者堅持已被帛書整理小組放棄的釋作“企”的觀點。比如魏啓鵬先後在兩篇文章中認爲此字釋“法”“乏”不確，當釋爲“企”讀爲“啓”，例(1)中的“天啓”即天之開啓，以時而行。[③]　尤其在《帛書“天企”考釋》一文中詳細論述了“天啓”一詞的起源和内涵。例(4)“歲企”魏先生讀爲“歲啓”，引《左傳》僖公五年“凡分至啓閉”杜預注“啓，立春、立夏”及襄公二十五年“青鳥氏，司啓者也”孔穎達疏“立春立夏謂之啓”認爲“歲啓”指歲之春夏二季，古代糧食作物揚花結實皆在此時，“歲啓毋實”言不結實也。[④]　魏文力辨

────────────

　①　整理者隸定爲“金”，讀爲廢(馬王堆漢墓帛書整理小組《馬王堆帛書〈式法〉釋文摘要》，《文物》2000 年第 7 期)，是將此字視爲“法”字古文的。施謝捷、劉樂賢兩先生有續論(施謝捷《簡帛文字考釋札記(再續)》，《文教資料》2001 年第 4 期。劉樂賢《〈説文〉“法”字古文補釋》，《古文字研究》第 24 輯，第 464 頁，中華書局，2002 年)。陳松長先生認爲同一篇中已經反復用“發”表示“廢”一詞，單單此處用“金”不好理解，他釋 爲“定”，又引《陰陽五行》乙篇對應的字寫作 ，正是“定”字(《帛書〈陰陽五行〉甲篇的文字識讀與相關問題》，《簡帛語言文字研究》第 1 輯，第 260—261 頁，巴蜀書社，2002 年)。

　②　這一點蒙鄒可品提示，謹致謝忱。

　③　魏啓鵬《前黄老形名之學的珍貴佚篇——讀馬王堆漢墓帛書〈伊尹·九主〉》，《道家文化研究》第 3 輯，第 333—334 頁，上海古籍出版社，1993 年；《帛書“天企”考釋》《簡帛語言文字研究》第 1 輯，第 64 頁，巴蜀書社，2002 年。

　④　魏啓鵬《帛書“天企”考釋》，《簡帛語言文字研究》第 1 輯，第 64 頁，巴蜀書社，2002 年。

該字非"法"非"乏",有字形依據,但釋"企"實難解釋"企強""企臣"的意思。

　　周家臺三〇號秦墓出土的曆譜木牘正面記有"端月癸卯大,二月癸酉小,三月壬寅大……","端月"即正月,因避秦始皇諱而改,"端"字作▮;①《馬王堆·刑甲·風雨雲氣》第 33 行"赤絑出,其端如杵","端"字作▮;胡家草場漢簡"端"多見,均作▮形,②所從"立"均與"企"同形。《嶽麓一·占夢書》簡 8:"吏夢▮匕上,其占□□□。"▮整理者釋爲"企",訓作站立或企望、希求。③ 按,訓作站立是,釋爲"企"則非。"企"有立義:《説文》訓"企"爲舉踵,即舉踵而立;《楚辭·九歎·惜賢》"登巑岏以長企兮"王逸注"企,立貌"。但古書中常見"立×上""立×之上"之類的説法,如《禮記·燕義》"君獨升立席上"、《管子·君臣上》"立三階之上"、《晏子春秋·外篇重而異者》第十五"景公與晏子立曲潢之上"等,"企"字卻很難找到類似用法。因此,▮釋作"立"更爲合適。④

　　"立"爲何會寫作與"企"同形呢? 這要從"止"字説起。秦漢簡帛中的"止"字大致有三種寫法,一是作規整的▮、▮形,與小篆寫法同。二是作▮形,如:"前"字作▮、▮,又作▮、

━━━━━━━━

　　① 參看湖北省荆州市周梁玉橋遺址博物館《關沮秦漢墓簡牘》,第 5 頁(彩版)、第 25 頁,中華書局,2001 年。

　　② 荆州博物館、武漢大學簡帛研究中心《荆州胡家草場西漢簡牘選粹》,第 146—151 頁,文物出版社,2021 年。

　　③ 朱漢民、陳松長主編《嶽麓書院藏秦簡(壹)》,第 154 頁,上海辭書出版社,2010 年。

　　④ 凡國棟《嶽麓秦簡〈占夢書〉校讀拾補》亦釋作"立",但主要從形體方面論證(《甘肅省第二屆簡牘學術研討會論文集》,第 583 頁,上海古籍出版社,2012 年)。下文所作的形體分析,凡文也已有所説明,可以參看。

[字形]、[字形]、[字形]；"步"字作[字形]，又作[字形]；"歲"字作[字形]，又作[字形]、[字形]、[字形]；"正"字作[字形]，又作[字形]。① 三是草書作[字形]（兩筆寫成，或一筆寫作[字形]），試看以下文字所從的"止"形：[字形]（起）、[字形]（越）、[字形]（距）、[字形]（歸）、[字形]（徙）、[字形]（逐）、[字形]（達）、[字形]（是）。②《説文·立部》："立，住也。從大立一之上。"古文字"立"均象大立一上之形，秦漢簡帛則多寫作：

[字形]《睡虎地·爲吏》7·5　　[字形]《馬王堆·經法》1 上

[字形]《銀雀山二》1421　　[字形]《張家山·蓋廬》10

或書寫草率作：

[字形]《睡虎地·日乙》178　　[字形]《睡虎地·日乙》237

[字形]《馬王堆·春秋》88　　[字形]《馬王堆·戰國》220

　　這兩種寫法的"立"從表面上就可以分析爲從[字形]和[字形]或[字形]。而[字形]、[字形]正是"止"的常用形體。若[字形]、[字形]寫成比較規整的"止"，就成了前面談到的[字形]。秦漢簡帛有很大一部分"立"字所從"大"形分成了兩部分，如：

―――――――――

① 　參看方勇《秦簡牘文字編》，第 36—38 頁，福建人民出版社，2012 年；陳松長《馬王堆簡帛文字編》，第 58—61 頁，文物出版社，2001 年；駢宇騫《銀雀山漢簡文字編》，第 48—50 頁，文物出版社，2001 年。

② 　參看方勇《秦簡牘文字編》，第 36—46 頁，福建人民出版社，2012 年；陳松長《馬王堆簡帛文字編》，第 55—72 頁，文物出版社，2001 年。

【字形圖】《馬王堆・戰國》51　【字形圖】《銀雀山一》661

【字形圖】《銀雀山一》721　【字形圖】《銀雀山一》765

【字形圖】《銀雀山一》899　【字形圖】《銀雀山二》1779

【字形圖】《里耶一》173 背 "端"　【字形圖】《張家山・脈書》1 "泣"

【字形圖】《嶽麓一・爲吏》14 "苙"

　　這種寫法使得 "立" 的字形更像是由【字形】和止組成。如果【字形】也這樣分離的話，就變成這裏討論的【字形】了。類似【字形】、【字形】、【字形】這樣從表面上可以看作从【字形】从止的形體，與《説文・人部》"从人从止" 的 "企" 基本相同，這樣 "立" 便有了譌爲 "企" 形的可能。雖然 "立" 字構形的實際情況並非如此，但當時人書寫習以爲常，加之秦漢文字 "立""企" 筆順相同，以至於把 "立" 字寫作从人从比較規整的 "止" 字。①

　　將馬王堆帛書中與 "企" 形同的字釋爲 "立"，能够使舊釋 "企""乏""法" 難通的句子得到較好地解釋：

　　例(1)中 "立" 用爲位。"天位" 一詞古書多見，《漢語大詞典》列有三種義項：一是天子之位、帝位，二是天帝之位，三是天賜之職位、官位，②用在此處似均不合適。《經法・國次》："天地立（位），聖人故載。"《禮記・中庸》"致中和，天地位焉，萬物育焉" 鄭玄注："位，猶正也。""天地位" 即天地各在其正位，《九主》"天位" 當指天

----

　　① 或許在當時人的意識裏，"立" 就可以寫成从人从止，會站立之意。汪維輝《漢語 "站立" 義詞的現狀與歷史》對 "企""立" 的意思有比較詳細的描述（《著名中年語言學家自選集・汪維輝卷》，第 109—118 頁，上海教育出版社，2011 年）。

　　② 羅竹風主編《漢語大詞典》（縮印本）上册，第 1339 頁，漢語大詞典出版社，1997 年。

處於其位或天所處之位，應帶有規律、規範的意味。"唯天不失位，四綸是則"，是説天不失位，以四綸爲則。

例（2）中"聚天下之良而獨有之，故能立强，强則制天下"，"立强"即立於强，與現在所説的立於不敗之地相似。《新序》卷三《雜事》："至秦用商鞅之法，東弱韓魏，立强天下。""立"或即立刻之意，"立强"即迅速變强。

例（3）中"立"如字讀。"遷天子之立臣"，即擢升至天子所立的臣屬之列。馬王堆帛書《天文氣象雜占》有"天下有立王""與立王同占""邦有立侯""天下有立公［伯］"等説法，[①]"立臣"與立王、立侯、立公伯構詞形式相當。

例（4）中"立"讀爲"粒"，"粒"也是米。又泛指穀物，《小爾雅·廣物》："穀謂之粒。"《吕氏春秋·孟秋紀·孟秋》："陽氣復還，五穀不實。""至刑德不雨，歲粒毋實"（"毋"義爲不，魏啓鵬已有説[②]）與前文"雨師發氣，歲有米"正好相對。需要指出的是，《刑德》甲篇第5—6行"其國立［君］，三夾之，其國立將軍"，兩"立"字作 ▨ 、▨ ，[③]與此處寫作 ▨ 不同，但從上舉同篇"端"字所從"立"寫成"企"形來看，這種一字異構的現象還是可以接受的。

例（5）"執立賞之歲是刑伐夬（決）古（故）獄必……"句意不甚明朗。疑"立賞"指封立、賞賜。《淮南子·天文》"舉賢良，賞有功，

---

　　①　參看劉樂賢《馬王堆天文書考釋》，第 123、124、174 頁，中山大學出版社，2004 年。

　　②　魏啓鵬《帛書"天企"考釋》，《簡帛語言文字研究》第 1 輯，第 64 頁，巴蜀書社，2002 年。

　　③　陳松長《馬王堆帛書〈刑德〉研究論稿》，第 140—141 頁，臺灣古籍出版有限公司，2001 年。

立封侯，出貨財”、《國語・晋語八》“今吾若起瑕、原、韓、魏之後而賞立之，則民懷矣”，可資參證。

　　周家臺秦簡 345—346：“馬心　禹步三，鄉（向）馬祝曰：‘高山高絲，某馬心，天某。爲我已之，並![字]待之。’即午畫地，而最（撮）其土，以靡（摩）其鼻中。”① ![字]字整理者不釋，《秦簡牘合集》釋文釋作“企”，疑“並企”表恭謹。②

　　按，釋“企”實難疏通文意，以“並企”表恭謹亦無據，當是“立”字。“侍”讀爲持（如簡 351“到困下，先侍（持）豚”），意爲執。簡文“持之”即持馬，《周禮・夏官・司馬》“王出入則持馬陪乘”、《説苑・政理》“遂持駒去”、《急就篇》顏師古注文“枙在衡上，所以枙持牛馬之頸也”，可資參證。“爲我已之，並立持之”，意即讓馬“心”之疾停止，並立刻將失常的馬逮住執回。

　　綜上所述，秦簡文字有確定的“企”字。但在馬王堆帛書和嶽麓秦簡中，有一些與“企”形體相同的字，如果釋爲“企”就很難講通。這些字可能應該釋爲“立”。那種脱離造字本義、可以分析爲從人從止的“立”字，是造成“立”寫作“企”形的重要原因。另外，“企”“立”是同義換讀的可能性也不能排除。這類“立”字在秦漢簡帛中或用爲本字，或讀爲“位”，或讀爲“粒”。

————————

　　① “絲”字整理者誤釋爲“郭”（《關沮秦漢墓簡牘》，第 132 頁，中華書局，2001 年），此從《秦簡牘合集》改釋（陳偉主編《秦簡牘合集（叁）》，第 66 頁，武漢大學出版社，2014 年）。方勇《讀秦簡札記（一）》，簡帛網 2015 年 8 月 15 日）引陳劍先生説認爲“絲”是“絲”之誤字，讀爲“巒”，可從。“某馬心，天某，爲我已之”，整理者斷作“某馬心天，某爲我已之”（《關沮秦漢墓簡牘》，第 132 頁）。陳斯鵬先生改斷如上，並謂“馬心”是指馬匹行爲失常、瘋狂不聽控制一類的病態，“天”讀爲顛僕之“顛”，“顛某”即馬因瘋病而把主人摔倒（《簡帛文獻與文學考論》，第 119 頁，中山大學出版社，2007 年），其説合理可信。

　　② 陳偉主編《秦簡牘合集（叁）》，第 66 頁，武漢大學出版社，2014 年。

結　語

　　本書是整理簡帛爲臣居官類文獻的初步成果，共分五章。第一章首先説明選題意義，其次對與論題相關的概念作界定，然後簡要介紹簡帛爲臣居官類文獻，並對已有研究作舉例性綜述。

　　第二章對楚簡中與爲臣居官有關的文獻作分類整理。第一節討論事君言論，第二節梳理爲政之善與失的内容，第三節對孔子論述爲官的内容從政務和教化兩方面進行整理。在文獻解讀方面有以下一些新見：1. 據簡本《緇衣》認爲今本“臣儀行，不重辭，不援其所不及，不煩其所不知，則君不勞矣”二“其”字當指臣而言，非如鄭玄、孔穎達等所説指君，“煩”當讀爲“繁”。2. 指出《上博八·顔淵》“豫絞而收貧”當讀爲“舍約而收貧”，“舍”爲安置之義，“舍約”與“收貧”意思相當，均指安撫窮困。3. 指出左冢棋局的 與《上博一·緇衣》簡 1 中跟今本“服”對應的 爲一字，當從學者釋爲“勑”；《郭店·緇衣》簡 1 與 對應的“放”及《上博三·仲弓》簡 13 的“放”也當如學者讀爲“勑”，《緇衣》及棋局“勑”是形容詞用法即整治得好，與“服”意近，《仲弓》“勑”則是動詞用法即整治。

　　第三章對秦簡專論居官類文獻作整理研究。第一節梳理《睡虎地·吏道》《嶽麓一·爲吏》《王家臺·政事》中内容相當的部分。第二節研究《吏道》《爲吏》中的格言，指出它們可與二十多種古書相參，有些内容似是當時人的習語，不一定帶有學派性質。第三節將《爲吏》與秦漢律令作對比研究，指出其中不少内容，可能是直接抄自秦律。第四節比較《吏道》《爲吏》與九種官箴書在政務和思想内容上的相似性，指出《吏道》中“孤寡窮困”段並非識字之用，而是官吏所要注意事項的集合。在字詞釋讀方面，多有新見，如：1.《爲吏》簡 54“寬俗”讀爲“寬裕”“寬容”均可通，“寬容”一詞並非如學者所説“少見於早期典籍”。2. 根據《獄一》“吏”“事”用字不同，認爲《爲吏》簡 20“舉 ▨ 審當”之 ▨ 釋爲“吏”更合用字習慣，《吏道》相同之字也當釋爲“吏”。3.《爲吏》簡 42“夸而夬”之“夬”讀爲“決”，與《吏道》作“迣”意思對應，均指過界。4.《吏道》簡 22.1“反赦其身”之“赦”當依《爲吏》讀爲“若”，“若”是順、善等義。5.《爲吏》簡 35“勿言可復”，“復”是返還、收回等義；簡 40“厭忿止欲”，“厭”意思爲棄；簡 65“親戚不朹，不欲外交”，“朹”讀“泛”可從，但意思當是廣、衆；簡 71“禍之貴也”，“貴”讀爲“闠”，指門；簡 79“毋朵不年別”，“朵”讀爲“揲”，指稱量。

　　第四章對爲臣居官類文獻三種作校釋。第一節是秦簡《語書》“課吏令”，認爲：1. “易口舌”之“易”是變换，“口舌”指言語。2. “善斥事”之“善”是喜好之義；“善”“喜”古書或以異文形式互出，前人多謂二字係形近致誤，若以同義替换解釋，同樣能够講通。3. “誆訑”讀爲“懭悢”，忿怒之義。4. “險”當讀爲“嚴”。第二節是馬王堆帛書《昭力》“卿大夫之義”段，認爲：1. “卑隃”之“隃”當讀爲“逾”或“踰”，是降、下的意思。2. “闌輿之衛”之“闌”當取嫻習即熟練之義。第三節利用傳世兵書及非專門兵書中的論兵内容，對銀雀山漢簡《將德》《將敗》等五篇文獻中有關將領修養素質部分作疏證。

第五章考釋爲臣居官類文獻中的疑難詞語。楚簡方面，如：1.《上博二·從政》甲篇簡 19"飢寒而毋斂"之"斂"當讀爲"劇"，是殘害的意思；"從事而毋█"之█當釋爲"說"，是言語不正、以言刺探人意的意思，或可讀爲"毀"。"飢寒而毋劇，從事而毋說/說（毀）"意思是飢寒時不做爲非作歹殘害別人之事，從政行事不要言語不正（詆毀別人）。2.《上博五·鮑叔》簡 7"穆其刑"之"穆"非"秋"之譌，學者讀爲"繆"是，然"繆"義當爲亂。秦簡方面，如：1.《吏道》簡 3.5"凡戾人"之"戾"當訓爲定；2. 簡 2.3—3.3"孤寡窮困，老弱獨轉"之"轉"當訓爲棄。3.《爲吏》簡 14"徼迣不數"之"數"指頻繁；簡 20"疏食蓄菜"之"疏"讀爲"蔬"，蔬食指草木的果實；簡 20"進遏不縠"之"進"是使進，"遏"是阻止使不進，"進""遏"反義，"縠"學者讀爲"繫"是，但意思當是拘囚，"進遏不繫"意思是將盜賊放入城關之內却没有將其逮捕；簡 22"苑水歕不利"之"水歕"當連讀，指水的飲用；簡 62"治奴苑如縣官苑"之"奴"當讀爲籞，指禁苑；簡 63"衣聯弗補"之"聯"當讀爲"裂"。最後將馬王堆帛書材料中與《嶽麓一·爲吏》簡 43"貴而企"、《龍崗》簡 120"疇企"同形的 █ 釋爲"立"，指出《馬王堆·九主》"天立"讀爲"天位"；《明君》"立強，強則制天下"之"立強"即立於強或迅速變強；"天子之立臣"之"立"讀爲"位"，作定語，或如字讀，"立臣"與"立友"同；《刑德甲》"歲立毋實"之"立"讀爲"粒"，指米。

本書着重文本整理，先將文獻按内容分類，再對各部分進行研究，對疑難字詞尤其關注，多所考釋。對與文本相關的制度、思想研究涉及較少，是有待加强的地方。

簡 稱 表

説明：(1)《上海博物馆藏戰國楚竹書(一)》簡稱《上博一》，其餘冊均仿此。(2)篇名一般取前二、三字爲簡稱。

《集成》	《殷周金文集成》
《陶彙》	《古陶文彙編》
《璽彙》	《古璽彙編》
《九店》	《九店楚簡》
《包山》	《包山楚簡》
《曾侯》	《曾侯乙墓》
《新蔡》	《新蔡葛陵楚墓》
《郭店》	《郭店楚墓竹簡》
《上博一》	《上海博物馆藏戰國楚竹書(一)》
《清華一》	《清華大學藏戰國竹簡(壹)》
《嶽麓一》	《嶽麓書院藏秦簡(壹)》
《睡虎地》	《睡虎地秦墓竹簡》
《龍崗》	《龍崗秦簡》

續　表

《里耶一》	《里耶秦簡（壹）》
《張家山》	《張家山漢墓竹簡［二四七號墓］》
《馬王堆》	《長沙馬王堆漢墓簡帛集成》
《銀雀山一》	《銀雀山漢墓竹簡（壹）》
復旦網	復旦大學出土文獻與古文字研究中心網
復旦讀書會	復旦大學出土文獻與古文字研究中心研究生讀書會
復旦吉大讀書會	復旦吉大古文字專業研究生聯合讀書會

參考文獻

一、簡帛文獻著録（按出版時間排序）

國家文物局古文獻研究室：《馬王堆漢墓帛書[壹]》，北京：文物出版社，1980年。

中國社會科學院考古研究所：《居延漢簡甲乙編》，北京：中華書局，1980年。

馬王堆漢墓帛書整理小組：《馬王堆漢墓帛書[叁]》，北京：文物出版社，1983年。

銀雀山漢墓竹簡整理小組：《銀雀山漢墓竹簡（壹）》，北京：文物出版社，1985年。

河南省文物研究所：《信陽楚墓》，北京：文物出版社，1986年。

湖北省博物館：《曾侯乙墓》，北京：文物出版社，1989年。

睡虎地秦墓竹簡整理小組：《睡虎地秦墓竹簡》，北京：文物出版社，1990年。

湖北省荊沙鐵路考古隊：《包山楚簡》，北京：文物出版社，1991年。

湖北省文物考古所、北京大學中文系：《望山楚簡》，北京：中華書局，1995年。

商承祚：《戰國楚竹簡匯編》，濟南：齊魯書社，1995 年。

劉信芳、梁柱：《雲夢龍崗秦簡》，北京：科學出版社，1997 年。

荊門市博物館：《郭店楚墓竹簡》，北京：文物出版社，1998 年。

湖北省文物考古所、北京大學中文系：《九店楚簡》，北京：中華書局，2000 年。

陳松長：《香港中文大學文物館藏簡牘》，香港：香港中文大學文物館，2001 年。

中國文物研究所、湖北省文物考古研究所：《龍崗秦簡》，北京：中華書局，2001 年。

湖北省荊州市周梁玉橋遺址博物館：《關沮秦漢墓簡牘》，北京：中華書局，2001 年。

張家山二四七號漢墓竹簡整理小組：《張家山漢墓竹簡〔二四七號墓〕》，北京：文物出版社，2001 年。

馬承源主編：《上海博物館藏戰國楚竹書》一——九，上海：上海古籍出版社，2001—2012 年。

河南省文物考古研究所：《新蔡葛陵楚墓》，鄭州：大象出版社，2003 年。

湖北省文物考古研究所、隨州市考古隊：《隨州孔家坡漢墓簡牘》，北京：文物出版社，2006 年。

彭浩、陳偉、工藤元男主編：《二年律令與奏讞書——張家山二四七號漢墓出土法律文獻釋讀》，上海：上海古籍出版社，2007 年。

張政烺：《馬王堆帛書〈周易〉經傳校讀》，北京：中華書局，

2008 年。

甘肅省文物考古研究所：《天水放馬灘秦簡》，北京：中華書局，2009 年。

李學勤主編：《清華大學藏戰國竹簡》壹—捌，上海：中西書局，2010—2018 年。

銀雀山漢墓竹簡整理小組：《銀雀山漢墓竹簡（貳）》，北京：文物出版社，2010 年。

陳偉主編：《秦簡牘合集》，武漢：武漢大學出版社，2014 年。

裘錫圭主編：《長沙馬王堆漢墓簡帛集成》，北京：中華書局，2014 年。

朱漢民、陳松長主編：《嶽麓書院藏秦簡》壹—陸，上海：上海辭書出版社，2010—2020 年。

黃德寬主編：《清華大學藏戰國竹簡》玖—拾壹，上海：中西書局，2019—2021 年。

二、工具書、古籍（按作者姓氏音序排列，下同）

白於藍：《簡帛古書通假字大系》，福州：福建人民出版社，2017 年。

陳復華、何九盈：《古韻通曉》，北京：中國社會科學出版社，1987 年。

陳鼓應：《黃帝四經今注今譯》，北京：商務印書館，2007 年。

陳鼓應：《老子注譯及評介》（修訂增補本），北京：中華書局，2009 年第 2 版。

陳奇猷：《韓非子新校注》，上海：上海古籍出版社，2000 年。

陳奇猷：《呂氏春秋新校釋》，上海：上海古籍出版社，

2002 年。

陳松長編著,鄭曙賓、喻燕姣協編:《馬王堆簡帛文字編》,北京:文物出版社,2001 年。

陳振裕、劉信芳:《睡虎地秦簡文字編》,武漢:湖北人民出版社,1993 年。

丁福保:《説文解字詁林》,北京:中華書局,2014 年。

(清) 段玉裁:《説文解字注》,上海:上海古籍出版社,1988 年。

范祥雍箋證、范邦瑾協校:《戰國策箋證》,上海:上海古籍出版社,2006 年。

方向東:《大戴禮記匯校集解》,北京:中華書局,2008 年。

高亨:《高亨著作集林[第七卷]·墨經校詮 商君書注譯》,北京:清華大學出版社,2004 年。

高亨纂著、董治安整理:《古字通假會典》,濟南:齊魯書社,1989 年。

高明、涂白奎:《古文字類編》(增訂本),上海:上海古籍出版社,2008 年。

高明、葛英會:《古陶文字徵》,北京:中華書局,1991 年。

郭錫良:《漢字古音手冊》(增訂本),北京:商務印書館,2010 年。

漢語大字典編輯委員會:《漢語大字典》(縮印本),武漢·成都:湖北辭書出版社、四川辭書出版社,1995 年。

漢語大字典字形組:《秦漢魏晉篆隸字形表》,成都:四川辭書出版社,1985 年。

何琳儀：《戰國古文字典》，北京：中華書局，1998 年。

黃德寬主編：《古文字譜系疏證》，北京：商務印書館，2007 年。

黃懷信：《鶡冠子匯校集注》，北京：中華書局，2004 年。

黃懷信等：《逸周書彙校集注》（修訂本），上海：上海古籍出版社，2007 年。

黃懷信等：《論語彙校集釋》，上海：上海古籍出版社，2008 年。

（清）黃生、黃承吉：《字詁義府合按》，北京：中華書局，1984 年。

黃焯：《古今聲類通轉表》，上海：上海古籍出版社，1983 年。

（清）李道平撰、潘雨廷點校：《周易集解纂疏》，北京：中華書局，1994 年。

李圃主編：《古文字詁林》，上海：上海教育出版社，1999 年。

黎翔鳳撰、梁運華整理：《管子校注》，北京：中華書局，2004 年。

劉俊文主編：《官箴書集成》，合肥：黃山書社，1997 年。

劉信芳：《楚簡帛通假字彙釋》，北京：高等教育出版社，2011 年。

樓宇烈：《王弼集校注》，北京：中華書局，1980 年。

李守奎：《楚文字編》，上海：華東師範大學出版社，2003 年。

李守奎主編：《上海博物館藏戰國楚竹書（一—五）文字編》，北京：作家出版社，2007 年。

羅福頤：《古璽文編》，北京：文物出版社，1981 年。

任繼愈：《老子繹讀》，北京：北京圖書館出版社，2006 年。

容庚編著，張振林、馬國權摹補：《金文編》，北京：中華書局，1985 年。

（漢）司馬遷：《史記》，北京：中華書局，1982 年。

石光瑛校釋、陳新整理：《新序校釋》，北京：中華書局，2001 年。

（清）孫希旦撰，沈嘯寰、王星賢點校：《禮記集解》，北京：中華書局，1989 年。

孫詒讓撰、孫啓治點校：《墨子間詁》，北京：中華書局，2001 年。

湯餘惠主編：《戰國文字編》，福州：福建人民出版社，2001 年。

滕壬生：《楚系簡帛文字編》（增訂本），武漢：湖北教育出版社，2008 年。

王煥鑣：《墨子集詁》，上海：上海古籍出版社，2005 年。

王輝：《古文字通假字典》，北京：中華書局，2008 年。

（清）王念孫：《廣雅疏證》，南京：江蘇古籍出版社，2000 年。

（清）王念孫：《讀書雜志》，南京：江蘇古籍出版社，2000 年。

王天海：《荀子校釋》，上海：上海古籍出版社，2005 年。

謝紀鋒：《虛詞詁林》，北京：商務印書館，2015 年。

徐元誥撰，王樹民、沈長雲點校：《國語集解》，北京：中華書局，2002 年。

徐在國：《戰國文字論著目錄索引》，北京：綫裝書局，2007 年。

徐在國：《傳抄古文字編》，北京：綫裝書局，2006 年。

（漢）許慎：《説文解字》，北京：中華書局，2013 年。

楊伯峻：《春秋左傳注》，北京：中華書局，1990 年第 2 版。

（清）于鬯：《香草校書》，北京：中華書局，1984 年。

（清）俞樾：《群經平議》，《清經解續編》，上海：上海書店，1988 年。

張守中：《睡虎地秦簡文字編》，北京：文物出版社，1994 年。

張顯成：《秦簡逐字索引》，成都：四川大學出版社，2010 年。

張震澤：《孫臏兵法校理》，北京：中華書局，1984 年。

宗福邦、陳世鐃、蕭海波主編：《故訓匯纂》，北京：商務印書館，2003 年。

（宋）朱熹：《四書章句集注》，北京：中華書局，1983 年。

朱起鳳：《辭通》，上海：上海古籍出版社，1982 年。

三、今人專著

蔡偉：《誤字、衍文與用字習慣——出土簡帛古書與傳世古書校勘的幾個專題研究》，臺北：花木蘭文化事業有限公司，2019 年。

陳劍：《甲骨文金文考釋論集》，北京：綫裝書局，2007 年。

陳劍校點：《從政》，《儒藏》精華編二八二，北京：北京大學出版社，2020 年。

陳斯鵬：《簡帛文獻與文學考論》，廣州：中山大學出版社，2007 年。

陳斯鵬：《楚系簡帛中字形與音義關係研究》，北京：中國社會科學出版社，2011 年。

陳偉等：《楚地出土戰國簡冊［十四種］》，北京：經濟科學出版社,2009 年。

陳偉:《郭店竹書别釋》,武漢:湖北教育出版社,2003 年。

陳偉:《新出楚簡研讀》,武漢:武漢大學出版社,2010 年。

陳偉武:《簡帛兵學文獻探論》,廣州:中山大學出版社,1999 年。

陳偉武:《愈愚齋磨牙集——古文字與漢語史研究叢稿》,上海:中西書局,2014 年。

陳偉武:《愈愚齋磨牙二集——古文字與古文獻研究叢稿》,上海:中西書局,2018 年。

陳煒湛、唐鈺明:《古文字學綱要》,廣州:中山大學出版社,2009 年。

鄧球柏:《帛書周易校釋》(增訂本),長沙:湖南出版社,1996 年第 2 版。

丁四新:《楚竹書與漢帛書〈周易〉校注》,上海:上海古籍出版社,2011 年。

范常喜:《簡帛探微——簡帛字詞考釋與文獻新證》,上海:中西書局,2016 年。

方勇:《秦簡牘文字編》,福州:福建人民出版社,2012 年。

馮勝君:《郭店簡與上博簡對比研究》,北京:綫裝書局,2007 年。

高敏:《云夢秦簡初探》(增訂本),鄭州:河南人民出版社,1981 年。

顧德融、朱順龍:《春秋史》,上海:上海人民出版社,2003 年。

郭永秉:《古文字與古文獻論集》,上海:上海古籍出版社,

2011 年。

郭永秉：《古文字與古文獻論集續編》，上海：上海古籍出版社，2015 年。

郭沂：《郭店楚簡與先秦學術思想》，上海：上海教育出版社，2001 年。

何琳儀：《戰國文字通論》（訂補），南京：江蘇教育出版社，2003 年。

侯乃峰：《〈周易〉文字彙校集釋》，臺北：臺灣古籍出版有限公司，2009 年。

侯乃峰：《上博楚簡儒學文獻校理》，上海：上海古籍出版社，2018 年。

黃德寬、何琳儀、徐在國：《新出楚簡文字考》，合肥：安徽大學出版社，2007 年。

黃人二：《上海博物館藏戰國楚竹書（二）研究》，臺中：高文出版社，2005 年。

黃文傑：《秦至漢初簡帛文字研究》，北京：商務印書館，2008 年。

季旭昇主編：《〈上海博物館藏戰國楚竹書（二）〉讀本》，臺北：萬卷樓圖書股份有限公司，2003 年。

季旭昇主編：《〈上海博物館藏戰國楚竹書（三）〉讀本》，臺北：萬卷樓圖書股份有限公司，2005 年。

季旭昇主編：《〈上海博物館藏戰國楚竹書（四）〉讀本》，臺北：萬卷樓圖書股份有限公司，2007 年。

李家浩：《著名中年語言學家自選集·李家浩卷》，合肥：安徽教育出版社，2002 年。

李零：《上博楚簡三篇校讀記》，北京：中國人民大學出版社，2007 年。

李零：《郭店楚簡校讀記》（增訂本），北京：中國人民大學出版社，2007 年。

李零：《簡帛古書與學術源流》，北京：生活·讀書·新知三聯書店，2004 年。

李零：《長沙子彈庫戰國楚帛書研究》，北京：中華書局，1985 年。

李學勤：《李學勤早期文集》，石家莊：河北教育出版社，2008 年。

李學勤：《文物中的古文明》，北京：商務印書館，2008 年。

李學勤：《東周與秦代文明》，上海：上海人民出版社，2007 年。

李學勤：《古文獻叢論》，上海：上海遠東出版社，1996 年。

廖名春：《新出楚簡試論》，臺北：臺灣古籍出版有限公司，2001 年。

廖名春：《帛書〈周易〉論集》，上海：上海古籍出版社，2008 年。

林澐：《林澐學術文集》，北京：中國大百科全書出版社，1998 年。

劉彬徽：《楚系青銅器研究》，武漢：湖北教育出版社，1995 年。

劉傳賓：《郭店楚簡研究綜論（文本研究篇）》，吉林大學博士論文,指導教師：馮勝君,2010 年。

劉嬌：《言公與剿説——從出土簡帛古籍看西漢以前古籍中相同或類似内容重複出現現象》,北京：綫裝書局,2012 年。

劉釗：《古文字構形學》,福州：福建人民出版社,2006 年。

劉釗：《古文字考釋叢稿》,長沙：嶽麓書社,2005 年。

劉釗：《出土簡帛文字叢考》,臺北：臺灣古籍出版有限公司,2004 年。

劉釗：《郭店楚簡校釋》,福州：福建人民出版社,2005 年。

劉信芳：《包山楚簡解詁》,臺北：藝文印書館,2003 年。

吕思勉：《秦漢史》,上海：上海古籍出版社,1993 年。

繆文遠：《戰國制度通考》,成都：巴蜀書社,1998 年。

裘錫圭：《文字學概要》,北京：商務印書館,2013 年。

裘錫圭：《裘錫圭學術文集》,上海：復旦大學出版社,2012 年。

饒宗頤、曾憲通：《楚地出土文獻三種研究》,北京：中華書局,1993 年。

單育辰：《楚地戰國簡帛與傳世文獻對讀之研究》,北京：中華書局,2014 年。

瀋陽部隊《孫臏兵法》注釋組：《〈孫臏兵法〉注釋》,瀋陽：遼寧人民出版社,1975 年。

蘇建洲：《楚文字論集》,臺北：萬卷樓圖書股份有限公司,2011 年。

蘇建洲：《〈上博楚竹書〉文字及相關問題研究》,臺北：萬卷樓圖書股份有限公司,2008 年。

蘇建洲:《上海博物館藏戰國楚竹書(二)校釋》,臺北:花木蘭文化出版社,2006 年。

王晨曦:《上海博物館藏戰國竹書〈三德〉研究》,復旦大學碩士論文,指導教師:沈培、陳劍,2008 年。

汪維輝:《著名中年語言學家自選集·汪維輝卷》,上海:上海教育出版社,2011 年。

王國維:《觀堂集林》,北京:中華書局,1959 年。

王化平:《帛書〈易傳〉研究》,成都:巴蜀書社,2007 年。

王化平:《简帛文献中的孔子言论研究》,四川大學博士論文,指導教師:彭裕商,2006 年。

王蘧常:《秦史》,上海:上海古籍出版社,2000 年。

王穎:《包山楚簡詞彙研究》,廈門:廈門大學出版社,2008 年。

王中江:《簡帛文明與古代思想世界》,北京:北京大學出版社,2011 年。

翁明鵬:《秦簡牘字詞關係研究》,中山大學博士論文,指導教師:陳斯鵬,2020 年。

吳福助:《睡虎地秦簡論考》,臺北:文津出版社,1994 年。

魏宜輝:《楚系簡帛文字形體訛變分析》,南京大學博士論文,指導教師:張之恒,2003 年。

徐中舒:《徐中舒歷史論文選輯》,北京:中華書局,1998 年。

許倬雲:《西周史》,北京:生活·讀書·新知三聯書店,1994 年。

許倬雲:《求古編》,臺北:聯經出版事業公司,1984 年再版。

禤健聰：《戰國楚簡字詞研究》，中山大學博士論文，指導教師：陳偉武，2006 年。

楊寬：《西周史》，上海：上海人民出版社，1999 年。

楊寬：《戰國史》，上海：上海人民出版社，1980 年。

楊樹達：《積微居金文説》（增訂本），北京：科學出版社，1959 年。

楊世文、李勇先、吳雨時編：《易學集成（三）》，成都：四川大學出版社，1998 年。

楊澤生：《戰國竹書研究》，廣州：中山大學出版社，2009 年。

楊朝明、宋立林等：《新出簡帛文獻注釋論説》，臺北：臺灣書房出版有限公司，2008 年。

于豪亮：《于豪亮學術文存》，北京：中華書局，1985 年。

于省吾：《雙劍誃諸子新證》，北京：中華書局，1962 年。

余宗發：《雲夢秦簡中的思想與制度鉤撢》，臺北：文津出版社，1992 年。

曾憲通：《曾憲通學術文集》，汕頭：汕頭大學出版社，2002 年。

曾憲通：《出土文獻與古文字叢考》，廣州：中山大學出版社，2005 年。

張富海：《漢人所謂古文之研究》，北京：綫裝書局，2007 年。

張富海：《郭店楚簡〈緇衣〉篇研究》，北京大學碩士論文，指導教師：沈培，2002 年。

張桂光：《古文字論集》，北京：中華書局，2004 年。

張家山二四七號漢墓竹簡整理小組：《張家山漢墓竹簡〔二四

七號墓]》(釋文修訂本),北京：文物出版社,2006 年。

張金光：《秦制研究》,上海：上海古籍出版社,2004 年。

張錫勤：《中國傳統道德舉要》,哈爾濱：黑龍江大學出版社,
2009 年。

張希清、王秀梅主編：《官典》,長春：吉林人民出版社,
1998 年。

張政烺：《張政烺文史論集》,北京：中華書局,2004 年。

張政烺、日知：《雲夢秦簡Ⅰ》,長春：吉林文史出版社,
1990 年。

張政烺著、李零等整理：《張政烺論易叢稿》,北京：中華書局,
2011 年。

趙建偉：《出土簡帛〈周易〉疏証》,臺北：萬卷樓圖書股份有限
公司,2000 年。

趙平安：《新出簡帛與古文字古文獻研究》,北京：商務印書
館,2009 年。

周鳳五：《朋齋學術文集：戰國竹書卷》,臺北：臺大出版中
心,2016 年。

朱德熙：《朱德熙古文字論集》,北京：中華書局,1995 年。

朱忠恒：《〈清華大學藏戰國竹簡(陸)〉集釋》,武漢大學 2018
年碩士論文,指導教師：何有祖。

四、單篇論文(已收入論文集者不再列出)

白於藍：《睡虎地秦簡〈爲吏之道〉校讀札記》,《江漢考古》
2010 年第 3 期。

白於藍：《〈上海博物館藏戰國楚竹書(一)〉釋注商榷》,《華南

師範大學學報》2002 年第 5 期。

　　白於藍：《郭店楚簡補釋》,《江漢考古》2001 年第 2 期。

　　白於藍：《讀簡札記(三則)》,《古文字研究》第 32 輯,第 456—457 頁,北京：中華書局,2018 年。

　　北京大學出土文獻研究所：《北京大學新獲秦簡牘概述》,《北京大學出土文獻所工作簡報》總第 3 期,2010 年。

　　蔡偉：《讀竹簡札記四則》,復旦網 2011 年 4 月 9 日。

　　曹建國：《上博竹書〈弟子問〉關於子路的幾條簡文疏釋》,《楚地簡帛思想研究》(三),武漢：湖北教育出版社,2007 年。

　　陳劍：《上海博物館藏戰國楚竹書〈從政〉篇研究(三題)》,《簡帛研究二〇〇五》,桂林：廣西師範大學出版社,2008 年。

　　陳劍：《郭店簡〈六德〉用爲“柔”之字考釋》,《中國文字學報》第 2 輯,北京：商務印書館,2008 年。

　　陳劍：《〈上博(六)・孔子見季桓子〉重編新釋》,《出土文獻與古文字研究》第 2 輯,上海：復旦大學出版社,2008 年。

　　陳劍：《〈上博(三)・仲弓〉賸義》,《簡帛》第 3 輯,上海：上海古籍出版社,2008 年。

　　陳劍：《上博竹書〈周易〉異文選釋(六則)》,《文史》2006 年第 4 期。

　　陳劍：《〈上博五〉零札兩則》,簡帛網 2006 年 2 月 21 日。

　　陳劍：《談談〈上博(五)〉的竹簡分篇、拼合與編聯問題》,簡帛網 2006 年 2 月 19 日。

　　陳劍：《上博竹書〈仲弓〉篇新編釋文(稿)》,簡帛研究網 2004 年 4 月 18 日。

陳劍：《上博簡〈子羔〉、〈從政〉篇的竹簡拼合與編連問題小議》，《文物》2003 年第 5 期。

陳侃理：《睡虎地秦簡"爲吏之道"應更名"語書"——兼談"語書"名義及秦簡中類似文獻的性質》，《出土文獻》第 6 輯，上海：中西書局，2015 年。

陳斯鵬：《上海博物館藏楚簡〈彭祖〉新釋》，《華學》第 7 輯，廣州：中山大學出版社，2004 年。

陳斯鵬：《郭店楚簡解讀四則》，《古文字研究》第 24 輯，北京：中華書局，2002 年。

陳松長：《嶽麓書院藏秦簡〈爲吏治官及黔首〉略説》，《出土文獻研究》第 9 輯，北京：中華書局，2010 年。

陳松長：《嶽麓書院藏秦簡中的行書律令初論》，《中國史研究》2009 年第 3 期。

陳松長：《嶽麓書院所藏秦簡綜述》，《文物》2009 年第 3 期。

陳松長：《帛書〈陰陽五行〉甲篇的文字識讀與相關問題》，《簡帛語言文字研究》第 1 輯，成都：巴蜀書社，2002 年。

陳松長：《帛書〈易傳〉整理的幾個問題》，《道家文化研究》第 18 輯，北京：生活・讀書・新知三聯書店，2000 年。

陳送文：《戰國秦漢簡帛字詞補釋（五則）》，《寧夏大學學報》2013 年第 1 期。

陳偉：《〈顏淵問於孔子〉内事、内教二章校讀》，簡帛網 2011 年 7 月 25 日。

陳偉：《嶽麓秦簡〈爲吏治官及黔首〉識小》，簡帛網 2011 年 4 月 8 日。

陳偉：《雲夢睡虎地秦律"攻間"試說》，簡帛網 2010 年 8 月 30 日。

陳偉：《嶽麓書院秦簡校讀》，《簡帛》第 5 輯，上海：上海古籍出版社，2010 年。

陳偉：《讀〈上博六〉條記》，簡帛網 2007 年 7 月 9 日。

陳偉：《睡虎地秦簡〈語書〉的釋讀問題（四則）》，《湖南省博物館館刊》第 4 輯，長沙：嶽麓書社，2007 年。

陳偉：《關於郭店楚簡〈六德〉諸篇編連的調整》，《江漢考古》2000 年第 1 期。

陳偉：《郭店楚簡別釋》，《江漢考古》1998 年第 4 期。

陳偉：《〈鄂君啓節〉之"鄂"地探討》，《江漢考古》1986 年第 2 期。

陳偉武：《試論簡帛文獻中的格言材料》，《簡帛》第 4 輯，上海：上海古籍出版社，2009 年。

陳偉武：《上博簡考釋掇瑣》，《古文字研究》第 27 輯，北京：中華書局，2008 年。

陳偉武：《秦漢簡牘考釋拾遺》，《簡帛》第 2 輯，上海：上海古籍出版社，2007 年。

陳偉武：《讀上博藏簡第三冊零劄》，《華學》第 7 輯，廣州：中山大學出版社，2004 年。

陳偉武：《睡虎地秦簡核詁》，《胡厚宣先生紀念文集》，北京：科學出版社，1998 年。

陳玉璟：《秦簡詞語札記》，《安徽大學學報》1985 年第 1 期。

戴世君：《雲夢秦律注譯商兑（續）》，簡帛網 2008 年 4 月

26 日。

丁四新：《帛書〈昭力〉注釋》，《楚地出土簡帛文獻思想研究》（一），武漢：湖北教育出版社，2002 年。

丁四新：《帛書"繆和"、"昭力""子曰"辨》，《中國哲學史》2001 年第 3 期。

凡國棟：《嶽麓秦簡〈爲吏治官及黔首〉與睡虎地秦簡〈爲吏之道〉編連互徵一例》，《江漢考古》2011 年第 4 期。

凡國棟：《嶽麓秦簡〈占夢書〉校讀拾補》，《甘肅省第二屆簡牘學國際學術研討會論文集》，上海：上海古籍出版社，2012 年。

方勇：《讀嶽麓秦簡札記（二）》，簡帛網 2011 年 4 月 13 日。

方勇：《讀嶽麓秦簡札記（一）》，簡帛網 2011 年 4 月 11 日。

方勇：《説"亢閻"》，復旦網 2008 年 10 月 24 日。

復旦讀書會（蔣文執筆）：《清華簡〈楚居〉研讀札記》，復旦網 2011 年 1 月 5 日。

復旦吉大讀書會（鄔可晶執筆）：《上博八〈王居〉、〈志書乃言〉校讀》，復旦網 2011 年 7 月 17 日。

復旦吉大讀書會（張傳官、陳志向執筆）：《〈上博八·顏淵問於孔子〉校讀》，復旦網 2011 年 7 月 17 日。

復旦吉大讀書會（張傳官、陳志向執筆）：《上博八〈命〉校讀》，復旦網 2011 年 7 月 16 日。

復旦讀書會（石繼承執筆）：《讀〈嶽麓書院藏秦簡（壹）〉》，復旦網 2011 年 2 月 28 日。

復旦讀書會（劉嬌執筆）：《〈上博七·武王踐阼〉校讀》，《出土文獻與古文字研究》第 3 輯，上海：復旦大學出版社，2010 年。

復旦讀書會(蔡偉執筆):《嶽麓簡〈爲吏治官及黔首〉部份簡文釋文》,復旦網 2009 年 11 月 27 日。

高佑仁:《〈曹沫之陳〉"早"字考釋——從楚系" "形的一種特殊寫法談起》,《簡帛》第 1 輯,上海:上海古籍出版社,2006 年。

高佑仁:《〈莊王既成〉"航"字構形考察——兼談戰國文字"蔡"、"龙"、"兂"的字形差異》,《簡帛》第 6 輯,上海:上海古籍出版社,2011 年。

郭齊勇:《上博楚簡所見孔子爲政思想及其與〈論語〉之比較》,《儒家文化研究》第 1 輯,北京:生活·讀書·新知三聯書店,2007 年。

郭沂:《從早期〈易傳〉到孔子易説——重新檢討〈易傳〉成書問題》,《國際易學研究》第 3 輯,北京:華夏出版社,1997 年。

郭永秉:《讀〈六德〉、〈子羔〉、〈容成氏〉札記三則》,簡帛網 2006 年 5 月 26 日。

郭永秉:《説〈姑成家父〉簡 3 的"取免"》,簡帛網 2006 年 4 月 19 日。

何琳儀:《帛書〈周易〉校記》,《周易研究》2007 年第 1 期。

何琳儀、程燕、房振三:《滬簡〈周易〉選釋(修訂)》,《周易研究》2006 年第 1 期。

何琳儀、程燕:《滬簡〈周易〉選釋》,《江漢考古》2005 年第 4 期。

何琳儀:《第二批滬簡選釋》,《學術界》2003 年第 1 期。

何有祖:《嶽麓秦簡〈爲吏治官及黔首〉補釋二則》,簡帛網

2011 年 4 月 9 日。

何有祖:《讀上博楚竹書(五)札記》,《出土文獻研究》第 8 輯,上海:上海古籍出版社,2007 年。

何有祖:《上博五〈弟子問〉試讀三則》,簡帛網 2006 年 2 月 20 日。

何有祖:《上博五〈鮑叔牙與隰朋之諫〉試讀》,簡帛網 2006 年 2 月 19 日。

何有祖:《〈季庚子問於孔子〉與〈姑成家父〉試讀》,簡帛網 2006 年 2 月 19 日。

侯乃峰:《〈上博七·武王踐阼〉小劄三則》,復旦網 2009 年 1 月 3 日。

侯乃峰:《楚竹書〈周易〉釋"盈"之字申説》,《周易研究》2009 年第 1 期。

胡平生:《雲夢龍崗秦簡考釋校證》,《簡牘學研究》第 1 輯,蘭州:甘肅人民出版社,1997 年。

黄鳳春、劉國勝:《記荆門左塚楚墓漆梮》,《第四屆國際中國古文字學研討會論文集》,香港中文大學中國語言文學系,2003 年。

黄盛璋:《雲夢秦簡辨正》,《考古學報》1979 年第 1 期。

黄人二、趙思木:《讀〈上海博物館藏戰國楚竹書(八)·顔淵問於孔子〉書後》,簡帛網 2011 年 7 月 26 日。

黄人二、林志鵬:《上海博物館藏楚簡〈仲弓〉試探》,《文物》2006 年第 1 期。

季旭昇:《上博五芻議(上)》,簡帛網 2006 年 2 月 18 日。

季旭昇:《上博五芻議(下)》,簡帛網 2006 年 2 月 18 日。

季旭昇:《上博三周易比卦"有孚盈缶""盈"字考》,簡帛研究網 2005 年 8 月 15 日。

季旭昇:《〈上博三·仲弓〉篇零釋三則》,簡帛研究網 2004 年 4 月 23 日。

吉林大學考古專業紀南城開門辦學分隊:《〈南郡守騰文書〉和秦的反復辟鬥爭》,《考古》1976 年第 5 期。

江慶柏:《"睡簡"〈爲吏之道〉與墨學》,《陝西師範大學學報》1983 年第 4 期。

程少軒、蔣文:《上博藏楚竹書〈用曰〉篇試讀一則》,《東南文化》2010 年第 5 期。

孔仲温:《望山卜筮簡"癔痗"二字考釋》,《第一届國際訓詁學會研討會論文集》,(高雄)中山大學中文系,1997 年。

李家浩:《關於郭店竹書〈六德〉"仁類蔓而速"一段文字的釋讀》,《出土文獻研究》第 10 輯,北京:中華書局,2011 年。

李家浩:《包山卜筮簡 218—219 號研究》,《長沙三國吳簡暨百年來簡帛發現與研究國際學術研討會論文集》,北京:中華書局,2005 年。

李鋭:《〈仲弓〉續釋》,孔子 2000 網 2004 年 4 月 20 日。

李鋭:《〈仲弓〉新編》,孔子 2000 網 2004 年 4 月 22 日。

李鋭:《秦簡〈爲吏之道〉的思想主體分析》,《輝煌雍城:全國(鳳翔)秦文化學術研討會論文集》,西安:三秦出版社,2017 年。

李守奎:《上博簡殘字叢考》,《古文字研究》第 27 輯,北京:中華書局,2008 年。

李守奎：《〈鮑叔牙與隰朋之諫〉補釋》，《楚地簡帛思想研究》（三），武漢：湖北教育出版社，2007 年。

李松儒：《郭店、上博簡孔子文獻合考一則》，《古文字研究》第 33 輯，北京：中華書局，2020 年。

李天虹：《上博五〈競〉、〈鮑〉篇校讀四則》，簡帛網 2006 年 2 月 19 日。

李天虹：《釋郭店楚簡〈成之聞之〉篇中的“肘”》，《古文字研究》第 22 輯，北京：中華書局，2000 年。

李天虹：《郭店楚簡文字雜釋》，《郭店楚簡國際學術研討會論文集》，武漢：湖北人民出版社，2000 年。

李學勤（凌襄）：《試論馬王堆漢墓帛書〈伊尹·九主〉》，《文物》1974 年第 11 期。

廖名春：《楚簡〈仲弓〉與〈論語·子路〉仲弓章讀記》，《淮陰師範學院學報》2005 年第 1 期。

廖名春：《楚簡〈周易·大畜〉卦再釋》，《清華大學學報》2004 年第 3 期。

廖名春：《馬王堆帛書周易經傳釋文·昭力》，《續修四庫全書·一·經部·易類》，上海：上海古籍出版社，1995 年。

廖繼紅：《〈爲吏治官及黔首〉補釋》，簡帛網 2011 年 2 月 28 日。

林素清：《郭店、上博〈緇衣〉簡之比較——兼論戰國文字的國別問題》，《新出土文獻與古代文明研究》，上海：上海大學出版社，2004 年。

劉波：《上博八〈顏淵問於孔子〉劄記二則》，復旦網 2012 年 4

月 15 日。

劉國勝：《上博竹書（五）零札五則》，《楚地簡帛思想研究》（三），武漢：湖北教育出版社，2007 年。

劉桓：《秦簡偶札》，《簡帛研究》第 3 輯，南寧：廣西教育出版社，1998 年。

劉樂賢：《讀上博簡〈容成氏〉小劄》，《上博館藏戰國楚竹書研究續編》，上海：上海書店出版社，2004 年。

劉樂賢：《〈説文〉"法"字古文補釋》，《古文字研究》第 24 輯，北京：中華書局，2002 年。

劉樂賢：《讀馬王堆帛書劄記二則》，《湖南省博物館文集》第 4 輯，《船山學刊》編輯部，1998 年。

劉天奇：《黄老政治的初次實踐——從秦簡〈爲吏之道〉看秦國的黄老政治》，《唐都學刊》1994 年第 5 期。

劉信芳：《上博藏八試讀五則》，簡帛網 2011 年 9 月 9 日。

劉信芳：《居延漢簡〈吏〉篇研究》，《考古》2005 年第 9 期。

劉信芳：《上博藏竹書〈從政〉補釋（六則）》，《第四屆國際中國古文字學研討會論文集》，香港中文大學中國語言及文學系，2003 年。

劉信芳：《郭店簡文字例解三則》，《中研院歷史語言研究所集刊》第 71 本第 4 分，2000 年。

劉信芳：《望山楚簡校讀記》，《簡帛研究》第 3 輯，南寧：廣西教育出版社，1998 年。

劉雲：《〈爲吏之道〉與〈爲吏治官及黔首〉對讀劄記》，復旦網 2011 年 4 月 15 日。

劉釗：《秦"敬老思少"成語璽考釋》，《古文字研究》第 27 輯，北京：中華書局，2008 年。

劉釗：《讀秦簡字詞札記》，《簡帛研究》第 2 輯，北京：法律出版社，1996 年。

林志鵬：《戰國竹書〈鮑叔牙與隰朋之諫〉譯注》，《簡帛研究二〇〇八》，桂林：廣西師範大學出版社，2010 年。

龍仕平：《睡虎地秦簡校詁》，《語言研究》2012 年第 1 期。

魯家亮：《〈鮑叔牙與隰朋之諫〉與〈管子·戒〉對讀札記》，《華中科技大學學報》2007 年第 3 期。

馬王堆漢墓帛書整理小組：《馬王堆帛書〈式法〉釋文摘要》，《文物》2000 年第 7 期。

馬王堆漢墓帛書整理小組：《馬王堆帛書〈六十四卦〉釋文》，《文物》1984 年第 3 期。

歐陽禎人：《略論秦簡〈爲吏之道〉的儒家思想》，《楚地出土簡帛文獻思想研究》（一），武漢：湖北教育出版社，2002 年。

單育辰：《佔畢隨録之十五》，復旦網 2011 年 7 月 22 日。

單周堯、黎廣基：《上博楚竹書（二）〈從政〉甲篇"獄則興"試釋》，《簡帛》第 1 輯，上海：上海古籍出版社，2006 年。

沈培：《上博簡〈姑成家父〉一個編聯組位置的調整》，簡帛網 2006 年 2 月 22 日。

沈培：《郭店簡〈六德〉"多"字舊説訂誤》，《21 世紀的中國語言學（二）》，北京：商務印書館，2006 年。

沈培：《上博簡〈緇衣〉篇"恙"字解》，《華學》第 6 輯，北京：紫禁城出版社，2003 年。

沈培：《説郭店楚簡中的"肆"》，《語言》第二卷，北京：首都師範大學出版社，2001 年。

施謝捷：《簡帛文字考釋札記（再續）》，《文教資料》2001 年第 4 期。

湯餘惠：《釋"旟"》，《吉林大學古籍整理研究所建所十五周年紀念文集》，長春：吉林大學出版社，1998 年。

湯志彪：《嶽麓秦簡拾遺》，簡帛網 2011 年 6 月 15 日。

田煒：《論秦始皇"書同文字"政策的内涵及影響——兼論判斷出土秦文獻文本年代的重要標尺》，《中研院歷史語言研究所集刊》第 89 本第 3 分，臺北：藝文印書館，2018 年。

王化平：《讀〈上博八·顔淵問於孔子〉札記四則》，簡帛網 2011 年 9 月 20 日。

王輝：《一粟居讀簡記（一）》，《〈清華大學藏戰國竹簡（壹）〉國際學術研討會論文集》，清華大學出土文獻研究與保護中心，2011 年 6 月。收入氏著《視月集》，北京：商務印書館，2020 年。

王輝：《〈上博楚竹書（五）〉讀記》，《中國文字》新 32 期，臺北：藝文印書館，2006 年。

王明欽：《王家臺秦墓竹簡概述》，《新出簡帛研究——新出簡帛國際學術研討會文集》，北京：文物出版社，2004 年。

魏啓鵬：《帛書"天企"考釋》，《簡帛語言文字研究》第 1 輯，成都：巴蜀書社，2002 年。

魏啓鵬：《文子學派與秦簡〈爲吏之道〉》，《道家文化研究》第 18 輯，北京：生活·讀書·新知三聯書店，2000 年。

魏啓鵬：《前黄老形名之學的珍貴佚篇——讀馬王堆漢墓帛

書〈伊尹・九主〉》,《道家文化研究》第 3 輯,上海：上海古籍出版社,1993 年。

魏启鹏:《居延"愚吏"簡校箋》,《簡帛研究》第 1 輯,北京：法律出版社,1993 年。

魏宜輝、周言:《讀〈郭店楚墓竹簡〉札記》,《古文字研究》第 22 輯,北京：中華書局,2000 年。

魏宜輝:《傳抄古文研究(五題)》,《漢語言文字研究》第 2 輯,上海：上海古籍出版社,2018 年。

吳福助:《〈爲吏之道〉法儒道家思想交融現象剖析》,《睡虎地秦簡論考》,臺北：文津出版社,1994 年。

肖永明:《讀嶽麓書院藏秦簡〈爲吏治官及黔首〉札記》,《中國史研究》2009 年第 3 期。

邢義田:《秦漢基層員吏的精神素養與教育——從居延牘 506.7(〈吏〉篇)說起》,《古文字與古代史》第 3 輯,中研院歷史語言研究所,2012 年。

許道勝:《嶽麓秦簡〈爲吏治官及黔首〉的取材特色及相關問題》,《湖南大學學報》2011 年第 2 期。

徐在國:《古璽文字八釋》,《吉林大學古籍整理研究所建所十五周年紀念文集》,長春：吉林大學出版社,1998 年。

禤健聰:《楚簡釋讀瑣記》,《古文字研究》第 27 輯,北京：中華書局,2008 年。

禤健聰:《上博楚簡(五)零札(二)》,簡帛網 2006 年 2 月 26 日。

閻步克:《春秋戰國時"信"觀念的演變及其社會原因》,《歷史研究》1981 年第 6 期。

顔世鉉：《上博楚竹書散論（三）》，簡帛研究網 2003 年 6 月 5 日。

伊强：《嶽麓秦簡〈爲吏治官及黔首〉札記二則》，簡帛網 2011 年 8 月 26 日。

尹偉琴、戴世君：《秦律三種辨正》，《浙江社會科學》2007 年第 2 期。

楊芬：《上博簡〈中弓〉編連札記二則》，《楚地簡帛思想研究》（三），武漢：湖北教育出版社，2007 年。

楊懷源：《讀上博簡〈中弓〉札記三則》，《古漢語研究》2005 年第 2 期。

楊澤生：《〈上博五〉零釋十二則》，簡帛網 2006 年 3 月 20 日。

楊澤生：《竹書〈周易〉中的兩個異文》，《經典與解釋（5）——古典傳統與自由教育》，北京：華夏出版社，2005 年。

楊朝明：《上博藏竹書〈從政〉篇"五德"略議——兼説〈從政〉應該屬於〈子思子〉佚篇》，簡帛研究網 2003 年 4 月 23 日。

俞志慧：《秦簡〈爲吏之道〉的思想史意義——從其集錦特色談起》，《浙江社會科學》2007 年第 6 期。

余英時：《士與中國文化》，上海：上海人民出版社，2003 年。

袁國華：《郭店楚簡文字考釋十一則》，《中國文字》新 24 期，臺北：藝文印書館，1998 年。

袁瑩：《説"及"字的兩個來源》，《簡帛語言文字研究》第 5 輯，成都：巴蜀書社，2010 年。

雲夢秦墓竹簡整理小組：《雲夢秦簡釋文（一）》，《文物》1976

年第 6 期。

　　張富海：《上博簡五〈鮑叔牙與隰朋之諫〉補釋》，《北方論叢》
2006 年第 4 期。

　　張晉藩：《從秦簡〈爲吏之道〉看秦的"治吏"思想》，《中國法律
史論》，北京：法律出版社，1982 年。

　　張世超、張玉春：《〈睡虎地秦墓竹簡〉校注簡記》，《古籍整理
研究學刊》1985 年第 4 期。

　　張永成：《秦簡爲吏之道之版式及其正附文問題》，《簡牘學
報》第 10 期，1981 年。

　　趙建偉：《讀上博竹簡（二）札記七則》，簡帛研究網 2003 年 11
月 9 日。

　　趙驀、彭忠德：《三十年來我國古代官箴研究述論與展望》，
《中國史動態研究》2009 年第 4 期。

　　趙書生：《上博楚簡〈從政〉與睡虎地秦簡〈爲吏之道〉合論》，
《楚地簡帛思想研究》三，武漢：湖北教育出版社，2007 年。

　　周波：《讀〈容成氏〉、〈君子爲禮〉剳記（二則）》，《出土文獻與
古文字研究》第 1 輯，上海：復旦大學出版社，2006 年。

　　朱鳳瀚：《三種"爲吏之道"題材之秦簡部分簡文對讀》，《出土
文獻研究》第 14 輯，上海：中西書局，2015 年。

　　朱紅林：《嶽麓簡〈爲吏治官及黔首〉分類研究（一）》，簡帛網
2011 年 5 月 27 日。

　　朱湘蓉：《〈睡虎地秦墓竹簡〉通假字辨析九則》，《語言科學》
2008 年第 2 期。

後　　記

　　這本小書的初稿是 2012 年 6 月完成的博士論文。

　　2007 年 9 月，我從中國礦業大學考入中山大學中文系古文字專業，師從楊澤生教授攻讀碩士學位，基本的學術規範、寫作技巧甚至造字技術都是楊師首先教給我的。發表的第一篇文章（《上博藏簡〈用曰〉篇新釋六則》，《中國歷史文物》2010 年第 6 期），楊師前後修改不下十遍，投稿前一刻還指出了一處錯誤。這樣的嚴格指導和訓練對我影響深遠。至今我在綜述各家意見時候的措辭，還是用老師教給的方法。

　　2009 年 9 月我繼續留在中大隨陳偉武教授攻讀博士學位。2010 年下半年的一次談話中，陳師希望我普查下簡帛文獻中涉及"蒙學"的材料，具體則以秦簡《爲吏之道》和漢簡《倉頡篇》這類"學仕""學字"內容爲代表。後以簡帛"爲臣居官類"文獻爲主體完成了博士論文。此次修改，我愈發體會老師當年指定題目的遠見性：新材料中與政論、識字相關的內容頗多，價值很高。

　　博士論文的寫作得到了陳偉武師的具體指導。陳師傾注心力，事無巨細。我經常收到老師的卡片，上面寫着對我有用的書和材料；看到某段話可以補證我的觀點，老師會立馬下樓到研究室告知。我讀博階段，是中大古文字研究所最爲拮据、也是陳師個人最爲艱苦的時期,但老師仍在學習和生活兩方面給予了我極大的關懷,鼓勵我亦要苦中作樂。老師在逆境中體現的豁達和坦蕩,深深地感染了我。唯以後盡心盡力於學,以報教誨。

初稿至今正好是十個年頭了。但"十年磨一劍"却一點也不適合用在此處。畢業之後,除補充字詞新釋之外,絶大部分時間裏論文就一直平躺着。直到2021年下半年才開始正式重新打磨增補。今展閲舊卷,十分懷念在南粵讀書的時光,仿佛美夢一場。今已北歸,願自己不忘初心,不負期望,争取做出一些成績。

本書出版得到山東大學文學院科研重大項目經費的支持,能够在上海古籍出版社發行離不開顧莉丹女士的大力幫助;責任編輯姚明輝先生審校仔細,改正了文中的很多錯訛。作者在此表示感謝。最後,限於學力,書中粗疏之處應不少,敬請讀者批評指正。

王輝 2022 年春節前夕記於濟南銀雀山房